白柳秀湖 編著

親分子分〔侠客〕の盛衰史

町奴・火消・札差＝旦那・博徒＝義賊

義と仁叢書 8

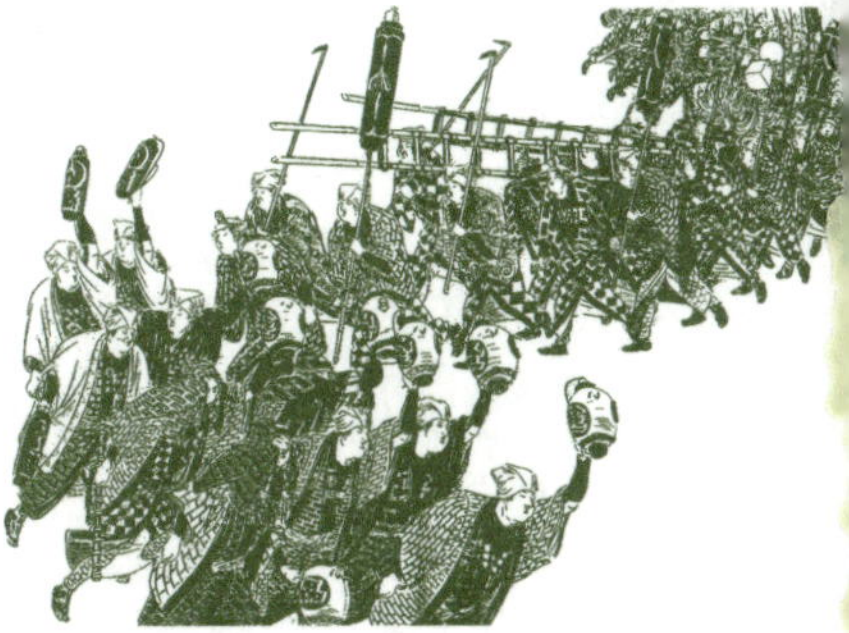

国書刊行会

刊行にあたって

本書は「町の歴史家」を自認する白柳秀湖（一八八四〜一九五〇）の代表作の一つです。著者は、江戸から昭和前期まで社会に広く深く関わってきた俠客について、

一、旗本奴に対抗する「町奴」
二、粋《いき》で鯔背《いなせ》な「町火消」
三、男伊達の「旦那」（「札差」）
四、国定忠治や清水次郎長などの「博徒」と、鼠小僧次郎吉などの「義賊」

に四分類し、豊富なエピソードを散りばめながらその活躍の姿を描き、併せて俠客発生の背景や発達の様相を概観するなど、社会学的な視点で幅広く考察し、俠客世界の親分子分の盛衰史を興味深く綴っています。

本書は、俠客世界のすぐれた研究であると同時に、江戸庶民社会のユニークな案内書でもあります。

このたびの刊行にあたり、著者の三男白柳夏男氏に大変お世話になりました。初版本（大正一年刊）・改訂版（昭和五年刊）・新書版（昭和三十一年刊）の閲覧や、再刊での現代語表記について貴重な

助言をいただき、「巻末特集2」に、白柳夏男述「『親分子分・政党編』と五一五事件」を収録させていただきました。心からお礼申し上げます。

再刊に際し、現代の読者の利便を考慮し、左記のような編集上の補いをしました。

①旧漢字、旧仮名を新漢字、新カナに改めました。

②難字にはルビをふり、難解な言葉には意味を（　）で補いました。

③『親分子分　俠客編』のタイトルを、『親分子分〔俠客〕の盛衰史』と改めました。

平成二十八年六月

国書刊行会

目次

目　次

目次

目次

一、町奴の巻

1　戦《いくさ》のような敵討《かたきうち》

寛永十一年（一六三四）十一月七日の夜明けであった。伊賀国（三重県）上野の城下は、ただならぬ人数のひしめく声に、長き夜の安らかな眠りを覚まされた。

大坂の夏の戦《いくさ》がおさまって、ちょうど十九年目である。世は太平というけれども、血なまぐさい修羅場の光景はまだありありと人の記憶に残っている。元亀《げんき》、天正《てんしょう》という物騒な世の中に産声《うぶごえ》をあげて、剣戟《けんげき》の下や兵火の間に人となった町人、百姓が七十という年齢にはまだ間がある。

「またしてもお殿様の狩座《かりくら》か」

と寝ぼけ眼《まなこ》を戸の隙にあてて見た城下の町人たちは、そこに右往左往する士民のただならぬ眼の色、西の町はずれ鍵屋の辻の方から聞こえてくる打ち物の響き、雄叫びの声、その間合間合《あいまあいま》に獣の吠えるように断続する手負いのうめきを耳にして、すぐにそこで展開されている血なまぐさい修羅場の光景を直覚した。

「戦《いくさ》！」

誰ともなしに叫ばれたこの声が、いまさらのように、人々の胸に二十年前の恐ろしい記憶を喚起《かんき》させた。

朝日はいましも、東の野を画する長野峠、笠取山の山波を離れて、擂鉢の底のような伊賀平野の中央に、さながら小島のように高まっている上野の城下をあかあかと照らした。街道はこの上野の町を中心にして四方に走っている。鍵屋の辻をまっすぐに西に向かって走っているのは伊賀街道で、長田、島ヶ原、大河原、笠置をへて奈良、伏見に通ずる。東の町はずれを反対に、西明寺をへて、荒木村（又右衛門の生地）の方に行くものは、長野峠を越えて伊勢の津に下《くだ》る。城下を東北に向かって、柘植《つげ》に赴《おもむ》くものは、鈴鹿山脈を関に出て、東海道に合する。また城下を正南に、長田川を越えて、大和境の山々谷々にさしかかるものは、名張をへて桜井に至る。

これらの街道の中で、最も重要なものは、奈良、伏見と伊勢の津とをつなぐ伊賀街道と、柘植から関または亀山に出て東海道に合するいわゆる伊賀越街道とである。

奈良、伏見方面から、上野の城下に入るには、木津の清流を右岸に沿って笠置の嶮《けん》を越え、大河原、島ヶ原とすぎて、宿はずれで同じ河の左岸に出で、ふたたび与右衛門坂、三本松の嶮を越えて長田村に下ると、ここでようやく山が尽き、長田川に架けた橋を渡ると、上野の城下がすぐ眼の前に展開する。

長田川を渡って、上野の町はずれまでは道が一直線である。上野の町に突きあたったところが小田博労町《ばくろうまち》で、正面が五、六丈の崖となり、崖の上に侍屋敷があって、その中央が藤堂侯のお城となっている。

崖下で道が左右にわかれている。左（北）に行けば小田村で、そこは御斎峠《おとぎとうげ》を越えて近江の大津に出る街道の出発点である。また、右（南）に行けば直ぐ左（東）に曲って塔世坂《とうせいざか》を登る。すなわち摺鉢の底に高まっている上野の城下町がここから開けて、東と南とにひろがっている。

崖下に突きあたって、道の左右にわかれるところを鍵屋の辻と呼んでいる。この鍵屋の辻の右角が万屋喜右衛門、左角が山口嘉左衛門、山口の裏手、伏見口を正面にして金伝寺があり、鍵屋の辻を左に折れ、小田北谷の方へ行く街道の左側に浄蓮寺がある。

寛永十一年（一六三四）十一月七日の午前八時ごろである。この日、夜明けに島ヶ原を立ったらしい二十余人の一隊が、駅馬の鈴音勇ましく長田川の堤から、五丁あまりの直線路を上野の城下に乗りかけてきた。先頭には町人らしい男が一人、それから少しへだてて二十四、五歳の士《さむらい》、槍、鉄砲、半弓を持った従者が数人、続いて同じく二十四、五歳と見える血気の士、同じく槍持、従者、最後に四十余りの屈強な士、これも槍持、従者数人という序列で、威勢よく鍵屋の辻へさしかかった。

先頭の町人らしい男が、鍵屋の辻を右に折れて、塔世坂の中ほどにさしかかり、最後を打ってきた四十余りの士が、今しも万屋の角を曲ろうとした刹那、その軒下からバラバラと街道の上に踊り出した四人の士、鎖頭巾《くさりずきん》と鎖帷子《くさりかたびら》とに身を固め、おのれ敵《かたき》と名乗りも敢《あ》えず、二十余人の一隊に斬り込んだ。

鍵屋の辻はたちまちにして一場の修羅場と化した。

「敵討《かたきうち》だ、敵討だ、敵は大勢だ！」

という声が、西の町はずれから屋根を伝って、口々に伝えられた。幾度となく兵火の下をかいくぐった町人である。いずれも流血の惨を見ることには慣れきっている。敵討と聞いて今までの危惧の念が一度に消え去ると同時に、持ちまえの好奇心がムラムラと起こった。彼らは飛鳥のごとく屋根の棟を伝いはじめた。

敵は誰ぞ、因州鳥取、松平宮内大輔忠雄の旧臣、河合又五郎、および又五郎の伯父、河合勘左衛門、姉婿桜井半兵衛を始め、付人およそ二十余人、おのおの弓銃刀槍を帯し、いずれも一流を極めた武道の達人と聞こえた。

敵を討つ者は誰ぞ、同じく松平家の家臣渡辺内蔵助（初代数馬）の一子数馬、助太刀としてその姉婿、荒木又右衛門保和《やすかず》、ほかに又右衛門の若党川合武右衛門、数馬の若党岩本孫右衛門の四人と聞こえた。

やがて鍵屋の辻はまるで戦場のような光景を呈した。柳生流の蘊奥《うんおう》を極めた荒木又右衛門の働きはさすがに水際《みずぎわ》立ったものであった。この日、武右衛門は重傷を負って死に、孫右衛門は十ヵ所、数馬は十三ヵ所の傷を負って気息奄々《きそくえんえん》であるのに対し、又右衛門は屈強の剣客十数人を討ち取って、右の薬指と腰とに微傷を負ったのみであった。

数馬と又五郎とが血みどろになってその闘志を失い、互いに睨み合ったまま呻《うめ》き苦しんでいたころには、天下の旗本がよりによって又五郎につけた二十余人の剣客もことごとく又右衛門、および二人の若党の手に殲滅《せんめつ》されて、一人の刃向《はむ》かうものもなかった。

（註）

伊賀越復讐の事実を記述したものには、新旧いろいろあって、なかにははなはだしくその条理を異にしたものがある。著者のみるところによると、旧記はその時代に近いものほど事実に遠く、新記の方にかえって多量の真実性が含まれている。少なくとも、大体の真実を摑み時代の大勢を捉えている。想うにこれは年代を経るにしたがって、その記述に対する幕府の取り締まりがゆるみ、真相を書くことが自由になったからであろう。

これは立派な学者にもよくあることであるが、

「この本は事件のあった直後に世に出たもので、筆者は現前に事件を目撃してこの本を書いているから、この本の記述は後世の何人の著作よりも正しい」

というように、なんでも事件に近い時代の記録を正しいとする文献の選択法の危険極まるものであることは、伊賀越復讐事件の記録が最も適切にこれを物語っている。この事件のごときも、もし旧記だけでこれを見たとしたら、寛永、正保時代における大名と旗本との嫉視反目というような天下の大勢、一般の空気には全然触れることの出来ぬ、きわめて無意義な一侯家の内紛私争として片付けられなければならぬものである。少しく乱叙に陥るきらいはあっても、著者は新旧両記を併せて一つの条理を作り、この事件の背景となっている大名と旗本との反目という時代の空気を示すためには新記を採り、新記の作飾にすぎるように思われるところは、旧記を採ることとした。

又五郎の付人に関しても数説がある。伯父河合勘左衛門、姉婿桜井半兵衛ほか二十余人としたのは旧記によったもので、普通には伯父桜井甚左衛門（一書に甚右衛門）、その弟甚助（一書に甚佐）となっている。桜井兄弟以外には一般に武藤小平太、石川伝蔵、村上五兵衛、荒川瀬平、神道多市、高野伴蔵、柳島藤助、矢島郷蔵、間淵藤十郎、川瀬久馬、星合団四郎、竹内鬼玄丹などが数えられている。

また、数馬と又右衛門との若党もその名は書物によってまちまちである。『事実文編』には北藤木喜兵衛、山根武兵衛とあり、『復讐実記』には片山武兵衛、山住伊兵衛とあり、小宮山綏介の『徳川太平記』は旧記によって武右衛門、孫右衛門説を採っている。又五郎に付けられていた武芸者の数も、『事実文編』は討ち取るもの二十九人、亡《に》ぐる者九人と記し、『復讐実記』は河合方侍中間合わせて五十七人、内刀を帯せしもの二十七人と書いている。本書は小宮山氏にしたがって二十余人とした。

又右衛門の従者岩本孫右衛門は山中鹿之助の組下酒井孫六の子孫である。孫六は鹿之助の死後、播州高草郡吉岡村葛尾の城主吉岡将監に仕え、秀吉の大軍と戦って陣没した。その子孫の右衛門が同郡岩本村に土着し、改めて岩本氏を称した。又右衛門の内弟子となったのは三代目孫右衛門である。河合武右衛門は伊賀国拓殖村の産で、戦いの夜外科医がその腕を歪んで継ぎ合わせたのを気にして、どうしても継ぎ直してくれと言って聞き入れなかった。継ぎ直してから出血のために死んだ。又右衛門が臨終にその子平之丞に娘まんを妻にすべしと約した。

又五郎はついに鍵屋の辻において数馬の手に討たれた。数馬は血刀《ちがたな》をふるって大音に名乗りをあげた。

「因州鳥取の城主、松平相模守源光仲《みつなか》の家臣、渡辺数馬、弟、源太夫の敵《かたき》河合又五郎を討ち取ったり。隠れおらん又五郎随身のものは出合い候え」

と。これを聞いた屋根の上の武家、町人ども、

「あっぱれ、あっぱれ、渡辺数馬、荒木又右衛門殿、日本無双の勇者ぞ」

と、喝采の声は雷のごとくに鳴りわたって、半時ばかりもやまなかったとある。

2　わがままも権利の一つ

敵討《かたきうち》といえば赤穂の四十七士にとどめをさしたような観もあるが、その天下の問題となって、今にも大騒動を惹き起こそうとした点からいうと、伊賀越の方がよほどおもしろい。ただ、四十七士の復讐は、太平無事の世におこったから人心を刺激することが最もはなはだしかったのである。

寛永（一六二四―一六四四）といえばまだ戦国の余風が、社会のあらゆる方面に残っていた。武士は

もとより、百姓も、町人もすこぶる殺伐《さつばつ》の気に富み、武張《ぶば》った話、血腥《ちなまぐさ》い噂でなければ夜も日も明けぬというありさまであった。

伊賀越仇討のごときはその発端から結末に至るまで、最もよく寛永という時代を説明したものである。

又五郎が、渡辺数馬の弟源太夫を殺害したのはなぜかよくわからない。もっともこれにも新旧両説があり、旧記によると又五郎が殺したのは数馬の弟の源太夫とあるが、新記によると数馬の父靫《ゆき》負《え》とある。また旧記によると、又五郎の凶行の演ぜられたのは備前岡山で、江戸に出奔して旗本久世三四郎等に身を寄せたとあり、新記によると事が江戸屋敷で起こり、旗本阿部四郎五郎方に身を寄せたように書いてある。これは恐らく旧記の方が正しかろう。新記が父靫負の仇としたのは、弟源太夫では復讐譚《ふくしゅうたん》として読者の同情を惹くに足らぬと見たからではないか。今徳川時代史の権威小宮山綏介《こみやまやすすけ》の『徳川太平記』から、旧記によるこの事件の発端を紹介しておくこととする。

備前岡山の城主、松平宮内大輔《くないたいふ》忠雄《ただかつ》の家士に渡辺数馬というものあり。寛永七年（一六三〇）七月二十一日の夜に、その弟源太夫、河合又五郎のために殺されたり。

この夜数馬は妻の父津田豊後が方へ往《ゆ》き、家族は盆踊り見物に出でて、源太夫ひとり宅に居しに、たまたま又五郎訪いきたり、主従四人にて源太夫を斬りて逃げ去りぬ。その理由は詳《つまびら》かならざれども、源太夫いまだに息絶えざる内にきたりしものへ、相手は又五郎なる由を告げて目を閉じたので、このことを豊後が方へ報《しらせ》やりしにより、数馬は豊後とともに、又五郎が父半左衛門方に至り、面会を求めけれども、門を鎖して入れざりしうちに忠雄の長臣、荒尾志摩、近習加藤主膳、半左衛門を引き立て行きしかば、忠雄はこれを菅権之助に預けられたり。

半左衛門ははじめ、安藤対馬守に仕えしものなるが、人を殺して出奔し、渡辺数馬方をたよりて来りしを、忠雄もとよりその人を知りければ、ひそかにかくし置きて禄を与えしものなりしゆえ、半左衛門を諭《さと》して、又五郎を出さしめ、かつ半左衛門にも切腹させんと思われしに、半左衛門はさらにその志なくして、又五郎を江戸へ逃しやりぬ。

さて又五郎江戸に至りしを幕下の士、久世三四郎、阿部四郎五郎、安藤治右衛門、これを匿《かく》しおいて出さざりしかば、忠雄おおいに憤りて半左衛門は罪に行わんとせり。久世等これを聞いて又五郎を返すべければ、半左衛門を助命し給われと、忠雄に請《こ》われけるに、忠雄さあらんには許すべしとて、半左衛門を江戸に護送し、久世等三人方へ送りて又五郎を受け取らんといいやりけるに、久世等は半左衛門をば請取《うけと》りて又五郎を返さざりしかば、忠雄ますます怒り、一族の人々と心を合わせ、謀《はかりごと》を通じて久世らが宅へ押し寄せ奪いとらんとて、専らその支度ありしに、久世らはたといいかようのことにても、一旦旗本を頼みきたりしものを、空しく返して首はねさすることは叶《かな》うべからずとありて、これに党与《とうよ》する少年の徒党《ともがら》数多あり。たまたま忠雄痘《とう》（ほうそう。天然痘）を病みて卒せしが、大病にのぞみしとき、たとい備前一国を召し上げらるるとも、このことは上裁を請うべしと言い置きて卒したり。

忠雄が又五郎の所行を悪《にく》み、その引き渡しを要求することかくのごとく切なるもののあったことから推して考えても、その恩あり義ある渡辺家に仇して出奔したことが、いかに背徳の行為であったかは察するに難《かた》くない。しかし、戦国の余風をうけた寛永武士は、このような場合、深くことの理非曲直《りひきょくちょく》（道理や道徳にかなっているかどうか）を考えて、大綱の順逆にしたがうまえに、武士道の意気地《いきじ》というきわめて荒削りの、単純な衝動によって一切万事を解決しようとした。彼らの最後に恃《たの》むところは横たえた両刀であった。両刀の威力に訴えて、自己の一分《いちぶん》を立てるのが、戦国武士の常習であった（家康が程朱《ていしゅ》の学を引いて世に倫理を教え、戦国武士を化して太平の秩序に従わせることに全力を傾注したのも、それがためであった）。

戦国時代にあっては「力」がすなわち「正」であった。いかに正義を主張しても実力がなければその正義は通らない。ゆえに実力のないものの正義呼ばわりは、弱者の泣き言も同じことで、武士は専ら自己の「力」を主張することを本分とした。又五郎も恐らく初めから源太夫を殺そうとしたのではなかろうが、ことのゆきがかり上これを殺さなければ自分が殺されるか、自殺するよりほかにないという羽目におちいったのであろう。そこで彼は彼の「力」を主張した。

さらに、源太夫を殺害した又五郎が父のすすめにしたがって自殺を思いとどまり、その姉婿にして、四千二百石の旗本である、阿部四郎五郎のもとに身を寄せるにおよんでは、久世三四郎、安藤治右衛門、近藤登之助、同縫殿之助《ぬいのすけ》、池田勘兵衛など、いわゆる天下の旗本なるものが、直参の威を負ってこれを庇護し、池田侯が引き渡しを要求するにおよんでも頑として応ぜざるのみか、一説には散々にその使者を辱《はずかし》めて、ついに彼を自殺させるに至ったという。

これは旗本が、大名に対してその鬱憤《うっぷん》を晴らさんがためにしたことである。言いかえれば旗本と大名との反目が、偶然にも又五郎問題を中心として爆発したのである。また一方には今いう戦国武士の精神にもあった。すなわち是非善悪を問わず、その友のために、その己《おのれ》に依頼する者のために自己の「力」を主張する。これが寛永武士の意気地であった。

『親分子分』の『英雄編』を読まれた人は、家康が土地を与えた外様大名に対しては出来得る限りその実力実権を殺《そ》ぐことにつとめ、実権を与えた譜代の子分には多分の土地を与えないようにしたということを承知したであろう。旗本八万騎と呼ばれた徳川家譜代の士は、いずれもその食邑《しょくゆう》(領地)の一万石に満たざるものばかりであったが、その権勢はなかなか国持大名と匹敵して下らなかった。

幾十万石という大名もある世の中に、同じく生命を賭けて戦場の功を積みながら一万石以下の薄俸に甘んじなければならぬ。その代わり、格式は百万石の大名にも匹敵すべしとあってみれば、彼等は勢いその格式を振りかざして、出来得るかぎりのわがままを働かなければ損ということになってくる。わがままも権利の一つという根性から旗本はおおいに威張った。威張って威張って威張り散らしたが、やはりないものはないのである。威張ったからといって、三千石の食禄が三万石に増えるというわけはない。

ここにおいてか、旗本は勢い不平を抱かざるを得なかった。彼らは国持大名に対して燃ゆるがごとき反感を抱いていた。元亀、天正以来の斬り取り根性が、この熾烈《しれつ》なる感情に煽《あお》られたからたまらない。旗本はたちまち一致団結した。彼らは一戦を賭してまでも又五郎を庇護せんとする気勢を示したのである。

3　旗本と大名との抗争

学者の書いた歴史は、ちょうど小学校で使用している博物学の標本画に似たものである。たとえば鯉の図にしても、鱗《うろこ》はその数までが正確に出来ている。尾鰭《おひれ》の構造も精密に描写されている。それでいて全体が鯉に見えない。あえて名画に比較する必要はない。団扇《うちわ》の裏にかかれている墨絵の鯉に並べて、どちらが真実の鯉に近いかと尋ねたら、子供は必ず団扇の墨絵の方を指して、こちらが鯉だというであろう。いわんや鯉と鮒と並べてかかれ、鮒とたなごと並べてかかれている小学校の教科書を見ては、説明なしにどちらが鯉で、どちらが鮒で、どちらがたなごかを識別するに苦しむ。

学者の考えなければならぬところはそこだ。彼らは科学科学と偉そうにいっているが、どこかで真実性のないものを子供の頭に注ぎ込もうとしているのだ。

さて又五郎の引き渡し問題から捲き起こされた旗本と大名との間における怪しい雲行となると、謹んで学者の記述にばかりしたがっているわけにはいかない。いくぶん誇張の嫌いがあり作飾《さくしょく》の跡はあるにしても、俗書によって、当時の大体の空気を説明しないではいられない。

『伊賀越復讐実記』は又五郎一件を中心とする旗本と大名との確執を、次のような筆法で叙述している。

大久保彦左衛門を後援とした阿部四郎五郎一味の旗本は、あらゆる手段をもって備前岡山の城主、松平忠雄を侮辱した。

松平宮内大輔《くないたいふ》の怒りはまさにその極点に達した。これを聞いた国持大名の面々は、さて捨て置くべきことにあらず、かくては国主の外聞《がいぶん》にもかかわるというので、一門として井伊《いい》掃部頭直孝《かもんのかみなおたか》、松平伊予守、仙台中納言政宗、松平阿波守、松平新太郎少将をはじめ、国持大名が十八名連署して、幕府に旗本の横暴を訴え、関係旗本五人と河合又五郎父子（実記によると母子）の引き渡しを要求する。

「もしお取りあげこれなきにおいては、なんの御役にも相立たざる宮内大輔なれば、切腹仕《つかまつ》るべき心底《しんてい》」

というので、その奥には十八人の大名が、

「右同断、国主の外聞にも御座候間、もし御用《おんもち》いこれなきにおいては阿部正之方へ罷越《まかりこ》し相対《あいたい》仕《つかまつ》り、その上宮内大輔と同様に入道して高野山へ引きこみ申すべき心底《しんてい》」

とある。

さすがの松平伊豆守もこれにはおおいに驚いた。

さっそく旗本を呼んで調停しようとしたが、例の大久保彦左衛門が頑張って承知しない。

「そもそも御旗本は、三州（三河）以来、上様の御供《おとも》申し上げ、数度の戦場へ出て討死にし、または手負となり、千辛万苦《せんしんばんく》せしものどもにて候。御旗本が柔弱《にゅうじゃく》なれば、国主、外様の大名、将軍家を侮《あなど》ること必定なり。御旗本の武勇鋭きときは、諸侯上《かみ》を恐るべし。しかるに天下の股肱《ここう》たる御旗本をなんと御心得候や。このたびの一件、五人の者にかぎりしにあらず。御旗本八万騎一同の申し合わせなり。しかるを五人の者お引き渡しとは何事か。さほどに国主大名をこわく覚しめさば五人に限らず、一連たる御旗本八万騎残らずお引き渡し下さるべし」

というのだから手がつけられない。

大久保彦左衛門は席を蹴立てて退出するとすぐ、江戸中の旗本に檄《げき》して大々的に示威運動を開始した。旗本は薄給であったが、大名に対してこれだけのわがままが出来たのであった。わがままは彼らが家康から許された権利の一つであったともいえる。

旗本の示威運動に対して大名側も黙って見てはいなかった。連署の大名は一同門を閉して登城しない。松平忠雄はもとより、いざといわば新太郎少将も第一に兵を動かさんとの気勢。これを見た江戸市中は、たちまちにして、鼎《かなえ》の沸くがごとき騒動となった。気の早い町人は店をしまって、逃《にげ》支度《じたく》にかかった。

われわれはもとよりこの叙述をまったく信ずることは出来ない。大名と旗本とが互いに徒党して、松平伊豆守を威嚇《いかく》したというようなことは、木刀を佩《お》びてその勃々《ぼつぼつ》たる雄心を韜晦《とうかい》した伊達政宗、鼻毛を伸ばして暗愚の態を装い、百万石の安泰に汲々《きゅうきゅう》たりし前田利常の幕府に対する畏縮恐悚《きょうしょう》ぶりを知るものの、全く信ぜんとして信ずる能《あた》わざるところである。

しかしそれにもかかわらず、当時、大名と旗本との間にこのような暗流の流れていたということはまぎれもない事実である。俗書の弊《へい》はその記述が誇張におちいるところにあるので、だいたいの真実はいわゆる正史よりもかえってよく把握している。

われわれは前掲の記述によって一枚一枚鯉の鱗を数えることは出来ないが、その潑剌《はつらつ》として深淵に飛躍するだいたいの姿勢はなまなかな学者の手になる歴史よりも、如実にこれを知り得るのである。さて大名と旗本との間にかもしだされた、このような険悪な空気は、時の政治家によっていかに処理されたか。例によって小宮山綏介《やすすけ》の『徳川太平記』にある叙述を借用することとする。

すでにこのように世の大事にも及ばんとしければ、忠雄が岳父蜂須《はちす》賀《か》蓬庵《ほうあん》にこのことをあつかうべしとの内命ありしに、蓬庵はさしも老練の古つわものなれば、よくこれを処置し半左衛門をば備前へも返さず、また久世らがもとへも留むべからず、われ預るべしとて、これを受け取り、さて阿波に送るとて、大坂の船中にてひそかに刺殺して、頓死のよしを披露せり。よって久世らへは又五郎をもかくし置くべからずと、厳重に命ぜられしかば、久世らは又五郎に数多の人を附してしるべの方へ送りやりぬ。このことによって久世、阿部、安藤ら、譴責《けんせき》を被《こうむ》り、しばらく谷中あたりの寺に蟄居《ちっきょ》せしが、月日を経てようよう許されたり。

さて渡辺数馬は、又五郎が江戸を去って他国に潜んでいる由を聞き、殿に暇《いとま》を乞《こ》うて諸国を尋ね廻ったけれども、いっこうにその所在が知れない。

そこで数馬は当時大和の郡山侯（本多甲斐守）に仕えて剣術の師範をしていた姉婿荒木又右衛門保和をたずねて、又五郎の行方を探ろうとした。それは又五郎の伯父にあたる河合勘左衛門もかつて郡山に仕えて、又右衛門と同僚であったことがあるからである。

又右衛門は少時、柳生十兵衛、宮本武蔵に就いて緒流の奥義をきわめ、当時剣をとっては天下無敵の称があったものである。

又右衛門は数馬からことの一部始終を聴いて大いに義憤し、数馬一人では又五郎およびその付人に敵せんことは覚束《おぼつか》ないとして仕《つか》えを辞し、起《た》って数馬に助太刀することとなった。

こうして数馬は姉婿荒木又右衛門と携えて又五郎の踪跡を探り、諸国をたずね廻ったけれども皆目その行方が知れない。ふと気づいたのは、奈良に勘左衛門の妻子が住んでいることであった。そこで両人は寛永十一年十月、ひそかに奈良に赴いて探ってみると、はたして又五郎は勘左衛門方に匿《かくま》われていた。そうして十一月六日に奈良を立って、再び江戸に下る由も知れた。

両人はその夜ただちに押し寄せて又五郎を討ち取ろうともしたが、思いかえして、奈良は商家がすき間なく並んでいて又五郎を討ち取るに都合が悪いので、途中に待ちうけて本懐をとげることに策を決し、六日の暁、主従四人して奈良を出発した。

(註)

右はだいたい旧記の筋である。今日、一般に行われている新記の筋を宮内大輔忠雄の病死に遡《さかのぼ》って記述すると概略左のごときものである。

幕府は、宮内大輔忠雄が折から流行の疱瘡《ほうそう》に罹《かか》り、三十七歳を一期《いちご》として心残りの多い生涯(俗間には伊豆守が毒殺したなどという説もある)をとげたのを機会として、疾風迅雷的に一件の裁決をした。まず五人の旗本を上野あたりの寺に蟄居させ、又五郎の追放を命じ、渡辺数馬に敵討《あだうち》を許可し、忠雄の子、光仲に国替えを命じた。とはいえどもこの国替えはホンの形式で知行も元のまま、本家の光政と交代させたまでのことであった。光政が岡山へ移り、光仲が鳥取へ転じたのはこのときであった。

光仲の国替えが形式であったと同時に、旗本の謹慎も形式であった。又五郎は追放ということになったけれども、彼らは依然団結して又五郎を庇護した。又五郎は旗本から廻された多くの剣客に護衛されて三州吉田から南へ入った片浜村というところにかくまわれた。

渡辺数馬はその姉婿にして、当時剣道において日本無双の名を取った荒木又右衛門を後援とした。又右衛門は柳生十兵衛、宮本無三四(武蔵)について緒流の奥義を極め、当時大和国郡山の城主本多甲斐守に仕《つか》えてその師範をつとめていた。

旗本は荒木の名を聞いてしきりにその付人を増したけれども、なお、不安の念に堪えなかったものとみえて、又五郎をひそかに九州相良へ落とすことにきめた。大久保彦左衛門が、相良遠江守を脅威して又五郎の隠匿を承諾させたのである。

江戸からは、桜井甚左衛門、同甚助が遠州気賀の旗本、近藤縫殿之助《ぬいのすけ》家来と詐《いつわ》って三州吉田へ発向する。それを探知した荒木又右衛門が見えがくれに尾行して三州吉田の宿に至ったが、そこでその影を見失った。

寛永十一年十月、河合又五郎は五十七人の人数に囲まれて三州片浜を発し、東海道の裏道を忍びやかに進み、伏見の宿へ着いたのが十一月の初めであった。又右衛門は数馬とともに敵を大坂で討ち取るつもりであったが、又五郎の方でもそれと察して、急に道を転じ、伊賀の上野を伊勢の津へ出て、そこから船に乗ることとした。

ところが、又右衛門は間者《かんじゃ》の知らせによって早くもそれを探知した。数馬と四人の一行は急行して伊賀の上野に敵を待ちうけた。

上野の城主、藤堂大学頭は大名として事の行きがかり上、渡辺数馬に加担せざるを得なかった。

普通に行われている説によると、藤堂大学頭がこのように数馬、又右衛門に助勢したのは、又右衛門と藤堂家の重臣梶原源左衛門との間に縁があり、又右衛門が源左衛門を通じて家老、藤堂采女《うぬめ》を頼んだ結果であるといい、他の一説によると藤堂家の士彦坂嘉兵衛が数馬の姻戚であった関係上、報を得てまず馳せ来たり、家中の士も追々に馳せ集まって数馬らに助勢したものであると。

4　寛永武士気質《ぶしかたぎ》

数馬ら一行四人は、与右衛門坂《よえもんざか》の峠で夜を明かし、七日の朝早く、伊賀の上野に着いて、小田博労町《おだばくろうちょう》にある万屋喜右衛門方に疲れを休め、最後の酒を酌《く》み交《かわ》しつつ、夜の明けるのを待ちうけた。

「何か肴《さかな》はないか」

数馬は主人に問うた。

「まだ起きたばかりでなにもございません。ここに残りの鰯が三尾ございます。なんならこれでもいかがさまで……」

主人の持って来た鰯を見ると、三尾とも頭がない。

「ヤァこの鰯は三尾とも頭がないぞ！　めでたいめでたい」

数馬は晴れやかにいって、

「オイ亭主！　些少《さしょう》ながら酒代《さかて》じゃ。これを取って置け！」

数馬の投げ出したのは二十切（一切は一分）であった。亭主をはじめ、家内のものは、金を見て目を廻さんばかりに驚いた。

「こんなにいただきましては……」

「イヤ遠慮におよばぬ。武家というものは今日あって明日を知らぬ身じゃ。金には用はない」

この様子を見ていた宿の女房は、鰯三尾に二十切は、あまりといえば、商売冥利に尽きるとでも思ったものであろう。鰹節を持ってきて恐る恐る四人の前に差し出した。

「三尾では皆様に足りませぬ故、これでも召し上がって下さいませ」

「ヤァ鰹節か！　これはいよいよめでたいぞ」

「めでたい、めでたい」

一行はこんなことをいいながら、目立たぬようにかねて用意の身固《みがた》めをした。


伏見の宿を立った河合又五郎の一行は六日、島ヶ原の松屋に一泊し、七日の朝、今のちょうど午前七時頃、島ヶ原を立って上野の城下はずれまでくると、朝霧が晴れて高旗山《たかはたやま》が、睡《ねむ》そうに日本晴れの空にその頭をもたげた。

島ヶ原から、上野の城下まで約一里半、今の午前八時というに、町口まで乗りかけた。

「日の出のけしき、見よ、絶景かな」

と二十余人の一行、駅馬《えきば》の鈴勇しく長田八幡の社前をすぎて鍵屋の辻にさしかかった。

今しも最後に河合甚左衛門が乗りかけ（宿駅の駄馬）に乗って万屋の角を右に折れようとする刹那、厳重に身固めした四人がバラバラと街道の中央に踊り出した。

まず大音声《だいおんじょう》をあげたのは荒木又衛門保和であった。

「ヤァ珍しや河合勘左衛門殿！　かねて所望のどうだぬきを拝見しよう」

声がいまだ終わらぬのに、勘左衛門は血煙立てて馬から顛落《まろびお》ちた。そうして二の太刀で息の根を止められた。

又右衛門に続いて、数馬も、武右衛門も、孫右衛門も名乗りをあげた。かねての打ち合わせにより、数馬は又五郎に立ち向かい、武右衛門、孫右衛門の両人は、桜井半兵衛に打ってかかった。半兵衛は槍の名人である。武右衛門、孫右衛門の両人は半兵衛が得意の槍を取らぬ間に討ち留めようと、左右から競いかかった。

世は太平というのに、まるで戦場のような光景が今眼前《がんぜん》に展開された。

又五郎の付人が、又右衛門の両刀に駆り立てられ、血煙をあげて倒れるのを見るたびに、屋根の上からはドッと鯨波《とき》の声がおこった。

その鯨波の声が静かな朝の空気に鳴りわたって、上野の城下を振動させたごとく、荒木又衛門の武勇の評判は日本国中、津々浦々の果てにまでも轟《とどろ》いて、寛永武士の胸に熱い血潮をたぎらせたのである。

この日、伊勢の津にあってめざましい敵討《かたきうち》の報告に接した藤堂大学頭高次は、又右衛門と数馬とを上野に留めたまま放さない。数馬の旧主松平相模守（鳥取、池田光仲）は使者をもって再三、両人の引き渡しを要求したけれども、高次は言を左右にしてそれに応じない。争って勇士を召しかかえんとする戦国の余風がそのまま諸家に残っていたのである。

紛糾に紛糾を重ねた結果、荒木又右衛門、渡辺数馬の両人は、旗本彦坂平六の手をへて松平相模守の手に帰し、一件ことごとく落着した。

いくばくもなく荒木又右衛門病死の説が世に伝えられた。

これは松平家が、又右衛門の旧主である大和国郡山の城主本多甲斐守に対する申し訳のためでもあったろうが、一つにはまた、旗本が又右衛門を敵《かたき》としてつけねらうようなことがあってはならないと思ったからである。実際、当時の旗本が、又右衛門を悪《にく》んだことというものは非常なものであった。

小宮山綏介の『徳川太平記』はこの顚末を左のごとく記述している。もってこの事件に対する諸大名の肩の入れ方がどんなものであったかということを察すべきである。

さて又五郎、勘左衛門はその場にて死し、半兵衛はいまだ絶息せざりしが、ほどなく死したり。数馬は負傷十三ヵ所、又右衛門は軽傷を負いしのみ。武右衛門は重傷にてその夜に死し、孫右衛門は負傷十ヵ所あり。

この三人は藤堂家の長臣に預けられて年月をすごし、同（寛永）十六年六月に至りて幕府より下知あり、両人とも藤堂家へ下し賜りけるが、追っては松平勝五郎光仲（忠雄の息）方へ請け受られ、この年八月、藤堂家より弓銃隊数十騎をもって伏見にある松平家の邸《やしき》まで護送し、同家よりも弓銃隊を備え、伏見より川船に乗せて下《くだ》り、海上は池田家より出せる大小の船三十艘にて播州まで送られて上陸し、坂越をへて鳥取の城下まで引き取られたり。時に沿道の領主より、接待の士《さむらい》を出して迎送し、草むらをば刈り抜いて、左右の山々に遠見の番兵を置き、夜間は篝火《かがりび》を焚いて非常を警《いまし》めたりという。このときは、備前、因幡国替となり、従前の松平家は鳥取へ移られたり。


寛永といえば、まずこんな物騒な時代であった。

関ヶ原の戦争以来、天下はまずもって徳川の掌中に帰したとはいうものの、昨日まで同じく太閤の子分として肩を並べた外様大名の胸中を思い、さらに譜代のなかにあっても、旗本の大名に対する反感を思い、武将派の文臣派に対する不平を考えてみれば、大切取《だいじとり》の家康だけに、死んでも安心することの出来ないような心配があったものと見える。晩年に至ってはただ秀忠をいましめて、

「いついかなる騒動が起こるかも知れない。今の太平は噴火山上の舞踏も同じことである」

という意味をくり返しいっている。

『東照宮御実紀』の記すところによれば、家康臨終の床に駿府の町奉行、落合小平次というものを召して、三池伝太の作にかかる御秘蔵の脇差を渡し、

「死刑にあたる罪人あらば、これにて生胴《いきどう》を試して参れ」

と命ず。小平次かしこまりて牢屋に至り、罪人を試して件《くだん》の脇差を返上におよぶと、家康は、

「斬れ味はいかがであったか」

とたずねる。小平次、

「さすがは名刀と覚え候。真に瓜を切るがごとくでした」

と答えれば、家康は悦んでその脇差を抜き、床の上に二、三度打ち振って、

「我死せばこの脇差を神体として祀《まつ》るべし。我は関東の守護神となるべし」

と遺言して間もなく死んだとある。


これは家康が、自分の死後、天下の乱れんことを慮《おもんぱか》って、悶々のうちに生をおえたということを語るものである。つらつら現在の状態を見れば、死すとも瞑《めい》せられず、剣となって関東を守護せんというのであるから、彼がいかに死後の天下を憂慮していたかがわかる。同時に、また、時代の人心がいかに険悪であったかということもうかがわれる。

5　雨やんで雲いまだ晴れず

されば秀忠、家光と続いて幕府の諸侯に対する戒飭《かいちょく》（戒めと謹慎）は非常なものであった。そう

してその厳峻苛酷なる高圧手段は、外様大名たると、親藩諸侯たるとを問わず、いやしくも、武家法度、公武法制の精神にもとるものはドシドシ処分された。

元和二年（一六一六）七月五日、秀忠は越後高田六十万石の大名、松平忠輝を伊勢の朝熊に幽し、その領土を没収した。

忠輝は家康の第六子で、将軍秀忠の異母弟にあたる。母は阿茶の局《つぼね》といい、遠江国金谷村の賤《いや》しきものの妻であったと伝えられている。幼名を辰千代といい（以貴小伝）生まれながらにして気が荒く、腕力も人並み以上にすぐれ、騎射の術を善くしたけれども、ややともすると道理にはずれた行いがあって、上下ともこれに悩まされることがおびただしかった。長じて上総介に叙し、慶長七年（一六〇二）下総国佐倉の城を賜り、ついで信州川中島に移り、同十五年に越後高田に封ぜられ六十万石を領したものである。忠輝の罪状は、

（1）元和元年（一六一五）大坂夏の陣に北陸道から押しのぼって江州（近江国）守山の駅に至りしとき、将軍の麾下、長坂、伊丹の両士が、馬上でその行列を乗り打ちしたとて大いに憤り、家人平井安西というものをして追駆してこれを殺させたこと。

（2）五月五日道明寺、若江の戦い、ともに機を失して事終わりしのちに着陣し、翌日城落ちるまで手を空しうして部下の中に、敵の首一つも取ったものがなかったということ。

（3）また、同年二公参内《さんだい》の日、病気と称して供奉《ぐぶ》せず、嵯峨のほとりにて終日川狩に日を暮らし、将軍の許可を得ずして恣《ほしいまま》に帰国したこと。

の三ヵ条である。秀忠の処分はもちろん、家康の遺旨《いし》を奉じて行ったことで、これが幕府の親藩を処分した初めであった。

当時世間の人が、忠輝を呼んで徳川家の巣守《すもり》（孵化しないで巣に残る卵）といった。けだし牝鶏《めんどり》は月に十二の卵を産むけれども、その中に、必ず孵化《ふか》しない一卵があるとの意で、家康の公子は皆英俊であったのに、忠輝のみ一人暗愚であったことを諷したものであろう。

忠輝はのちに伊勢の朝熊から飛騨の高山に移され、また信州の諏訪に移されてこの地で亡くなった。時に年九十二と聞こえた。

元和五年（一六一九）六月九日には福島正則が罪ありて安芸、備後二国を没収され、津軽の地に移されたが、七月三日には津軽のことに僻遠なるを憐れと覚召《おぼしめ》され、信州川中島に移し、越後、信濃の中にて四万石の所領を賜った。正則は配所にあり、剃髪して高斉と号し、六十四歳で卒した。正則の罪状が広島城修理の手続きを誤ったことにあったことは『英雄編』に詳述した通りである。そのほかにもなお幕府の忌憚《きたん》に触れるべき多くの無礼な言行があったようである。しかし、福島正則の処分は関ヶ原の役後、正則が家康に強訴《ごうそ》して、日岡峠の関所を守った伊奈図書に腹を切らせた時から、時期の問題として残っていたということは事実であったらしい。

秀忠が正則に処分を申し渡したときには、正則は江戸の愛宕山下の邸《やしき》にあり、秀忠は上洛して二条城にあった。もとより勇猛精悍の正則であり、その家臣には世に名高い武功の士も多かったことと て、幕府の万一に備える警戒は非常なもので旗本の精鋭は総動員という形であった。

元和八年（一六二二）八月二十三日には大老の本多正純、罪ありて宇都宮十五万五千石を没収され、出羽国由利の地に配流された。正信および正純のことはこれも『英雄編』に詳しく述べておいた。芝居や講談に『宇都宮釣天井騒動』というのがあるが確実なことはわからない。ただ、本多父子が軍事作戦の人材として家康の信任を得たために、武将派の嫉妬反感を買っていたことは事実である。また、子の正純が権勢に驕って酒井忠世、土井忠勝らと仲が悪かったことも事実である。あれやこれやで正純は秀忠に疎んぜられていたのである。

元和八年は家康の七周忌につき、将軍秀忠は日光山へ参拝の儀式があり、その途中で宇都宮城へ一泊するとのことで、正純はその前年から数万の人夫を用いて、夜を日についで城郭の修理、殿舎の造営を急いでいたが、これより先、国替のことからひどく正純の仕打ちを恨んでいた旧宇都宮の城主、奥平忠昌の母堂（秀忠の姉、亀姫）から、帰途今市に休憩中の将軍に密訴があって、世のいわゆる宇都宮釣天井騒動なるものが持ちあがった。このとき正純のうけた不審の条には、

（1）四月十四日将軍家御成の当日、宇都宮城をはじめ、城下の町々に厳しい禁火令の発せられたこと。

（2）将軍家御成の前夜、城の濠に多くの菱を入れさせたこと。

（3）公辺の許可なく、ほしいままに本丸の石垣を改築したこと。

（4）密かに釣天井を構え、床下を高くし、雨戸に栓を設け、枢戸《くるるど》の仕掛けをしつらえたこと。

（5）幕府から軍用のために附置かれた根来同心六人を斬ったこと。

（6）密かに鉄砲三百挺を作らせ、泉州から中仙道を経て宇都宮城に入れたこと。

右の中、釣天井云々の不審に対しては立派に正純の申し開きが立ち、謀叛の噂は全く事実無根ということに定まったけれども、（3）の許可なくして本丸の石垣を修築したこと、（5）の根来同心を斬ったこと、（6）の密かに武器を買入れたこととは申し開きが立たず、九月十八日最上義俊が城地の受け取り役として出羽の山形に出張を命ぜられた時、介添役の永井直勝が突如として将軍の命を伝え、宇都宮十五万石を没収して由利へ配流されることになった。正純は由利にあること一年有余にして大沢に移され、寛永十四年（一六三七）この地で亡くなった。ある人本多正純の処分はあまりに苛酷に失していると評したのを聞いた土井利勝が答えて、

「今は創業の時なり。賞罰厳重ならざれば、天下の長久を保つべからず。譜代を罰するはこれ天下に示すゆえんなり。彼が父正信、いかであの世にありて恨まんや」

といったとある。

正純の国除された翌年、家光がついで征夷大将軍となった。その年、松平忠直が豊後の萩原に蟄《ちっ》居《きょ》を命じられた。

6　新秩序の生まれる前の悩み

松平忠直は徳川家康の庶長子（妾腹の子）である結城秀康の第二子である。性格は勇猛にして大坂の役に殊功あり。従三位に叙し、参議に任じたが、家康薨去《こうきょ》ののちは、酒色に耽《ふけ》り、狂暴となり、二代将軍秀忠をないがしろにして参勤の期さえ怠るにいたった。そこで元和九年（一六二三）二月に秀忠は忠直を豊後《ぶんご》（今の大分県の大部分）に流し、遺領七十五万石をもってその子仙千代にあたえたのである。

寛永九年、秀忠は病気をもって薨《こう》じ、天下の人心すこぶる不穏の徴ありと伝えられた。剛邁（気性が強くすぐれていること）果断の家光は諸侯を城中に召し、酒井忠勝、松平信綱の二人をもって言わしめた。

「父祖二公は卿《けい》らとともにさまざまな苦労を重ね、四海平定の業をなせり。我はすなわちしからず。襁褓《きょうほう》（おむつ）の中《うち》よりその遺業をうけて軍職に就《つ》けり。されば卿らを遇するに客将をもってせず、譜代をもってせん。もし意に満たさざるものあらば、このさい断然本国に帰りて去就を決せよ」

この時、伊達政宗は列座の中からすすみ出て申すよう、

「天下あげて将軍家の恩に浴せざるものなし。もし恩を忘れ、義を捨てて非望を企てるものあらば、政宗まず馳せ向かいて粉砕すべし。親《みずか》ら兵を動かし給うにおよばず」

と、諸侯もまた他意なきを誓った。そこで家光は三家および親藩に秀忠の形見を分配し、諸侯以下旗本には遺金を賜うてその心をなだめた。

しかもその年の十月、駿河大納言忠長が除かれた。忠長は将軍家光の同母弟である。元和四年、甲斐十万石を賜り、寛永二年には駿河遠江をあわせて、五十万石を領し、駿府にいたが、資性すこぶる放縦、老臣の諫めを用いず、暴虐ますます募るばかりであったので、寛永九年の十月にはついに領土を没収して一旦甲斐国都留郡に移され、ついで上野高崎に配し、安藤重長に預けられたが、素行はなお修まらなかった。翌年十二月にはその行状が家光に聞こえ、阿部対馬守重次を以てついに死を賜った。時に年二十八とある。なにがさて人心の動揺がはなはだしい時のこととて、忠長の死についてはさまざまな風説が起こった。

駿河大納言忠長の処分とほとんど時を同じくして、肥後の国主、加藤忠広が罪を得て国除された。

忠広は、

「秀頼様、秀頼様」

と譫言《うわごと》のようにいいながら、関ヶ原の戦には、東軍に属して、小西の宇土城を攻めた加藤清正の子

である。忠広はおかげで肥後一国を領し、熊本に城《きず》いて、関東の鼻息をうかがっていたが、寛永九年（一六三二）六月に至ってとうとう家康の遺して置いた罠にかかって領地を没収され、出羽の庄内に配流されてしまった。正則といい、忠広といい、一片の私情に駆られて主家の滅亡を座視したわがまましものの末路、憫笑《びんしょう》に絶えたりというべきである。

忠広の罪状は、素行修まらず、国政よろしきを失し、秀忠の喪中、江戸屋敷で出生した幼児を密かに本国にかえしたというのであるが、それはおもて向きで、福島にせよ、加藤にせよ、幕府の方では折があったら片づけてしまわなければならぬと、手ぐすね引いて待っていたのである。

忠長に次いで忠広がやられたので、世間はその間に何か深い秘密が横たわっているもののように流言蜚語《ひご》が、紛々《ふんぷん》として行われた。

あるいはいうものがあった。前将軍秀忠の没後、土井利勝が将軍と計り、諸侯の反心を試みんとして、一通の檄文を諸侯の間に配布した。その文面は当将軍の悪政を弾劾し、駿河大納言忠長を擁して将軍となさんというにあった。

この檄文に接し、諸侯はいずれも驚いてその旨を幕府に告げたけれども、ひとり忠長、忠広の両人は固く秘して訴えなかった。ここにおいてか、他日事ある日、異志あるものはこの二人なるべしと疑われたのであると。

この噂がはたして真であったかどうかは知らぬが、とにかく寛永といえばこんな物騒な世の中であった。治者も、被治者もさながら悪夢に襲われたあとのように、ただソワソワとして落ち着かなかったのである。

尾張義直が練兵に熱心なりと聞いて岡崎の城主、水野忠善が幕府の間者に立ったのもこのころである。

岩槻の城主阿部重次が内命を奉じ、水戸の防備のために城門を東に作ったのもまたこのころである。

天下はなんとなく物騒であった。

戦《いくさ》のような伊賀越の仇討が行われたのもこのころであった。それも根を洗ってみれば旗本の不平である。旗本の幕府に対する不平、大名に対する反感が鬱結してあんな騒動が起ったのである。当時における旗本の不平を代表して、例の大久保彦左衛門が大気炎を吐いている。さすが元老だけに思い切って激しいことをいったものと見える。

「清康様、家康様などは御譜代の者をたいせつに思召して、弓矢八幡、譜代のもの一人には、一郡にもかえまじき御意被成《なされ》ける間、涙を流してかたじけなしと申してかせぎけるが、ただ今は御譜代のものを御存知なき……」

しかしながら、彼らはわがままを権利の一つとして、ただ威張り散らしたのみである。彼らには背後に「実力」がなかった。いくら不平をいっても「実力」のない不平であるから取るに足らなかった。また、根底に「実力」がないから、その不平を表面に主張することが出来なかった。

徳川三代の末から四代の初めにかけて旗本奴《はたもとやっこ》というものが起こったのはそれがためである。

世が太平となって武を用いるところがない。道を通れば国持大名や、城持大名が眼の前にはびこる。幕府を見れば吹けば飛んでいくような青二才が、役人風を吹かせて得意がっている。どこへ行っても癪に障ることばかりというのが、当時の旗本の心境であったろうと思われる。もし彼らに「実力」があったならば、その不平ははたしてどこに発したであろうか。思うに徳川の歴史もだいぶ今とは形が変わっていたであろうと思われる。けれども、旗本奴は威張るばかりが能でなんの力もなかった。

「六方者《ろっぽうもの》」という語がある。このころの武士が、小袖のゆきの極めて短いのを着こなし、両刀の思い切って長いのを差し、両手を振って、肩で風を切って歩いた。両刀が前と後に四本突き出している上に、両手を振って歩いたから六方者といったとある。

芝居で、

「六方を踏む」

という。花道へかかるとグッと反り身《そみ》になって、手足をおもしろく振って引っ込む。武士の伊達《だて》姿《すがた》を理想化したものという。

きおい、男伊達、旗本はその不平の捨て所を市中の一角に見い出したのである。

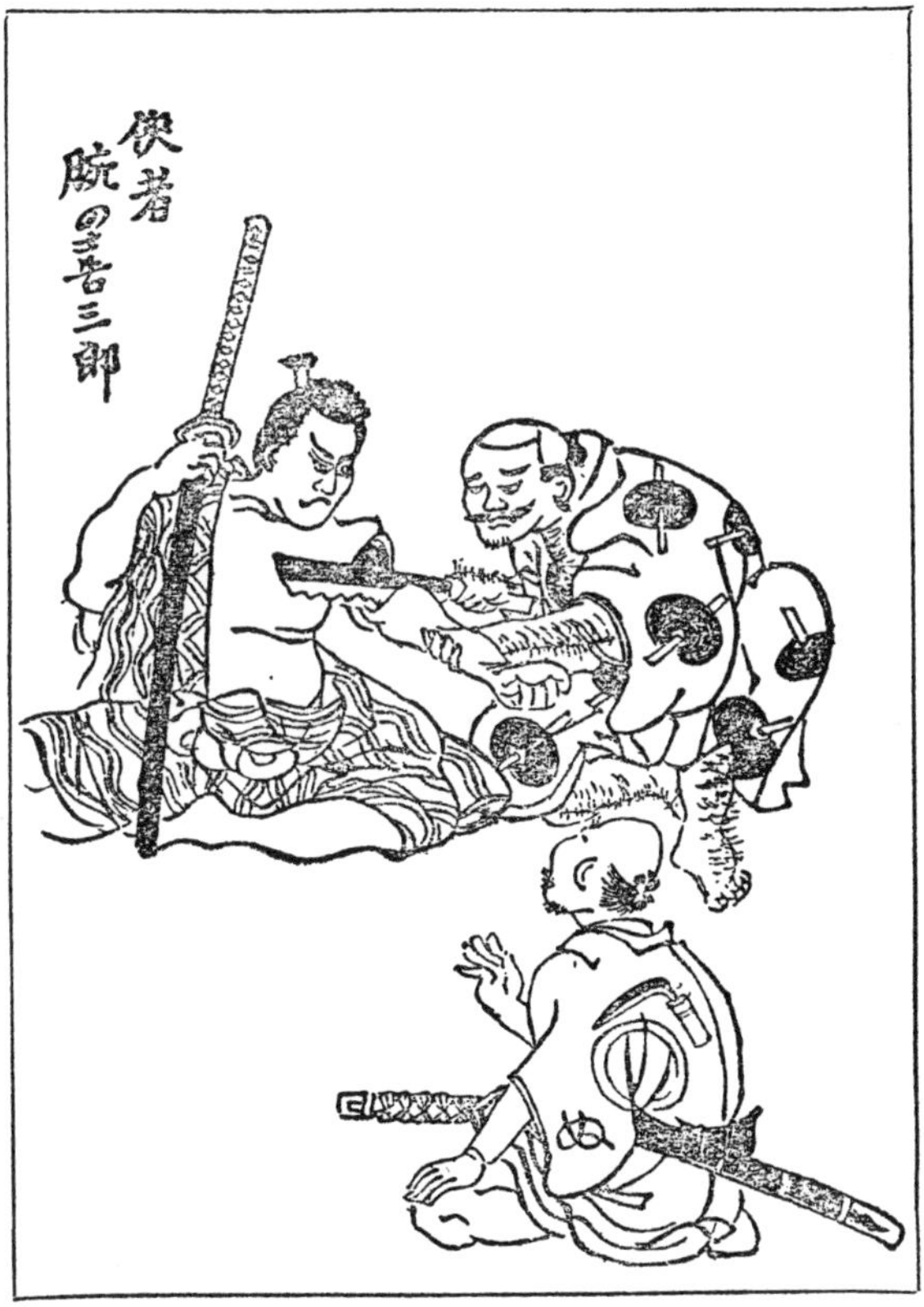

宝晋斎宝井其角が『五元像』の鶏合の差に書いている。むかし、野出の喜三郎という者が片腕を切られ、骨に皮膚が引っかかり見苦しいといって、ノコギリでヒジから切り捨て、出家して片枝と号した。思案するに寛文期の侠者「腕の喜三郎」というのは、これであろうか。(『近世奇跡考』)

7　神祇組《じんぎぐみ》、白柄組《しらつかぐみ》の主要人物

徳川三代（家光）の末から四代（家綱）の初めにかけて江戸市中を横行した旗本奴は、その徒党を大神祇組、小神祇組、もしくは吉屋組などと呼んだ。神祇組には山の手組、浅草組、芝組などの別があった。吉屋組はまたの名を白柄組とも呼んだ。

まず当時旗本奴と呼ばれた武家の男達から見ていくこととしよう。

蜀山人《しょくさんじん》、大田南畝《おおたなんぽ》の『一話一言』に収められている『古来侠者姓名小伝』は、寛永（三代家光）の末から寛文（四代家綱）にかけて江戸市中を横行したいわゆる「六方者」の姓名を列挙したもので、その属する徒党により系統的に記述するというほどに念の入ったものではないが、相当確実な文献（蜷川親音子《にながわちかねし》の蔵本と称する）により、神祇組、吉屋組などに属した六方者の姓名と小伝とが次のように雑然と列記されている。

武　士

関屋孫之丞
　ふだん頭より口元まで、頭巾を夏冬なしにかぶる。頭に大疵《おおきず》大腫物《おおはれもの》が見苦しく候につき、頭巾をかぶり通し、異名をナマと申し候。八丁堀与力に関屋の名字あり。一家なり。
鈴木石心
　異名をせがい坊と申し候。御台所頭鈴木八郎兵衛、喜左衛門、第一生男立なり。
増山主水
　異名を虫やっこと申し候。弾上の弟なり。
大また筧《かけい》与三兵衛
　大いたずら者、吉原をこえ付ケ馬にて、かけを乗候人なり。
小また堀又右衛門
　牢人手前とし、三浦法順所の、山の井という太夫を、あげや又右衛門方にて正月中仕廻、帰るさに、正月四日、大門口にて大勢待請切り殺す、相手知れず。
鵜飼新助
　能男《よき》、土手にて、大喧嘩、何事なく仕廻候。ちりやく院甥これに住す。のちに被召出、すえ物十郎右衛門と申し候。火之番仕候。
　西川権按、鵜飼十郎右衛門供養塔、伝通院大仏前に有之《これあり》。
水野十郎左衛門（知行三千石）

吉原より帰り、三浦小二郎同道にて、上臈の小袖下に着し、いにしえ伝内東やへ被参候。大あばれにて、あげ幕切って落とし、さまざま六方上へ聞え候。その上、法順内小わたと云う上臈つれて走り、段々不届、御吟味にて、松平淡路殿にて切腹被仰付。

武備睫《ぶびしょう》にいう、水野十郎左衛門は水野出雲守重仲の長子なり。

御日記にいう、寛文四年三月二十六日己巳雨、水野十郎左衛門不作法之由達上聞、被宥死罪一等、松平阿波守へ御預ケ、同二十七日庚寅晴、重ねて不作法之義、ささいにきかせられ、今日切腹被仰付る。

三浦小次郎

吉や組の頭なり。されども、申分立ちて牢人被致《いたされ》、孫左衛門と申し、病死す。

武備睫にいわく、三浦小二郎は、大御番なりしが、のちに御納戸役と皮（成《なる》?）十郎左衛門より手上のものにて、異名を吉やという。赤坂祭礼のとき、あばれけるを、紀伊大納言頼宣卿御覧ありて、御老中へ被達ける故、父小左衛門へ御預ヶ被仰付けり。

横井源太左衛門

御先手吉や組、異名を五やと申し候。

平林十郎左衛門

よしや組、御成敗なり。

相馬小次郎

よしや組、大上戸、酒の肴にたばこを喰い候。

ふじ太郎兵衛

旗本、大どもり故引込、ゆこうと申す、在郷にて人切殺、我も死す。

小林次郎兵衛

吉や組、土手にてけんかにげ候故、足は小ばやしと申し候。御成敗なり。

高木仁左衛門

吉や組、大小柄頭におけぞこと申し拵出し、ふだん鉄棒をつき、土手にて喧嘩死す。及聞秘録に云う、寛永年中御湯殿役を勤めたる高木善宗と云う御坊主流刑せらる。さて、善宗兄弟久々八丈島にありて、生れたる子、その名を仁左衛門と云。成人の後密《ひそか》に往来舟をたのみて、江戸へ出《いで》しが、そのころ江戸に時花《はやり》し男立を見ならいかの仲間に入り、上野花ざかりの節、大さわぎをしぬき一つの幕の内へ入りてあばれ、人を追散し、直に新吉原へ赴きけるに、水野十郎左衛門が同類三十人ばかりかけ出、左右より鎗長刀《やりなぎなた》にてつきかかる。高木も二尺五寸の大脇差にて防ぎ戦いけるが、深手負、弱りたる所を、鎗五六本にて突き止めたり。云々。また池ノ端にて御旗本衆両人鍔《つば》店へ上がり鍔を見居《みおり》候《そうろう》内《うち》、小坊主外に立居しあたまへ小便をして通り、さてもよき小便壷哉といって行き過ごしことあり。

柴山弥惣左衛門

大小の神祇組頭、がんぎ染の紅裏《べにうら》にてふだん六方、御成敗なり。

小笠原弥一右衛門

石谷将監殿与力、よき男にて、これも長刀に相口《あいくち》をさし、浅黄木綿のぬのこぶどう唐草をちらし、その上にはかま着し、風呂屋中を六方、相与力谷弥五兵衛をふるまいに呼び、先にて口論にて弥五兵衛切り殺し、内之者不出《いでず》候内に、神妙に宿へ帰り、この段将監殿へ申し上げる。たすけ被申度思召《もうされたくおぼしめし》、色々被致《(いたされ)》候えども、相手相果候《あいはてそうろう》故十日ほどすぎ候て御成敗なり。父小笠原金左衛門元来歴々の仁《ひと》なり。

岩間八兵衛

旗本にて大ばくち打、浅草袋町に住す。ふだん武士町人集まり博奕うたせ御詮議にて御仕置なり。

平岡八

甲州代官の弟なり。法華宗善立寺の甥。異名をみょうはちと申し候。

中川八郎左衛門

女郎あまた請出し、公儀の引負《ひきおい》四万両余、青山下野殿へ父子御預御成敗。

梶川甚五右衛門

吉原狂い、ばくち打にて大島へ流人、のちに御免岡利斎と申し候。

雲のたえま

松平越前殿相撲取、大六方、御普請奉行仕《つかまつり》、よしわらにて成敗也。

水野弥太夫

松浦肥前殿にて三百石取り、今古不双の男也。江戸大火事の時分《じぶん》施行《せぎょう》、奉行の時、ばくち牢人仕、金時半兵衛方にて死去、小山治兵衛も久しく置き候由、大小鎗などさびも不付《つかず》所持致候由。

小笠原十郎左衛門

父元心、弟大学、能書なり。武士作法口上男ぶり無残の所、玉の井という太夫上臈《たいふじょうろう》女房にいたし、また、女房一人さし置き、一生伊達にてくらし、吉原にて赤井半右衛門と申す旗本と口論いたし、一日上臈みせへ出ず候に付、江戸より夢野茂兵衛来り、吉や組二十人ほど吉原にならび居《おり》候て中へ来り茂兵衛扱にて事済《ことすみ》候《そうろう》。

青木清兵衛

甲斐庄飛驒守の与力六方者。ふだん吉原に遊ぶ。それゆえ牢人いたし白井小庵と申し、あべ川町に住す。のちに公儀より御尋事有之《これあり》乗物にのせ大勢にてつれ行き候処に、途中にて乗物けやぶり大勢ろうぜき仕り、その咎重く獄門に成候。

斎田仁左衛門

松平越中殿浪人、六方者。兵法遣い。

須原六郎左衛門

大橋流の手書《てがき》。男ぶりおかしく狂言にもまね候由。

六之丞
浅草に罷居《まかりおり》候牢人。つらの内に大疵《おおきず》有り、絵の上手、天気能《よき》にも、げたをはき申し候故、げた牢人と申し候。
神田かげまさ七郎兵衛
六方ばくち打。のちに鶴姫様御台所頭になる。
伊藤左太夫
牢人。立治《りつじ》ぶしの根元《こんげん》、角町松風という女郎を女房にする。
小川庄左衛門
伊藤道喜子《どうきし》、道林と申し候。六方、吉原狂いばかりいたし勘当元俗《げんぞく》仕《つかまつり》、雁やおふうと申すを女房にして油町におり、源氏の講釈いたす。
五十嵐平助
ばくち打。追放後御免又兵衛と申し候、隠れなき牢人也。
伴野伊兵衛（のちに弥五左衛門と申す）、
佐々木分清
大六方者。公儀目いしゃ。
下坂市之丞
刀鍛冶。大六方者。されども何事なく死す。

赤井半右衛門

吉や組大博ち打、吉原にて小笠原十郎左衛門と大喧嘩あり。

前場久三郎

六方者、三味せん上手なり。

白山一学、富永伝右衛門、山嵐三左衛門、ちご七郎兵衛、人切り善兵衛。皆々牢人の六方者なり。

右之分〆《しめ》四十三人。

この書は蜷川親音子之蔵本なり。朝泰有之子写之《これをうつし》、再び予写者《うつすもの》なり。ときに安永、乙未二月二十八日、瀬名貞雄、天明五年乙巳十二月二十三日写、南畝子。

武備睫に山中源左衛門という男伊達あり、五百石大御番也。正保年中、麴町真法寺にて切腹被仰付《おおせつけられ》たり。

辞世

わんさくれふんぞるべいか今日ばかり
　あすはからすがかつかじるべい

（註）

右の合計には四十三人とあるが、その中から著者が幡随院長兵衛と、だるま十兵衛とを除いたから、合計四十一人となっている。蜷川氏の原書は武家とその然らざるものとを、出身によって分類しているから、幡随院長兵衛や、だるま十兵衛までがこの中に加えられていたのである。
また、右に列挙せられた六方者には年代の記入はないが、その多くは寛永の末から、寛文にかけてのいわゆる旗本奴（もしくは武家奴）で、古来といってもそれから安永、天明に至る間のものを多く含んでいないことは、小伝に現れている関係人物から推してよくわかる。

8　旗本の尻押しをしたお歴々

大田南畝が『一話一言』に収載した『古来侠者姓名小伝』に列挙せられた「六方者」は、旗本奴としてはむしろその末輩である。大小神祇組の尻押しをして、隠然その首領たるの概《がい》があったものに加賀爪甲斐守真澄があり、伊賀越一件で河合又五郎を庇護したと称えられる久世三四郎、阿部四郎五郎、安藤治右衛門、近藤登之助、同縫殿之助、池田勘兵衛等も、その有力な声援者であったに相違ない。その他、徳川氏麾下《きか》の精鋭として、慶長、元和の戦史にその名の赫耀《かくよう》たる坂部三十郎、兼松又四郎、小栗又一、堀田勘左衛門、山田十太夫等も、なにほどか彼等と関係のあったことと想像される。

当時、江戸の市中に次のような俗謡が流行した。

夜更けて通るは何者ぞ、
加賀爪甲斐か、泥棒か、
さては坂部の三十か。

と。これは加賀爪、坂部等のいわゆるお歴々が徒党して、盛んに夜の市中を横行したさまを諷したものであろう。加賀爪甲斐守は譜代にして一万石を食み、坂部三十郎は旗本にして五千石を食み、いずれも神祇組の後押しで、乱暴狼藉を極めたものと見える。

加賀爪甲斐守のことは新井白石の『藩翰譜』に次のごとく記されている。年代から推して「加賀爪甲斐守か泥棒か」と謳われたのは、忠澄の子の直澄に相違ない。直澄の御不審を蒙った理由として、直澄が寺社奉行に補せられ、出仕《しゅっし》して評定の席に列するたびに座睡《いねむり》したとあるのは、病気のゆえと思われぬでもないが、白石が特に「疲労の余りにや」と書いているのは、彼の夜歩きを諷したものではないか。ことに座睡して御不審を蒙ったとあるので、病気のゆえでなかったことがよくわかる。とにかく、その全文を引いて読者の判断に任せることとしよう。

加賀爪

甲斐守藤原直澄は、上杉弾正少弼朝定が後胤《こういん》、民部少輔忠澄の男なり。初め朝定が孫朝顕室町殿に仕えて八条中務少輔という。曽孫修理亮政定所縁に就いて今川刑部（一作民部）大輔範政がために養われ、駿河国に下向し、改め称して加賀爪と名のる。その子右京亮《うきょうのすけ》忠定《たださだ》遠江国山名郡新池郷を領す。子孫是を伝領して、備前守政喜に至る。永禄十一年徳川殿遠江国に入り玉う時、政善、最初に御方に参りしかば、本領を下し賜いその子備前守政尚、尾張国長湫《ながくて》の軍《いくさ》に高名し、小田原御陣に従い、常に近く召仕わる。その子民部少輔忠澄、慶長四年中納言殿の（大相国家の御事）御前にて元服し、御諱字《おんいみなじ》を賜り甚十郎とめされ、大坂の軍《いくさ》の時、御使番を承り、自ら戦って首取って献《たてまつ》る。その後御目付より御普請奉行を歴《へ》て、寛文十五年五月、大目付となって、同十七年六月十三日（一作十二）職免され、明くれば十八年五十六歳にして卒《しゅっ》す（所領九千五百石に至る）。直澄初め寛永十八年叙爵し、同十年八月五日、御小姓組の組頭になって、十五年十二月五日、同じき番頭に昇り、慶安三年十一月十九日、御書院番頭に移り、承応四年九月十五日大番の頭に遷《うつ》る。寛文元年十一月九日、寺社奉行職に補せられ（この時一万石を領す）、同八年十二月二十六日所領加えらる（三千石）。十年十二月十一日、御不審こうむることあって、職免されて蟄居す。その後御免蒙って出仕《しゅっし》しけるが延宝七年六月十八日致仕《ちし》す。

直澄御不審蒙りしことは十二月八日、評定衆臨時の会合ありし時、松平因幡守信興を御使として御菓子賜りて、寒天の出仕を労せらる。人々皆かしこまり申せしに、直澄は疲労の余りにや、座しながら打ち眠りて、仰《おおせ》をも承らず。この事御聴《おきき》に達せしに、直澄評定の度に、かく打ち眠りて候うよし聞えしかば、不敬の罪免れ難しといえども、年来奉公の労、仰出《おおせいだ》されて引き籠りて候うべしとありしかば、蟄居したるなり。

嫡男信濃守直輔二十二歳にて、万治三年十一月二十四日卒しければ、外甥《がいせい》を養って嗣《し》とす。

土佐守直清、実は石川播磨守総長が二男、外叔父直澄が世嗣となる（一万三千石）。

加賀爪甲斐とともにその夜歩きを謳われた坂部三十郎と、伊賀越一件で河合又五郎を庇護した久世三四郎との武辺に関して、『翁草《おきなぐさ》』に次のごとき興味の深い挿話が載っている。

久世三四郎、坂部三十郎斥候の事

いずれの軍《いくさ》かそのところは覚えず、家康公、久世三四郎、坂部三十郎両人を召して、先手の斥候に遣わさる。坂部は御意を承《うけたまわ》ると否、勇み立って直ちに先手へ乗り行く。久世は少し猶予の体にて、立振り宜しからず、何とやらん後れたる様子にて、先手へ行くを、御前の小姓衆見て、久世を笑う気味なるを公叱らせ給い、その時の上意に、坂部は生得剛勇にて、敵を何とも思わず、久世は武辺を嗜《たしな》む心深ければ、物を率爾《そつじ》にせず、事によっては、生きて再び帰るべからずと励《はげ》む故に、仮初《かりそめ》の事をも大事にするなり。今見よ三十郎よりは二町も三町も深く近寄りて、よく見切って帰るべきぞと宣《のたま》う、案のごとく坂部より四町ほど先へ出で、敵の位《くらい》動静をよく見切って帰りし由。先年高野山にて内藤言之助入道物語なり。この言之助は法名言入《ほうめいげんにゅう》という。亀田大隅が婿にて、見事なる士なり。高野登山の砌《みぎり》、彼の山にて参会せし直の咄なりと、或人の記に在り。

9　兼松又四郎、小栗又一の剛直

また、これは旗本奴に関係があったかどうかは疑問であるが、殿中で伊達政宗の顔を殴ったというので、寛永武士の気風を論ずる時によく引き合いに出される兼松又四郎のことに関して『翁草』に左の記述がある。

兼松又四郎物語の事

秀忠公御上洛の時、尾州熱田にて、国衆御目見えに出づ。その内兼松又四郎も出る。その夜土井大炊頭を兼松方へ被遣《つかわされ》、義元合戦の時の手柄と、刀根山にて信長より半鞋《はんぐつ》を拝領したる事と、かつ猪子内匠《たくみ》と、又四郎とは年いずれが倍《ま》し候や、御覚《おおぼえ》には、猪子は年兄と思召《おぼしめさ》るるとの御尋《おたずね》なり。兼松承りまずもって御尋ねの趣かたじけなき仕合《しあわせ》奉存候。さて、今川義元と信長公御一戦の砌《みぎり》、傍輩七、八人一緒に打ち立ち候。その時某《それがし》二度まで馬を乗り損じ候故、いな事と存じ、能々《よくよく》見候えば、鐙を逆にかけ候。心中に不吉に存じ、その日は進み不申《もうさず》、傍輩共は、皆筈《はず》に合高名仕り、我等は手も塞《ふさが》せず罷在候を、余り見苦しとて、傍輩共なぶり候て、面々が取候首の血を、某が具足にぬり、草摺《くさずり》に泥などぬり付け候て、手に合候輩に交り、信長公へ御目見仕候。その時信長公は軍《いくさ》に御勝ちなされ、義元の首を公饗《こうきょう》に乗せ、御前に被差置《さしおかれ》、御機嫌麗き所へ罷出候故、八人の者共同前に埒《らち》明け罷立候。また、刀根山合戦の時は、宵に御触有之《これあり》候へ共《ども》、油断仕り、信長公はや御出馬故に、草鞋はく間も無之《これなく》、素足にて駈け出で高名仕候。信長公是を御覧じ、御太刀の鞘に掛けられたる半鞋《はんぐつ》を被下《くだされ》候。別に骨折りたる事もなく候と申す。大炊頭被申《もうされ》候は、猪子内匠と貴殿の年齢の事はいかが御請被申候や。兼松いう、これは将軍様の御覧違いにて御座候。内匠は我等より三つ若く候と申す。大炊頭云、左様に候共御覚《おんおぼえ》御自慢にて御尋の事に候間、御覚の通りに御請被申上可《おうけもうしあげられてしかるべき》然と有る。兼松頭を振って、年若と申し上ぐるはまずもって勝手能事《よきこと》に候えども、残りの二ヵ条では、皆武辺の事の御尋に候。しかるに加様のいささかの儀にも虚言を交え候ては、肝心の武辺の障になり候間、有体《ありてい》に御申上可被下《くださるべき》由なり。大炊頭感心して、この段詳に言上せられければ、御感不斜《なのめならず》、時服黄金に御内書を添て被下《くだされ》しとなり。(『翁草』巻三十四)

伊達政宗、兼松又四郎と喧嘩の事

陸奥守政宗殿中御能の節、兼松又四郎という御旗本士に対して無礼有り、又四郎握拳《にぎりこぶし》にて政宗の顔を打つ。政宗手を拍《う》って笑い、さても男なり男なりとて興ぜられ、帰館後家老片倉小十郎に右の事を語り、さてさて危うき事成しが、少身者を相手にする事にて無し、面白くはずしたりと被咄《はなされ》しを、片倉小十郎聞て、最も左様にて御座候。さりながら、小身衆に御無礼無之《これなき》様、御慎可被成御事《おつつしみなさるべきおんこと》と答えしとぞ。（『翁草』巻八十四）

小栗又一は幕末の勘定奉行として名高い小栗上野介の祖先である。法学博士、蜷川新氏の『維新前後の政争と小栗上野の死』と題する書物に、小栗家の系譜と、中興の祖、すなわち初代又一とに関して次の記述がある（著者は小栗家の当主貞雄氏と親交があり、蜷川氏が小栗家の親戚で、小栗家所蔵の正しい系譜によってこの記事を作っておられることをよく知っているので、そのままこれを採用することとした）。

小栗家は、清和源氏であり、本苗《ほんみょう》は、松平である。すなわち徳川氏祖先の一門である。遠祖は三河を本国となし、また生国を三河となし、松平隼人正信吉といった。三代目の二右衛門尉吉忠より、母方の姓たる小栗の姓を名乗ることとなった。この人は榊原忠次と同時に、徳川広忠につかえ、忠次と同じく「忠」の一字を広忠よりたまわって「吉政」を「吉忠」と改めた人であり、古《いにしえ》より徳川家と深い縁があった。十六歳にして家康に従い、三州上野において、桜井内膳正と合戦の折、敵と槍を交えて奮戦し、比類なき功名を顕し、その以後毎戦功名あり、その子四代目忠政に至っては、有名なる勇者であり、徳川家康の信用最も厚かった人である。元亀元年（一五七〇）六月十六歳にして姉川の合戦に従い家康の身辺にわかに敵の迫りきたりし折、家康の側近くにあり、槍を取って敵と渡り合い、敵を打ち取り危機一髪の間に家康を救った。家康その勇を感賞してその槍をそのまま褒美として与えたのであった。これ「信国作」の有名なる槍であり、今日なお小栗家に家宝として伝わりつつある。今は現に遊就館に陳列せられつつある。その後数度の戦場において、常に一番槍を合わせ、功名を立てしをもって、家康はその名を「又一」と改むべしと命ぜられ、由来「又一」を代々当主の名となし、長坂血槍九郎と共に、日本の戦史の上に、有名なる家柄である。この人は、味方原《みかたがはら》や長篠や、その他大小の戦いにおいて、常に功名を立てた人であった。豊臣秀吉逝ける後、家康大坂城へ出仕の時、供奉三十六人を従えたりしが、これ危急決死の行であった。すなわちその内より、太刀持ちとしては、榊原、井伊、本多及び小栗の四人を択ばれたのである。城門にて、大坂方は供奉の人々の入城を拒みたりしに、此等勇士は「あたりを払って広間まで家康の供をなし」家康の身辺を守ったのである。もって非凡の勇者たりし事が察知せられる。初めの大坂陣の折には船場の橋梁の焼け落ちたるや否やにつき、単騎敵前に進みて偵察し、敵将上条又八もまたその勇気に歎賞を禁ぜず「斯る勇士を打ち取るべからず」とて、部下にこれを命じ、数千の敵兵はその行動を静かに眺めたのであった。これ上条又八その人の役後《えきご》に人に向かって語れるところである。大坂の陣、小栗忠政は常に家康の身辺を離れず、砲弾雨飛の間に、家康の身を援護して、敵の一弾をその股に受けたこともあった。あるいは敵を偵察してつまびらかにその兵数を報告し、ほとんどその算をあやまたず、家康の感を得たこともあった。この勇者は、元和二年（一六一六）九月十八日病没したが、その齢《とし》は六十二であった。

なおこの初代又一がいかに剛直の士であったかは、『翁草』に載せてある左の挿話によって見ても知られる。

小栗直言の事

薩摩守様関ヶ原にて頸を御《おん》取り御前《ごぜん》へ御出しなされ候。権現様御悦びなされ諸大名も誉め申され候。小栗又申し候は、逃げ廻る敵の足手を押えて頸をとらせられ候を誉め申し候えば、いつも敵は弱きものと思召て、後のため悪《あし》く候と申す。薩摩守様も是を御聞被成《なされ》、御立腹なされ候由。又一は久敷御使番にて覚有ものなり。権現様へも、すね廻り悪口など仕る故、立身もえせず一代五百石取なり。死る年御加増下され間もなく死去なり。

寛永の頃、久世、坂部、兼松、阿部、池田等の諸士と共に、旗本の精粋をもって称せられたのは、恐らく二代又一のことであろう。松崎尭臣《たかおみ》の『窓のすさみ』に次の記述がある。文中、又一を又市郎としてあるのは、恐らく誤りであろう。

寛永の後の頃なるべし、増上寺にて法会ありし時、小栗又市郎（又一？）の組の立ならびたる陳列、少し出張りければ、伊豆守信綱朝臣通るとて、少し跡へ退くべしと命ぜられける。与力の士《さむらい》言《いい》けるは、この事聞き入れなば、小栗殿の心に叶うまじとて、そのままにしていつつ、かの事すみてひそかに小栗氏に申しければ、いしくも他の下知に従わざりつる。もし従（い）なばゆるすさまじきにといって、宿所へ文をつかわし、その身は朝臣の許にゆきて、見参に入りたきよし申されけるに、いまだ帰宅なかりしかば、さらば待ち、奉るべきとて、亭へ通りておられけり。かくて朝臣帰られければ、そのよしを申すに、朝臣うち笑（い）、さ有（り）なんとてただちにあいて、よくこそ来られたれ。先には組の面々へ指南して候え。ふと思い寄（り）て卒爾《そつじ》なる事にこそ候つれ。あやまり候ぞ。心に掛けられなとありければ、その仰せにて候得ば事済み候。某が預りたる組の事を、御方なればとて、御いろひ有るべき事に候わず。それ故その由を承るべきとて参りたるに候。御会釈の上は、申す様もなく候とありしかば、今朝よりかの勤めにきびしくあるべし。常飯参らせんとてさまざまもてなし、数献の上、是は上より給りたる木なり、分贈せんとて沈を一ふし贈られけり。かかるうちに小栗の陪従輿《こし》を持ち来り、死体を受け取（り）に参り候といい入れけり。朝臣の聡明故にこそ、事なくてやみめる。その世の武士の剛強、大ようこのたぐいなりしとぞ。

この又市郎坂下御門当番たりし日、品川あたりへ御成（り）あ（り）て、ただいま還御なると御先払い来ていえども、御門を開かずして、御門前にうずくまりいたるに、御輿《おんこし》いたりて、又市又市と御詞ありし時、御門を開きしとかや。総じてこの頃はたいがいこの格にてありにしや。春日局の何事にか夜に登城せんとて、平川口へ行きかけり、春日なるを通し候えとありければ、天照太神《てんしょうだいじん》にても夜は通すことならざるとて開かざりしかば、是非なく帰り、翌日登城して涙を流して語られけるに、さも有るべしと上意にて、御感のけしきなりければ、その沙汰もなかりけり。されば宇都宮より急に還御ありし折も、夜の事なればたやすく通し奉《たてまつ》らざりしを、かえって御感ありしとかや。昔は武備を大切に守りし国風、おのずから如此《かくのごとく》なりしとぞ。

当年、尼将軍の再現として世にその権勢を謳われた春日局を平川口に夜露に打たせたまま門の閂を一分も動かそうとしなかったのは、旗本の精鋭近藤登之助であったという説もある。近藤登之助、同縫殿之助《ぬいのすけ》は、講談や芝居で有名な人物であるが、その確実な伝記はまだ余りに人に知られていない。

次に「俠客編」としては逸すべからざる名物男の一人である近藤登之助及び同縫殿之助に関する史実を紹介するとしよう。

江戸の俳優初代市川団十郎は、堀越重蔵という者の子なり。慶安四年（一六五一）辛卯、江戸に生まれる。重蔵は下総国成田の産（或は云う、佐倉八幡村の産。役者大全云、市川村）なり。江戸にうつり住。かつて任俠を好み幡随院長兵衛、唐犬十右衛門等と友たり。団十郎生れて七夜にあたる日、唐犬十右衛門、彼が幼名を海老蔵となづけたるよし（今の白猿ものがたりぬ）。初名を段十郎とよび、後に団十郎に更む（『近世奇跡考』）。

10　名物男近藤登之助、同縫殿之助

最近、旗本近藤登之助の屋敷跡と伝えられる本郷春木町の土中から人骨のあらわれたことがあった時、文学博士笹川臨風氏は往訪の新聞記者に語って、近藤登之助は史上有名な人物であるが、その領地は明らかでないといっておられた。もとより新聞記事のことであるから、それを取って笹川氏の鼎《かなえ》の軽重を問うわけではないが、もし笹川博士が、真にそのように話されたのであるならば学者として少し速断に過ぎたようである。もちろん近藤登之助の名は『大日本人名辞書』にも出ていないほどであるから、これまで世間が素性のよくわからぬ疑問の人物として取り扱っていたことは事実であろう。近藤氏は江戸城の防衛上箱根、新居と並んで、海道筋の最も重要な場所となっていた気賀《けが》、金指の関所の守衛を託せられていた。気賀は浜名湖口に置かれた新居の関所を避けて、湖水の北岸を迂回せんとするものが、必ず通過しなければならなかったいわゆる姫街道の要衝である。姫街道（本坂越ともいう）は三州の御油《ごゆ》あたりから本坂峠をこえて、浜名湖の北岸を三ヶ日、気賀とすぎ、市野、池田をへて見付で東海道に合《がっ》したもので、姫街道の名は、新居の関所が特に厳重に婦人の行旅を検察したからおこったものであろう。気賀はまた、北方の井伊谷《いいのや》をへて三河の新城もしくは長篠方面に通ずる小街道と上記姫街道との交叉点にもあたっていたので、徳川氏はこの地を江戸城防衛上の重要地点と見ていた。

近藤登之助秀用《ひでたか》は遠州井伊谷の豪族近藤石見守康用《いわみのかみやすたか》の子である。そもそも遠州井伊谷の地は南に浜名の支湖、引佐細江《いなさほそえ》を控え、北に三嶽《みたけ》、奥山の峻峰を負い、東は天龍の急流をもって中遠との境いを画し、西は御鷲、本坂の狭隘をへて三河に通ずる天然の要害であって、延元元年（一三三六）後醍醐天皇の皇子宗良《むねなが》親王が初めてこの地に入り、井伊谷の豪族、井伊道政ならびにその子高顕を頼んで義兵を挙げさせてから、五百余年をへて明治の代に至るまでも、常に遠州一円の政治的勢力（政党関係においても）に対する梁山泊《りょうざんぱく》として存在した形のあったのもまた故ありというべきである。

宗良親王が井伊谷の地を去られてからは、西遠の宮方また振わず、井伊氏はいくばくもなく、駿遠の守護、今川氏の被官となり、代々井伊谷の地を領して戦国の末におよんだが、永禄三年（一五六〇）、井伊信濃守直盛、今川義元に桶狭間の戦いに殉じてのちは、一族、肥後守直親その跡をついで井伊谷城を守っていたが、被官小野但馬の讒《ざん》に遭って亡び、その幼児万千代は三州に走って家康に頼った。

永禄十一年（一五六八）十一月には、武田信玄がいよいよ駿府に向かって兵を発した由聞こえたので、家康も速やかに遠州を平定してこれに備える必要あり、岡崎城を出馬してまず今川の被官小野但馬の拠《よ》れる井伊谷城を攻めおとすべしと、十二月一日、大井川の辺《ほとり》に陣を布《し》き、西遠野田の豪族、菅沼新八郎定盈《さだみつ》、今泉四郎兵衛延博の両人に、案内を命じた。このとき菅沼が家康に策を献じていうようは、井伊谷城は究竟の要害なれば、これを力攻めに攻めたとていたずらに時日を費やし、士卒を損ずるのみで容易に攻め落とすことはむつかしかろう。某の一族に菅沼二郎右衛門忠久というものがある。これと近藤石見守康用、鈴木三郎太夫重時とは、三人とも井伊谷方の豪傑である。今この三人に恩を施し御味方に招かれたならば、この城必ずや戦わずして御手に入るべきであると、家康すなわち菅沼の言《ことば》をいれ、ただちに馬を井伊谷近く進め、次の如き書をもって、菅沼、近藤、鈴木の三将を誘《いざな》った。この書はのちに代々近藤家に伝わって宝となっていたものだそうである。

今度両三人以馳走、井伊谷筋を遠州へ可打出之旨本望也。然、其所々出置知行分之事、永無相違為不入扶助畢。若、自甲州彼知行如何様之被申様候共、進退に引懸候而見放間敷候也。其他之儀不及申候。若於偽者、梵天帝釈四天王、別而者、富士白山、惣而、日本国中神祇之可蒙御罰者也。仍如件。

永禄十一年十二月十二日　　御諱　御判

菅沼　二郎右衛門殿
近藤　石見守殿
鈴木　三郎太夫殿

もちろんこれに対しては三人の方からも、家康に対して梵天帝釈の目を丸くさせるほどの固い誓詞を差し入れる。定盈《さだみつ》はこの功でさらに遠州の中で新知を加増せられ、三人はのちに、旧縁により、井伊直政（万千代）に付けられ、「井伊谷三人衆」として、世にその武名を謳われたものである。

それはさておきこの三人衆が味方に付いたので、井伊谷城は難なく陥落し、十二月三日には、庵原庄太郎忠良、長谷川次郎右衛門秀匡《ひでただ》の守った刑部《おさかべ》城（遠州気賀の付近にある。允恭《いんぎょう》天皇が忍坂の大中姫のために定めさせた食邑《しょくゆう》すなわち忍坂部《おさかべ》で、日本に三ヵ所あるうちの一ヵ所である）も落ち、家康はこの時陣を金指街道から、瀬戸川（都田川）に進め端和《はしわ》の妙恩寺に入っていた。浜松の豪族江馬加賀守風を臨んでまず款《かん》を家康に通じ、そのことが洩れて同苗安芸守の手に殺されたが、加賀守の家人小野田彦右衛門がただちに主の仇を報じ家康の感賞に与った。これと前後して同じく今川氏の被官であった久野淡路守宗益、同八右衛門宗明、同弾正宗政、同采女《うねめ》宗当等皆徳川氏に帰順し、奥平監物貞勝、その子九八郎貞能もまた来り降《くだ》ったので西遠の地は、ほぼ徳川氏の威風に靡《なび》いた。

しかし、西遠の地にはまだ西浜名の浜名肥前守頼広、日比沢の後藤佐渡守、気賀の新田友作、容《み》輪《わ》村の容輪三郎兵衛などがあって依然今川氏のためにその恢復を画し、容易に家康の節度に服しなかったが、家康は永禄十二年（一五六九）一月、見付に本陣を置いて掛川城攻囲のかたわら、使いを西遠の各地に派してほぼ今川氏の残党を招撫《しょうぶ》させた。そうして二月には掛川城も全く力つき、西遠の今川党もほぼ平らいだので、一旦兵を岡崎に返し、人馬の労を休むべしと、金丸山に奥平貞能、菅沼貞吉、同正貞の三人、河田村に酒井忠次、小笠原山に小笠原長善、久野に久野宗能を置いて掛川城の押えとし、永禄十二年三月、気賀、三ヶ日を経て帰路についた。

しかるに去年三月、家康に攻め落とされて降参した気賀の豪族、大沢左衛門佐《さえもんのすけ》基胤《もとたね》の属将、尾藤主膳、山村修理、気賀の一族、西光院、宝諸寺、桂昌院をはじめ、給人百姓と称する内山党、ほか寺社地下人、男女千五、六百人、堀川の旧塁を修理して立て籠り、家康を要撃して一戦に討ち取ろうと待ち構えた。気賀の今川党がかくも執拗に頑強に徳川氏に反抗することができたのは、堀川城が潮入の要害で、さしも三河武士の精鋭をもってしても容易にこれを抜くことが出来なかったからである。

しかるに家康はこの時何心なく近習十七騎、歩卒二百三十人ばかりと先発して気賀の地を通り過ぎてしまったために、一揆もそれを家康とは心付かなかった。すでにして石川数正が百騎ばかりで後陣を打つのを見て一揆ども初めて前に家康の通り過ぎてしまったことを知り、地団駄踏んで口惜しがった。

岡崎に帰城した家康はこれを聞いておおいに気賀党の不信を憤り、ただちに兵を発して堀川城の攻陥に取りかかった。一旦降参した大沢基胤も勢いのやむべからざるを知って起ち、敷智郡堀江城に立て籠って中安兵部、権田織部等と呼応して叛旗を翻した。

家康は三月二十五日、まず井伊谷三人衆と野田の菅沼定盈《さだみつ》とに命じて堀江城に向かわしめ、おのれは三河の衆を督して三月二十七日、気賀の堀川城に押し寄せ、山の後なる平松崎という所に陣を布いた。堀川城の要害を『改正三河後風土記』は次のように記述している。

そもそ（も）この城は海浜にして、潮満（つ）れば、船にて出入するといえども、潮退いて干潟となれば巉巌《ざんがん》峭壁《しょうへき》にて陸地、ただ一面なれば、攻め寄るに便りを得たり。この城只今攻め落とさずば、その間に潮来るべきぞ、平責めに責め落とせと、御旗本勢攻め寄せたり。

攻め寄せた旗本のうち、小林平太夫重道、弟勝之助正次、平井甚三郎、大久保甚十郎、永見新右衛門為重等が先登をしたけれども小林、永見の両氏は討死し、大久保甚十郎は重傷を負って落命した。榊原康政が勇をふるって進み深手二ヵ所まで負いながら屈せず城砦に斬り込んだ。森川金右衛門氏俊を始め、諸軍一斉に突貫してついに城を乗っ取った。

この戦いが気賀党の徳川氏に対する最後の反抗であり、この時以後、気賀は永久に徳川氏の領土となった。もちろん、元亀三年（一五七二）武田信玄が二股から井伊谷に入り、刑部城に拠って浜松の徳川氏と相対した時には、気賀党は箪《たん》食《し》壺漿《こしょう》（飲食物を持って歓迎すること）して信玄を迎えたが、もう武器をとって徳川氏に反抗するだけの力はなかったものらしい。

徳川氏天下統一ののち気賀と金指とは、姫街道の要衝江戸城防衛上の重要地点として、井伊谷三人衆の一人である近藤氏の采邑《さいゆう》（領地）となり、明治維新におよんだ。気賀、金指ともにおよそ三千石の地で、気賀には近藤縫殿之助の陣屋があり、金指には同登之助の陣屋があった。

『伊賀越復讐実記』には、阿部四郎五郎、久世三四郎等の旗本が河合又五郎を三州吉田在の片浜村に隠匿した時、桜井甚左衛門、同甚助等の付人が遠州気賀の旗本近藤縫殿之助の家来と称して姫街道に入り、本坂峠から吉田に脱《ぬ》けたと書いてある。それが俗書であるにしても、地理も、人名も、条理も立派に人を肯かせるように出来ているところに、なまなかな文学博士のおよばぬものがある。

伝説によると幡随院長兵衛を殺した下手人の一人は近藤登之助であったとある。

著者の家は恐らく今川党の余蘖《よげつ》（滅びた家の子孫）であろう。堀川城と堀江城との間にある気賀町伊目村から出て中頃、気賀近藤氏に仕えた。祖父多宗太は毎日関所に詰め、投棒の名人であったと伝えられている。伯父、覚太郎は近藤氏のためにその墓石を払った唯一、最後の人である。

その伯父も昭和四年の夏に身《み》まかった。近藤氏の墓は金指の町外れにある初山、宝林寺にある。

（註）

初山宝林寺は、寛文四年（一六六四）、明僧独湛の草創にかかる黄檗の名刹である。日本では宇治の万福寺と共に稀《めず》らしい建築であるが、片田舎のこととてあまり世に知られていない。著者が十八、九歳で帰省すると、伯父の覚太郎は何と思ってか、著者をつれてこの寺に詣で、近藤氏の墓を払った。今から考えると、これが伯父としても近藤氏に対する最後の御奉公ではなかったかと思う。独湛は福建省莆田の人で、二十七歳の時、隠元禅師に随って日本に帰化し、寛文三年黄檗山の開基と共に挙げられて西堂に任じ、翌年遠州の近藤語石居士に招かれて、宝林寺を建て、いること十八年、上野に赴いて国瑞寺を剏《はじ》めたということが宇治黄檗山獅子林院の記録に明らかである。して見ると近藤家から出たものが代々乱暴者ばかりでなかったということがよく分かる。近藤氏はまた沖縄から、琉球葦の苗を取り寄せて、陣中の御池に植えた。今では気賀地方の重要な産物である畳表の原料となっている。

11　旗本奴の風俗および気質

曳尾庵《えいびあん》の「我衣《わがころも》」にある旗本奴の風俗および好尚《こうしょう》に関する記述は、この方面の有力な参考文献のひとつとなっているから、次にその全文を援用して叙述に代えることとしよう。

正保慶安ノ頃、江戸中ニ武家ハ不及申、町人トモニ剣術、柔術ノ類大ニ流行ス。依テ男達ト云（フ）事、ハツカウセリ。《伊達ト云（フ）コト、御国入ノ砌、仙台家士、多クハ人ノ目ニ立（ツ）衣裳ヲキタリ。依テ、アレハ伊達衆ナリト云（フ）ヨリ始マル。》町人トイヘドモ、武扁ヲ立（テ）辻切喧嘩所々ニ有之、此節大小ノ神祇組トテ、若手ノ旗本町人トイヘドモ、一ツニ組合（ヒ）、何百人ト云（フ）コトヲ不知。

又、白柄組（吉屋組ト云）ノ風俗ハ髪ヲ手一束ニ切（リ）、タブサ（髻、髪の毛を頭上に集めて束ねたところ）ヲ取（ラ）レヌ用心シ、冬、紺縮緬白大綿入一ツ、帯モ白ク、三重ニ廻シ、袖口白太ククリ、丈ハ三里（膝頭ノ下）ノ少シ下ヘ下ルホドニ短ク、（鉛三匁ヅツケコミ、ツマノハネカヘルヨシトス）。長キ大小ヲ帯シ、柄糸下緒何レモ白シ。

衆道（男色）専ラニ流行ル。其振廻、人ニマクルコトヲ死ストモセズ。或ハ菓子ヤ、酒ヤ、茶屋等ニテモ、空腹ノ節ハ入テ食之。持合（セ）ナキ時モ、今日ハ払ワヌゾト云（フ）。商人不苦候トテ、猶々インギンニスレバヨシ、若シ、アイシラヒワルキト、六ケ敷云（フ）テ、身上モ仕舞（フ）程ナリ。インギンニスレバ一礼ヲノベテ立チ、重ネテ五匁・三匁ノ喰物タリトモ、此間ノ代物何程ト、コマカニイハズシテ慶長金百疋、或ハ両モナゲ出シ、先頃、過分ナリトテ遣ハス。ツリヲ上ゲント云ヘバ、カヘツテ立腹ス。又、他人ニテモナカ間ニテモ被頼、何分御加勢奉願トヒタスラニネガヘバ、命ヲ拾（テ）テモ反故ニ不到、只男達ノ強（キ）ヲ表ニシテ、義ヲ守リ節ヲ失ハズ。サシテアバレ歩行ニテモナシ。無理ナル事ヲモセズ。無心ガマシキ事ナドハ仲間ノ法度ナリ。少シニテモ人ニヨハキ詞ヲ言（フ）テ、第一ニキラフ組合ナリ。

　仲間入スルトキハ、ツテヲ求メテ金銀ヲ出シ仲間ニ入（リ）、若シ親兄弟ノ以（テ）ノ外ナル事トテ、勘当ナドスル時ハ、仲間ニテ、ラクラクト養（ツ）テ少シモ不自由ヲサセズ。是（レ）則（チ）、歴々頭分ニテサハイ（差配）ヲスル故ナリ。然レドモ後、盗賊方ニ被仰付、此輩コトゴトク断絶セリ。然（レ）ドモ、元、非道ヲイハズ。強剛ヲ元トスル計（リ）ナレバ、ソレ迄ノ間二十年程ハ無事ナリケリ。御停止ノ後モ、猶、元禄迄此風ノコル。此時ノ盗賊奉行中山勘解由、施之。

右に述べるところは白柄組の風俗であるが、神祇組とても同じこと、前項に援用した『古来侠者姓名小伝』中にあるように、その伊達風俗は吉屋組に比べて少しも劣らなかった。小神祇組の一首領、柴山弥惣左衛門はがんぎ染の紅裏を着し、小笠原弥市右衛門は浅黄木綿にぶどう唐草を散らしその上に袴《はかま》をつけたとある。

要するに彼等は衣食ともに奇を衒《てら》って、その侠勇を誇った。時代に対する満腔の不平をこんなところに洩らしたのである。古書に、

身持、食物ふやけたるなま柔かなる体《てい》なし。好色の事になずみ、屈托の色なく、刀、脇差、焼刃《やきば》の強きを好み、侍道《さむらいどう》の勇気常に専らとし、人に頼まれ、または、人のためには命を露ほどもいとわず。

とあるように、彼等はいやしくも「なま柔か」なものを食べなかった。『元正間記』は神祇組の首領、水野十郎左衛門等の日常生活を叙してだいたい次のようなことを書いている。

水野の一派は夏を冬といい、冬を夏といった。

夏日炎熱燬《や》くがごとき日には戸を閉じ障子を立て、屏風を廻し、大火鉢には火を山のようにおこし、小袖を三四枚重ねて、まだ寒い、寒いといっていた。そうして客が来れば、舌の爛《ただ》れそうな饂飩《うどん》を馳走して舌鼓を打つ。

厳冬、寒風の肌を劈《つんざ》くような日には戸障子をあけ放し、庭前に水をうち、帷子《かたびら》を着し、暑い、暑いといって扇を用い、氷を噛み、容が来れば、骨に沁み入るような、冷麦《ひやむぎ》、冷素麺を出す。土鼠《もぐら》の汁、蛙の鱠《なます》、鼠の濃漿《こくしょう》、蛇の蒲焼、蚯蚓《みみず》の塩辛、百足《むかで》の吸物などは彼等が最上の料理として舌鼓を打ったものである。お伽話でも聞いているようで信じられないが、とにかく、これに似たことをして、大名や幕府の役人に当てつけたものと見える。

12　六方者、六方風および六方詞《ろっぽうことば》

すでに述べてきたように六方者というのは、旗本奴にも、町奴にも双方に通じて用いられたことばである。われわれはこれまで、旗本奴についてその主要人物を見、その士風を見、その服飾容儀を見、その日常生活を見てきた。ことのついでにわれわれの知っておいてよいことは、いわゆる六方者の風俗、特にその特殊な言語である。

高谷彦四部（柳亭種彦）の『用捨箱』に六方詞の起こりと、後世それが歌舞伎六方、いとなみ六方（ぼてふり六方）、吉原六方など称《とな》えて、あらゆる方面に用いられたことについてかなり確かな記述がある。種彦はまず六方詞の起こりから説き起こして次のようにいっている。

昔奴《やっこ》ととなえしは、男達《おとこだて》のことなり。故に当時は寛濶《かんかつ》の字をやっこと訓《くん》す。あるいは六方者という。事は『昔々物語』にも出て、人の知るところなり。詞《ことば》もなまぬるきを忌《い》（み）、片言を好みていう。かたじけないを、かたじうけないとのべ、泪《なみだ》をなだとつむるの類、かぞえも尽くしがたし。事だを、こんだ。うちかくるを、ぶつかける、いわゆる関東べいなり。その様《さま》をかぶきに似せ、小袖のゆき、いと短く、無反《むぞり》の要刀《かたな》もっとも長きを閂にさしこらし、手を振って動《ゆる》ぎ出（で）、かの六方詞、名のり詞なんどいうを、演《のべ》て、後狂言にかかるが並《なべ》て当時の風なり。おかしきこととは思われねど、昔は専（ら）、おこなわれしとおぼしく、その六方詞のみ集めし絵草紙、友人豊芥子《ほうかいし》の蔵にあり、一葉《ひとひら》すきうつしにして、同好の人に見せまいらす。

こうして種彦は友人豊芥子の持っている六方詞の絵草紙から、左の一葉をすきうつしにして『用捨箱』の中に挿んでいる。いわゆる歌舞伎六方なるものの標本である（原書肉筆木版すきうつし振り仮名なし）。

多門庄左衛門
かはりなのりことは　あらし三右衛門　直正本也
鈴木平左衛門

一、なさけなや、わかしゆめに、はなれまらつて、年ひさしくたよりやごはりやまらせぬ。なんでも、けふはあたご山へさんけいをいたし、太郎ぼうのおめにかゝりて、わずかの御むしんをこりや申こんだは。

六ほうことは　ぼうず小兵衛

一、いでそのころははるなれや、ちりめん小そで、もみうらや、かりしよ大ふのしろこそで、□をむくに、きがらちやや、いんらう、きんちやく、にせさごじゆ、おらんだ名をくつつけて、一ふりふつてどてに上り、みわたいたる所は、よいけいではあるぞな。

なのりことは　あらき武兵衛

一、とやかくやいふうちに、はやとうげにかつついた。げに、くもをこしに、ひんまいたる、

この図は柳亭種彦が友人豊芥子所持の絵草紙から、その著『用捨箱』にすき写しにして載せた歌舞伎六方の一つである。

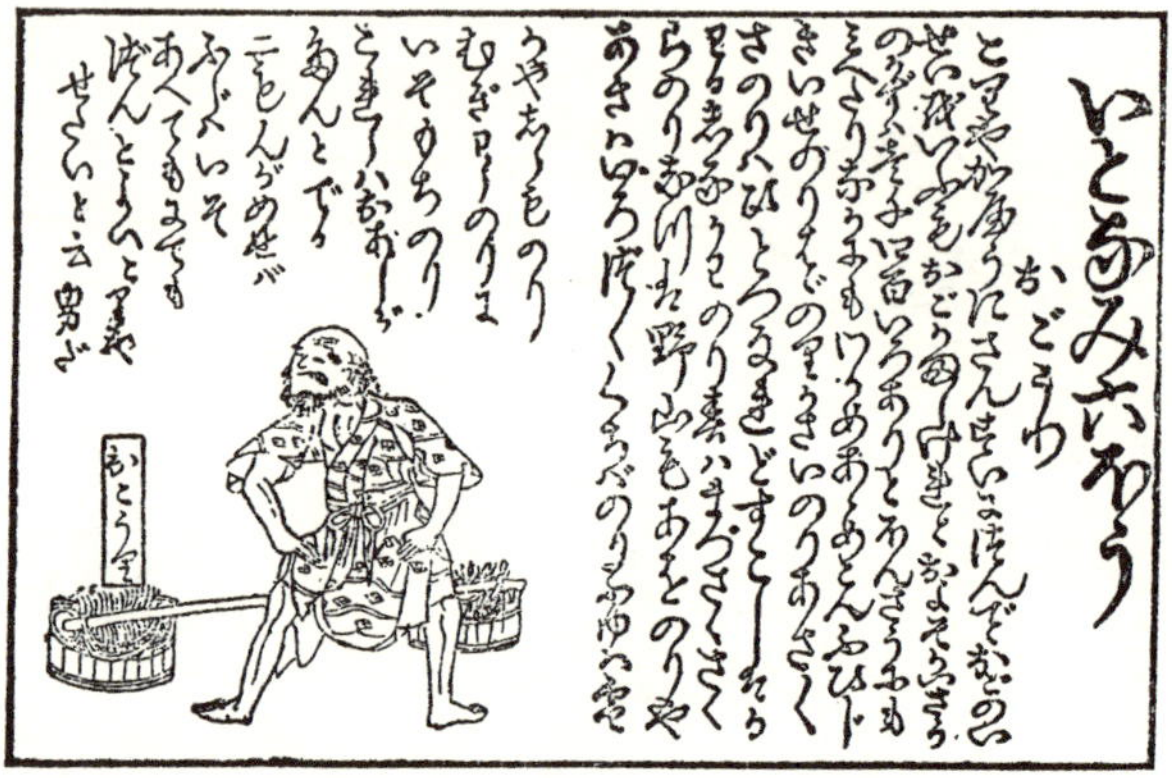

丑ノ二月上旬

この図も柳亭種彦が尾州熱田の人、笠亭仙果の所蔵にかかる「いとなみ六方」の中から、すき写しにして、その著『用捨箱』の中に掲載したものである。

山のてつぺんにも、水うみなみなんなんと、ささなみとうとうと、うつたついそは、さいのかはら、にしへむき、ひがしへむいても、ふたご山、をや有けいではないぞな。

種彦はなおその友人豊芥子の所蔵にかかる件《くだん》の草子が、紙数わずかに八葉で、その奥付に左のようにことわり書のあることを註し、丑二月とあるは延宝元年（一六七三）のことかと疑いを挿んでいる。奥付のことわり書きはいうまでもなく肉筆を木版にとったものが挿入されているので、振り仮名も無論この著者のつけたものである。

右此世間に溢有数多殊之外あやまり有之故
多門庄左衛門
鈴木平衛門
只々あらし三石衛門 此両三人之直伝之正本
にて一字も不略写之今板行候也

さかい町

正本屋十右衛門板

右の奥付にあることわり書を見てもよくわかるように、これより先、この種の六方書種々世に行われ、六方と標題した本でさえあれば、何でも羽が生えて飛ぶように売れたものと見える。このようにして一代の流行はついに『いとなみ六方』『吉原六方』などいうはなはだ似合《にあ》わしからぬ書をさえ、世に出させるに至った。『いとなみ六方』とは大道を呼び売りして歩く、いわゆるぼてふり（棒手振）商人の触れ詞《ことば》を六方式に綴ったものである。また、吉原六方というのは遊女にあられもない銘々の名のりを六方詞に綴ったもので、これも時好に投じて、広く世間に行われたものらしい。

種彦は『いとなみ六方』と『吉原六方』とを一葉ずつすきうつしにして『用捨箱』の願書に載せているが、『いとなみ六方』には、おご（海髪《おご》）と称える梅草売りの絵を択《えら》んで、左のように註している。おごは品川湾の洲の上にたくさん出来る海草の一種で、海にある時は美しい小豆色をしているが、湯がくと鮮明な緑色に変わる。当今でもさしみのつまなどにはよく用いられている。

このいとなみ六方は竺亭仙果（尾州熱田）蔵なり。あたら梓刻《しんこく》の年号欠けたれども、延宝年間の物と見える。第一に海髪《おご》売りを出した事は、初春にうり来りしゆえなるべし（文化の頃より江戸にはこの商人絶えたるか、今は貝の剝実《むきみ》売りがゆでたるをもてくるのみなり）。さて下《しも》に余椿《あまるかみ》あり。唯におかんよりは、上に見えたる海苔のことを一つ二ついうべし。○葛西海苔、「毛吹草」諸国名産下総の条に「葛西海苔是を浅草海苔という」とあるは誤りながら、葛西のりのはやく、寛永、正保の頃よりありし証とはすべし。昔の葛西海苔は浅草のりに似たる物なりとぞ。故に六方詞に一つなれというか。今まれまれにあるはいたく異なり。

唐犬組の居首甚兵衛、小八郎兵衛、手くない庄九郎等は刑に臨み、白無垢に黒羽二重定紋付を着し死花を咲かせりという。当時の刑場は高輪泉岳寺の傍《かたわら》にあった。後にこの刑場のほとりに天台宗の木食但昌によって名高い五智如来（大仏）が安置された。この寺は明治の晩年、大森山王裏（馬込）に移された。品川の刑場が鈴ヶ森に移されたのは後のことである。ある学者が品川というは鈴ヶ森の誤りであろうといっているのは、とんでもないことである。

13　水野十郎左衛門の驕傲《きょうごう》

水野一派が泰平の世の長袖者流《ちょうしゅうしゃりゅう》に対し、燃ゆるがごとき反感を抱いていたことに関して、こんな物語が伝えられている。

水野の邸《やしき》の前を毎朝島田卜庵というその頃の名医が立派な駕籠に乗って通行した。水野にとってはその卜庵の贅沢な生活が癪に障ってたまらなかった。彼はいつか一度卜庵をたしなめてやろうと待ち構えていた。

ある日卜庵が、さる大名の聘《へい》に応じて、例の通り水野の邸の前を通ると、門内から一人の侍が飛

んで出て、

「これはこれは卜庵殿、卒爾《そつじ》ながらお願い申す。拙者の主人水野十郎左衛門こと、ただ今、急病にて、手遅れなば一命もいかがかと、家中狼狽の折柄、幸いのお通り合わせ、ご迷惑さこそとお察し申せども、ちょっとお立寄りのほど折り入ってお願い申す」

と、駕籠をひかえて、頼み入る。卜庵も有名な水野の頼みであるから、無下《むげ》に拒んでまたどんな難題を持ち込まれまいものでもないと思ったので、快く承諾して水野の邸へ立ち寄る。

さて病室へ案内されて見ると驚いた。水野十郎左衛門、釣瓶縄《つるべなわ》を鉢巻にして広袖の小夜着《こよぎ》を着し、木綿の大夜着によりかかりて踞座《あぐら》をかいた形体のすさまじさ。三尺ばかりの脇差を横えて、ハッタと卜庵を睨む。卜庵は恐ろしさに縮み上ってしまった。

すると、一命も危うしと聞いたばかりの十郎左衛門、破鐘《われがね》のような声を上げてカラカラと打ち笑い、

「島田卜庵と申す医者はその方か。何をグズグズいたしおるぞ。早くわが脈を見よ」

と、鉄のような腕をまくって卜庵の前に突き出した。卜庵、こは何ごとぞといよいよ蒼くなってしまった。

卜庵も今さら仕方がないので、恐る恐る進み出て、型のように十郎左衛門の脈を見る。もとより仮病であるから、別に異状のあろうはずがない。

「この分なればさして御心配にもおよぶまじ。ほどなく御全快とお察し申す」

と、お茶を濁して早々逃げ出そうとしたが、水野すぐにはゆるさない。床の上に大音声あげて、

「またれよト庵殿、せっかくお立ち寄りを願うたれば昼飯など差し上げん。貧乏旗本の御饗応、何はなくとも過ごされよ」

と、辞退する間もなく、かねて用意のあったものと見えて、脇の前に突きつけた膳の上には、こはそもいかに。大茶碗に玄米の飯を山のように盛り、菜として折敷《おしき》の上に赤鰯の大きいのが五、六尾載せてある。

ト庵は眼をまわさんばかりに驚いた。たって辞退すれば食ってもかかりそうな剣幕に、ト庵も観念の臍《ほぞ》を固め、玄米の大茶碗をやっとの思いで一杯平らげると側からお代わりとすすめる。もうたくさん頂戴いたしましたと辞退すれば、一膳飯は不吉でござると、無理矢理にまた一杯盛って出した。

ト庵は泣きも出さんばかりの態《てい》。グッと突き上げてくる胸をおさえて二杯目を平らげると、ご遠慮あるなと、また一杯つごうとする。

ト庵はこんどこそ命にかかわる大事とあって、平あやまりに謝ってやっと辞退した。すると水野の家来が一升枡を持ち出して、

「いざお薬の調合を……」

という。ト庵は散々油をしぼられ、這々《ほうほう》の体《てい》で水野の邸《やしき》を逃げ出した。十郎左衛門の家中はドッと手をたたいてあざ笑ったとある。

彼等には太平の世の態《さま》が、小癪《こしゃく》に障って仕方がなかったものと見える。河合又五郎の一件などは、稀《まれ》に見る大騒動であったが、彼等の大名に対する小さい反抗、小さい悪戯《いたずら》は日として行われない日はなかった。

これも水野十郎左衛門の話である。水野があまりに遊蕩に身を持ち崩すので、勝手元がすこぶる困った。そこで水野の用人が、袖をひかえて主人の放蕩を諫《いさ》めた。すると十郎左衛門は用人をなだめて、

「心配するな、金が入用とあれば、明日といわず、今日にも作って見せる」

と、用人に紺の木綿布子《ぬのこ》を命じた。用人はまた殿様の悪戯《いたずら》か、困ったものとつぶやきながら、命ぜられるがままに布子を取りそろえて出すと、十郎左衛門は早速、衣服大小を捨ててその布子を身につけた。

十郎左衛門は紺の木綿布子を着て邸を飛び出すと、その足で霞ヶ関なる松平肥後守の上屋敷へやって来た。彼はその手廻部屋から入って、取次を乞うた。その頃、黒田侯の槍は滅法重いので評判であった。参勤交代の時などは道中その槍を持つものがない。十郎左衛門は叩頭《こうとう》百遍して組頭に面会をもとめた。やがて大頭が出て見るといかにも屈強なる大男、これならば十分であろうというので早速試験をしてみることとした。

水野十郎左衛門はさすがに、寛永武士の精華であった。そのころ評判の黒田侯の槍をとって、さ

ても鮮やかに振って見せた。大頭も舌を巻いて驚いた。その水際立った槍の振り方に惚れ込んで、さっそく水野を十五両、五人扶持でかかえることとした。すると水野は差し当たって金の入用があるから、取替六両、山越《やまごし》八両、合わせて十四両、たった今貸して貰いたいと要求した。

大頭もこれにはいささか驚いた。十四両はいと易きことである。しかしながら未だ請状《うけじょう》も済まないものに前金を支払うということは前例のないことである。そこで大頭は水野をなだめて、とにかく請人が出て手続をおえてから渡そうというと十郎左衛門は首を左右に振った。

金は今宵に迫って入用である。お渡し下さらぬとあれば是非もなし。去って他に奉公口を求めるまでのことと、やおら袂を払って立ち去ろうとする。

大頭も考えた。人品といい骨柄といい、加えて今の技量といい、こんな奴を取りにがしては、また探そうとしても容易に見つかるものでない。これは破格であるが、彼の要求を容れて召しかかえるに如《し》かずと、急に水野を呼びとめて承知の旨を答えた。

水野は平身低頭して大頭に謝した。彼は金子を請《うけ》取ると、筆紙をもとめて浅草何町、何某とでたらめの住所姓名をかきつけ、

「これが手前の請人にござります。明日は早速請状を持参いたさせることにいたします」

と丁寧に一礼して飄然《ひょうぜん》と黒田家を去った。

さてその翌日となったが、霞ヶ関の黒田家には音も沙汰もなかった。そこで大頭も気が付いた。これは一杯喰わされたのではないかと、さっそく人を馳《は》せて浅草何町につき、何 某《なんのなにがし》という人入稼《ひといれか》

業《ぎょう》のものを尋ねさせてみたが、そんなものは影も形も見えなかった。

部屋の中に、昨日の男はよく登城の時に見かける士《さむらい》であるというものがあったので、黒田家では悪《にっく》き曲者《くせもの》というので、三月朔日《ついたち》、登城の刻、人を四方の門に忍ばせて、その男を窺《うかが》わせた。

大手の門に赴いたものが馳せ帰って注進におよんだ。今、馬上ゆたかに打ちまたがり若党に槍を持たせて乗りつけた旗本こそたしかに先日の奴《やっこ》であると。

奴の名が水野十郎左衛門であると聞いた黒田家の人々は、ただ互いに顔を見合わせて茫然たるばかり、しばらくは開いた口も塞《ふさが》らなかった。このように当時の旗本が、大名を馬鹿にしたことは非常なものであったが、もとより「実力」のない彼等としてこれ以上の反抗は出来なかったのである。伊賀越一件のような、その曲《きょく》（問題点、あやまり）はもとより旗本にあったけれども、藤堂大学頭、松平相模守等と何分《なにぶん》の連絡のあったらしい剣客、荒木又右衛門のために、その付人二十余名を殲滅《せんめつ》されたなどは、あまり名誉ある結末ではなかった。

そこで、彼等の蛮勇は勢い矛先《ほこさき》を転じて太平の都市に向かわざるを得なかった。吉原をはじめとして、人の雑踏する町々、とおりとおりは、彼等が勇を衒《てら》い、武を示す好適の舞台として蹂躙《じゅうりん》されるに至ったのである。

14 都市の平和を脅かした戦国殺伐の余風

寛永、正保といった時代は、あらゆる方面から見て、戦国殺伐の気風と、泰平の新秩序との相衝突する過渡期であった。そしてその衝突は、この期に入って特に著しい発展を遂げた大坂、江戸を始めとして、水陸交通の要衝、諸大名の城下における商業都市においてその最も甚しいものがあった。

奈良京、平安京、鎌倉のごときは、都市といっても後世の商業都市において見るように、地方との間に経済上の分業はなく、中央政庁の諸役人と、その従者とを除けば、住民はほとんどすべて農業者であった。ゆえに鎌倉時代以前の都市は、同じく都市といっても、後世の商業都市に対して、これを農業都市というのが通常であった。

近世の商業都市は、中世以前における農業都市の中に、日限を定めて開かれた「市」の発達したもので、初めは露店式であったものが追々店屋式となり、近世におよんでは領主の城館、政庁の所在に関係のない、純粋の商業都市が発達した（都市および都市中産階級すなわち町人階級の発達に関する著者の作述は、此書の原版の世に出た頃は、『町人の天下』が唯一のものであったけれども、今日ではそれより少

都市の平和を脅かした戦国殺伐の余風

この図は『六条道場絵巻』から、衛府の武人が市場を取り締まる光景を写したものである。

し正確で念の入った『日本経済革命史』がある。志ある読者は前者によらず、後者を御参照願いたい)。

武士の帯した腰の両刀が駸々《しんしん》として伸びゆく平和の都市の邪魔ものであったことは必ずしも近世の商業都市に始まったことでなく、武士がまだ両刀を腰に帯びず、一本の太刀を腰に吊るした平安京、奈良京の市座においても、衛《え》府《ふ》の武人は、常に「市」の平和の攪乱者であった。『六条道場絵巻』にある市場の図に、衛府の武人が市の中央で喧嘩する場面が書いてあるのは仁明天皇の承和年中の出来事（『日本経済革命史』第三章第七節第六十五項）によったものであろう。この騒ぎがあってから、六衛府の舎人《とねり》等は剣を帯びて「市」に入ることを禁止されるようになった。

平安京の農業都市においてすら、衛府の武人の帯びた太刀が、市場の平和を攪乱したことはこのようなものであった。まして貨幣経済を土台とする中央集権的封建制度が成り、近代式商業都市が駸々として発達し、町人階級が欝然として勢力を成すに至った徳川氏の初期である。そこには永禄、天正の切取主義、すなわち「力」すなわち「正」の道徳観念を基礎とした社会的秩序の中に人となり、千軍万馬の間を馳駆して、運よくその生命を全うして来た老人がまだ達者で生き残っており、慶長、元和の役に初陣の功名手柄したほどの壮年者が、いたずらに泰平の退屈さを嘆き、脾肉《ひにく》を歎じ、大名の栄華と、町家の繁昌とを白眼視しつつ、都会をその不平と過剰精力の捨て所としたのであるから町人も気が気ではなかった。

今、徳川氏初世の商業都市を脅かした武士の刃傷沙汰を如実に物語る二、三の記述を援用して、読者にその時代の空気をよく知って貰いたいと思う。

この頃のことである。大津の町に十四夜と号するものがあった。家康からあたりの代官を命ぜられて、小野宗右衛門と名のっていたが、その十四夜と号する理由は、彼の先祖に一人の女があった。和歌に心を寄せて、十四歳の春の夜、閨《ねや》ちかく梅花の咲き匂うけしきを見ながら、

人ならば浮名や立たん小夜更けて

わが手まくらにかよふ梅が香

と詠じた。それから土地の人が、その家名を十四夜と呼ぶようになった。けれども宗右衛門の家はもと数代の町人である。今、代官という重き役目を蒙ってはいるものの武士道のことは知るべきはずがないといって、町の者も心ひそかに侮っていた。

ある時、大津の町の往来で、浪人が口論の末、相手の旅人を斬殺して、町家に躍り込み、血刀を提げて立て籠った。雑式どもが大勢集まって、その家を取り囲んだけれども、今、往来で旅の者を斬り殺した働きにおそれをなして誰一人戸を開く者もない。徒《いたずら》にののしり騒ぐのみであった。

そこへ、下知《げじ》（命令）のために駈けて来た小野宗右衛門、自身戸を押しあけて飛び込みさま、件《くだん》の浪人を手の下に斬り伏せてしまったので、町の者もはじめて小野の勇気に感じたとある。

思うに当時の都市には浪人や旗本の血刀騒ぎが毎日のように演ぜられたであろうと思われる。この時において、その凶行者が、多勢の捕吏に対して身を護る唯一の城壁は両側の町家であったに相違ない。彼等はフランスの革命党が、政府の軍隊に対しパリの市街にバリケードを築いたように、血刀を提げて手近な商店に躍り込み、家族を追い出して戸をとざし、壁を後楯にとって多数の捕吏と闘ったに相違ない。

当節こんな騒ぎが東京の市中で起こったとしたら、それこそ大変であるが、当時の町人としてはむしろ慣れたもので、渡辺数馬が上野の鍵屋の辻で河合又五郎の徒党と闘った時も、町人は皆屋根に上って見物しながら数馬に助言したとある。

しかり、当時にあっては町人といっても頗る殺伐なもので、小野宗右衛門のように、剣術の心得のある者もたくさんあったであろうが、これを要するに商業制度の発達と共に、血刀騒ぎがだんだん目立って迷惑になって来たということは確かであろう。

15　街上の血まみれ騒ぎ

武士がいかに都市の治安の妨害者であったかという実例を、今二つ三つ紹介しておこう。

旗本奴の一派にして吉屋組の統領たりし三浦小次郎が赤坂の祭礼に、乱暴狼藉を働き、市民に大迷惑をかけているところを、紀伊大納言に見とがめられ、閣老に訴えられたために、父小左衛門の家に禁固となったことは『古来俠者姓名小伝』にも記されていた。想うに当時は武士が祭礼の雑踏中へ白刃を閃かして暴れ込むというようなことも間々あったものと見える。

『翁草』に本能寺の変で名高い安田作兵衛が改名して天野源右衛門と称し、立花左近将監に奉公中、京都の旅宿で旧友の箕浦大蔵丞、古川九兵衛両人と落ち合い、昔の手柄話に口論の花を咲かせているところへ、町に狼藉ものがあって、血刀提げたまま追われて来て、天野の旅宿の屋根づたいに逃げるのを、箕浦が取り押さえて首を掻き切ったという物語が載っている。このことから当時の都市がいかに頻々と血刀騒ぎのために脅かされていたかを知るの資とすべきである。

天野源右衛門の事

本能寺にて、信長公御生害の時塀重門より御座の間の大庭へ乱入候は明智の家士《かし》箕浦大蔵丞、古川九兵衛、安田作兵衛なり。信長公は白き単物を召し、始めは弓にて防玉ひしが、弦《げん》切れたる故、鎗を被召《めさるる》に、地紅の帷子《かたびら》着たる年二十七八計《ばかり》の女中、大文字の鎗の鞘をはずし持来る。それを御取ありて広庭へ飛下り給い、三人の者と鎗にてしばらく御迫合い、そこを引取り座敷へ入らせ給うにいまだ座敷には燭台消残りその燈の光に信長公の影障子に移りけるを、安田作兵衛穂長の鎗にて障子越しに突く。その鎗信長公の右の脇腹を刺して深疵なれば、叶わせられず、寝殿に入って自害したまう。その後数年を経て、安田作兵衛、天野源右衛門と改名し（安田事信長公を弑せし者故、秀吉天下に令して探させたまうにより改名して世を忍ぶという）立花左近将監に奉公し、箕浦大蔵は浅野幸長へ被呼出《よびだされ》、京都にて天野源右衛門放宿に居るところへ、古川九兵衛尋来り、久々にて対面し、互に昔を語り、その座へ箕浦も不図《ふと》訪《おとな》う。三人打笑い、この手合は本能寺以来の参会なり、是は珍しき事なりとて、亭主源右衛門さまざま馳走す。三士来し方を語るうちに、箕浦古川と本能寺にての働を論じ、互にいい募りて止ず、亭主種々扱えども承引せず。しかるところに門外物騒しき故、何事にやと三人二階の窓より見れば、上の方より大の男ただ今人を斬りたると見えて、血刀を提《さげ》て走り来る。その後二町程隔て、二、三十人抜道具にて追来る。亭主源右衛門二階より下る。その次に古川続いて飛下りたり。箕浦は以前鎗手を負いて足少しく不自由なる故下るる事遅し。古川と箕浦は功を争う最中なれば、箕浦を下さじと古川早速梯子を引く。箕浦は下るる事ならず、猶予《ためら》いいる処に、かの曲者廂の上へ飛び上って走り通るを、箕浦えたりやあと透さず組付き踏倒し乗り懸って首を取るところへ、天野古川も駈け上る。箕浦は科人《とがにん》の首を古川に見せ、いつも手柄は我等先なり。本能寺のこともいうにや及ぶと広言す。諸人も是を誉たるとなり。その後天野は頬に腫物出て不癒《なおらず》、瘡《きず》の中より肉舞い出るを、琴の糸でしめ上げ、竹縁に結び付け、足にて踏みたれば、おおいに鳴って肉抜けたり。これにて癒ゆべしと悦ぶ処に、また元のごとく肉出る。三度迄抜きたれども、跡より元のごとく成れば、四度目にはしないで自害したり。信長公程の大将を弑《しい》せし、その業報ならんと下々は沙汰せしなり。

元禄といえばかなり後の事になるが、寛永、正保の烈しい士風はまだ明らかに社会の一面にその痕跡を留めていた。その頃京都で一人の武士が白昼意趣斬りをして例のごとく町家に飛び込んだ。そのとき武士は、さる富家の女子八歳ばかりになるのが乳母と共に門前に遊んでいたのを引っかかえて、町家に身をかくしたのであった。

その家の者は、武士の血刀に驚いて皆逃げ出してしまった。

武士は例によって表の戸を固くとざし、件の娘を膝の下にふまえて、もし乱入するものあらば、まずもって刺し殺すと気勢を示した。可憐の少女は武士の人質にとられて声の限り泣き叫んだけれども、しばらくするうちにそれもかれ果てて息も絶え絶えに泣くのみであった。

町の者は家のまわりを七重八重に取り巻いたけれども、少女が害に遇うことを恐れて、誰一人家の中に押し入ろうというものがなかったところへ、その頃の奉行、中根摂津守正包《まさかね》の同心が注進を受け、与力一騎同心三人を伴って駈けつけた。

一番の捕手、同心が今しも戸を蹴破って飛び込もうとした刹那、与力、間野甚右衛門というものが、

「まず待たれよ」

と叫んでそれを制し、戸口にヒタと寄り添って中の武士に申し入れた。

「この内へ申す事の候。それより聞かれ候え。今、この戸を少しあけて面談申すべし。身の入る程は開くべからず。これよりそれまでは十間ばかりあれば、たとえ戸を押し破り入り候とも、その間にはその女子《おなご》を殺して我に向かわれ候にいかようにも取り合わせらるべし。さらに貴殿を欺くにあらず。騒がれ候な」

と、甚右衛門はやがて戸を五寸ばかり押しあけた。すると中の武士はもとより血迷っている。それと見るより、

「内に入らるる事無用なり」

というので、目に角立てて片膝つけば、甚右衛門は静かに制し、

「はじめより申すごとくにて候」

と、戸口にヒタと座し、刀を抜いて下に置き、戸口から顔を見せて、さておもむろに説き出ずるよう、

「われは間野甚右衛門と申すものなり。只今斬られ候人は、日頃の宿意（これまでのうらみ）か、当座の喧嘩か」

と問えば、中なる武士、

「日頃の宿意なり」

と答える。さらばと甚右衛門、

「先刻はいそがしく、確《しか》と斬れ味も御覧あるまじ。さて能く斬れたる刀にて候。左の肩先より右の片腹まで、背骨少しかかりたる計りにて、一刀に死したり。その上に混雑の中にて止《とど》めまで刺されたるは、感じ入りたる次第、さりながら貴殿勇は余りあれど智は不足かと存じ候」

という。中なる武士いささかせき込みて、

「その仔細いかに」

と問う。甚右衛門、

「されば、貴殿日頃の宿意なりと承れば常々心がけ、今日途中にて行き合い、名乗りかけて斬ったるべし。その時は白昼の上に人多き町なれば、斬ったる後に逃げんとは一念も思わるべからず、命を捨ててこの事ならん如何《いかに》」

と、重ねて問う。件の武士、

「御察しの通りにて候」

と答える。甚右衛門言をつぎて、

「然らば心と事と違いて候か。今その女子を人質に取られしはしばらくの命を惜しまるることにこそ候べき。この家の四面は十重二十重に囲みて候へば、天をかけり、地を潜る術なくしては逃れ出ずべからず。その女子たとい宿意ある者の子なりとも、さらに罪なし。況《いわ》んや縁なき町家の少女、今日の事に預《あずか》らず。然るを故なくして刃にかけられなば、人を斬ったる誉れも空しくなり、かえって世の譏《そしり》をうけて、死後までの恥辱となり候わん。推量するに、貴殿よも一命をおしまるにてはあるまじ。人を斬ったる者とて、町のものども棒をもって、前後より取込め候故に、仔細をいうには隙もなく、棒にあたりては恥辱なりと思われ、まずその難をさけて後尋常に腹切って名を失わじとの事なるべし。然れども雑人原《ぞうにんはら》大勢取り巻いて騒ぎける間、町人共に対してかくともいわれず。時刻移りて貴殿の存念《おんねん》達せざると見えたり」

と、どこまでも件の武士を一段高い所へ置いて理屈攻めに攻め寄せる。さすがの凶行者もそれに釣り込まれて、

「もっともなり、よくぞ察せられし」

というに、甚右衛門はここぞと、

「然らばその女子を赦され候え。万一人を斬りたくば、かく申すわれらを斬られよ。不肖ながら

御相手仕るべし。よく分別あれ」

というに、かの武士も道理に落ちて心和らぎ、

「さても、いわれたり、稀代の弁者かな」

と再三誉めたる後、少女を引き起こし、髪かき撫でて、

「よしなき事に汝を苦しめ、父母にまで憂をかけし」

とて放ちやり、心静かに切腹して果てたという。これは、与力間野甚右衛門の弁才頓智を伝えた物語であるが、これによって市中における武士の狼藉が、いかに罪なき町人に迷惑をおよぼしたかということを察するに足る。

16　欧州中世紀の市民兵と日本の町奴

捕手に追われた凶行者が、血刀を提げて町家に飛び込むというようなことは毎日であったが、しかしそれには相当の制裁があった。政府はいかに手をつくしてもその凶行者を逮捕しなければおかなかったのである。

が、旗本や、浪人が無銭飲食をする。両刀の威を借りて強請《ゆすり》がましいことをする。それらに対す

る制裁というものは絶えてなかったのである。町人にとってはむしろこのほうが苦痛であった。前掲、『我衣』の記述にも見えたように、懐が都合の悪い時は散々に飲食しても払わず、懐が都合のよい時は五匁《もんめ》のかたに慶長金の百足《ぴき》もくれる。百足貫った町人は喜んだであろうが、しかし、これは大体において迷惑千万な話である。当節ならば無銭飲食というので、すぐ警察署に拘引されるが昔はそんな制裁はなかった。彼等は明らかに安寧秩序の妨害者であった。町人はこれに対していつまでも泣き寝入りを続けなければならなかったであろうか。

彼等は泥酔してしばしば街上に横臥した。当節ならばこれも道路取り締り規則によって、警察署に留置され、翌朝懇々説諭の上放免と来るのであるが、昔はそんなに行き届かなかった。辻番改めといって、書院番の小姓などが時々市中を巡回した。彼等は巡回の役人を見ると好い相手が出来たといわぬばかりに纏わり付いて放さない。冷嘲、悪罵、言葉のかぎりを尽くして対手を泣かせたものである。もし誤って通行の町人が、彼等の足でも踏もうものなら、それこそ大変である。白刃は暗中に閃いて、ワッという間もなく首は街上に落ちたのである。

これについて想い起こすのは、欧州の騎士なるものである。彼等の末路は寛永、慶長の間に江戸の市中を騒がせた旗本奴なるものと余程よく似通っている。彼等は三河武士と同じく正義を重んじ、廉恥を貴《とうと》んだ。彼等はよく艱苦《かんく》欠乏に堪えた。彼等はまた強きを挫《くじ》き弱きを扶《たす》ける義侠の精神をもって精神とした。然るに彼等はいくばくもなく堕落して都市の煩《わずらい》となるに至った。彼等は隊を組んで市民の財を奪い、暮夜、襲って良家の子女を掠《かす》めるにさえ至った。

西洋でもナイトの堕落したのが、隊を組んで諸国を横行した時、最もこれに悩まされたものは当時ようやく頭を擡《もた》げかけていたいわゆる都市の商人であった。しかし西洋の都市ブルジョアの興るや、あるいは国王と諸侯との争いに乗じ、もしくは国王と教会との争いに乗じ、巧みに両者の勢力を操って、自治権を恢宏《かいこう》（おしひろめること）したもので、そのいわゆる市民権の根基する所は決してわが都市ブルジョア、すなわち町人の比ではなかった。

西洋のブルジョアはその都市を城壁で囲み、市民兵を備えて武士階級の侵入に備えた。そうしてその城壁の中には、国王もしくは寺院によって与えられた自治制が施され、自らの行政庁と、自らの裁判所と、自らの大学とを有し、碩学鴻儒《せきがくこうじゅ》（大学者）を招いてローマ法王庁の利子罪悪論に対し、市民のためにローマ民法を有利に解釈し、あわせて資本運営の「自由」を主張した。

日本の町人階級の、武士階級から贏《か》ち得た生命財産の自衛権と、営業およびそれによる利潤取得の自由とは、欧州の市民に見たような著大なものではなかったが、寛永、正保から万治、寛文にかけて彼等が旗本奴の横行に苦しみ六方者の狼藉に悩んだ結果、この「用心棒」として当時、武家奉公を構われた諸家の浪人ものを頼み、それによって自ら生命財産の安全を保とうとした事情は、頗る欧州における自由都市の市民とナイトとの関係に似たものがあった。

この意味において町奴は確かに一種の市民兵であった。

然らば、当時すでに驚くべき勢いをもってそのやわらかい芽を伸ばして居た町人の用心棒となって、旗本奴の驕傲を懲らし、狼藉を制して、彼等のためにその生命財産の保護に任じた町奴は果たして何者身《み》の末《すえ》であったか。

ここにおいてか、「俠客編」と「浪人編」との交渉が起こる。

日本のブルジョアジーの第一期の用心棒であった町奴は、正《まさ》しく慶長、元和以来、諸家の間にようやく厳重となりつつあった叛逆人奉公構えの規約によって、武家の門から閉め出された浪人ものであった。もちろん、当時政府が最も烈しく頭痛にやんだ江戸府内における浪人ものの増加は、武家の奉公構えばかりがその原因ではなく、二代、三代と引き続いて諸大名を戦慄させた頻々たる大諸侯の改易、厳峻苛酷を極めた大名継嗣《けいし》法の適用等もその重大な原因の一つであったに相違ない。しかし継嗣法による主家の廃絶や、叛逆以外の瑕疵《かし》による主家の改易によって浪人したものに奉公構えということはなかった。浪人ものの中で、生けも置かず、殺しも果てぬ残酷な制裁の下に置かれたものは、慶長、元和の役に奉公構えとなった浪人ものである。この浪人ものは、江戸に出て武芸の指南でもするか手習いの師匠でもするか、軍学教授の看板でも揚げるか、もしくは、人入屋の寄子となって諸大名の陸尺《ろくしゃく》（雑役に従う人夫）にでも雇われるか、町人の用心棒となってその生命、財産擁護のために働くかするよりほかに生活の途《みち》はなかった。

寛永、正保の頃、江戸に浪人が激増した事情と、政府のそれに対する政策とに関しては、「浪人編」で詳細にこれを述べることとし、ここにはそれらの諸浪人の中、恐らく町奴の大部分を占めたであろう、慶長、元和の戦役に関係のある浪人の身の上に関して一言その概要をつくしておくこととする。

浪人は戦国時代からあって、さかんに諸国諸大名の間を渡り歩いていた。然るに有力な諸大名が申し合わせて、それらの浪人をロック・アウトすることにより、彼等の我儘放埓《わがままほうらつ》を掣肘《せいちゅう》しようとするに至ったのは、たぶん秀吉の統一以後のことであろう。しかしその申し合わせが容易に行われなかったことは、塙団右衛門や、後藤又兵衛の伝記によって見てもよく分かる。

関ヶ原の役後、諸大名が浪人者（叛逆人）召抱えに関して、関東に差入れた誓紙《せいし》は西軍に伍した諸大名の家に召使われた浪人を全く武家の門から閉め出してしまった。かの誓紙には、神かけて謀叛人を召抱えまじき旨の一項が付け加えられていたので、関ヶ原の役で西軍の諸侯に随身した浪人はこの誓書を関東に差入れていない大坂の秀頼に召抱えられるよりほかに方法がなかった。このようにして浪人は我も我もと大坂に集まり、元和両度の戦い（大坂夏・冬の陣）にその大半は亡ぼされてしまった。

元和両度の戦役は、これを政治的にみれば関東と大坂との対局上、当然の結論であったともいうべきであろうが、これを社会的にみれば浪人の生存欲によって誘起された必然の勢いであったともいえよう。

大坂で打ちもらされた浪人の幾分は、島原の役でも亡ぼされたであろう。島原の役後は、モウ有土の諸侯によってその運命を打開しようとする彼等の希望は全く絶え果てた。彼等は駸々《しんしん》として発達して行く江戸に出て、その身代に有り付くより外には途なく、続々として江戸に集まったが、慶安（由比正雪事件）、承応（別木庄左衛門事件）と引き続いての事件に幕府がひどく神経質になり、浪人は危うく江戸払いの憂き目を見んとした。江戸に旗本奴の男達が流行し、その末輩が町家に押入って狼藉したり、町内で抜刀騒ぎをしたりして商売の妨げとなること夥しかったのはちょうどこのころのことであった。

外様や、町人の後楯がなくとも、旗本に対して何かで溜飲を下げてみたいのが、彼等の素志であり、外様の陸尺《ろくしゃく》となったり、町人の用心棒となったりして、旗本奴に思う存分関ヶ原や大坂の仕返しをすることは、彼等にとって願ったりかなったりであったに相違ない。

かくして旗本奴と町奴との対立抗争が始まった。

17　町奴の主要人物

まず、大田南畝の『一話一言』に収載されている『古来俠者姓名小伝』により、町奴に属するものの主な顔触れと、その素性とを見ることとしよう。前にも述べたように、原書は武士とその然らざるものとを素性によって分けているが、著者はこれを修正して、旗本奴（武家奴）と町奴とをその所属に従って分けることとし、左記百三十二名を紹介することとする。

古来侠者姓名小伝

元祖

死人小左衛門……浅草鳥越橋にて侍（十千亭云、矢頭藤助、兵術之練者、大小神祇組の頭、市谷念仏坂に住す。後湯島に転居）後より組留《くみとめ》候所、脇差を抜候えども、不為働《はたらかれず》候所、我腹より組留候者之腹迄、脇差を突き通し相果て候也。

はなれ駒四郎兵衛（夢野市郎兵衛兄）……風呂屋の二階よりおり候所を、首を被切《きられ》、前へ首下がり候を、片手にて押えながら相手を切り殺し候。然共《しかれども》、七十迄存命致し候。

夢野市郎兵衛……後にふかの茂兵衛と申し候。公儀より、御尋に付、相模国へ参り、法身《ほっしん》いたし、祐生《ゆうしょう》と申し、沙身　仕《つかまつり》　相果て候。一生上下によらず、いか様成る強き人にも、様殿《さまどの》を不付《つけず》、於大坂《おおさかにおいて》丸山と志賀之助相撲の時、志賀之助負けと申し候えば、志賀之助江戸にて懇意に仕候に付、大脇指をぬきかけ、見物の中へ入、志賀之助勝相撲と申し、無理が勝ちにいたし候。天下に無隠事《かくれなきこと》に候。

西川氏　按《あんずる》に、京伝事跡考、志賀之助相撲合手、仁王仁右衛門と有之《これあり》、夢野市郎兵衛後見之《こうけんの》節《せつ》也。

どら庄九郎……元祖勘三郎と致口論《こうろんいたし》、勘三郎を切り殺し、その時の町奉行神尾備前守殿名高き役者切り殺し候段、不便《ふびん》に思召《おぼしめされ》、庄九郎浅草はりつけ場にて打ち首に被仰付《おおせつけられ》候。

唐犬組　居首甚兵衛、小八郎兵衛、手くない庄九郎、こぶり八郎兵衛（小歌うたい○長崎通詞の子也）右四人、日本橋にさらし者罷成《まかりなり》候。四人共、白むく、黒羽二重、定紋付著いたし、御仕置罷成候。

唐犬権兵衛……ふだんもみ裏、がんぎのすそべり取上《とりあげ》、臈《ろう》なぶりのいたずら者也。浅草橋にさらされ打ち首也。

とう犬与兵衛（後に十右衛と申し候）とう犬三左衛門、とう犬組、おひゃら庄左衛門（桟敷頭弥七の父）五郎次五郎右衛門、縫箱《ぬいはく》や平吉……これらは皆無事にて病死。

浅草ざる組、ざる八兵衛、ざる源五兵衛、ざる安左衛門（是は越後様へ被達御成敗）ざる友之助、伊兵衛、めくぼ伝兵衛……右の分ざる組也。

和泉長太夫（和泉太夫惣領）……木挽《こびき》町芝居にて、人を切り殺し、御仕置罷成候。

木挽町五丁目和泉太夫、伜《せがれ》半右衛門、天和三亥年閏五月二十一日に入牢、同十一月十八日、御赦免、別人か、猶《なお》尋ぬべし。

辻切之部

つじの勘助、きさい五郎兵衛、しょうき半兵衛、こぶの市右衛門（松五郎の父）、扇や与平次、くそつぼ五郎右衛門（是は十月中旬にふきや町にて昼被切相果候）、仏師庄左衛門、かみこ市郎兵衛、赤銅藤兵衛……右の分辻切りに逢い候。

つばや源之丞……兄勝之丞両人共に男立て、境町に罷有り、弟源之丞、大門口の畳やへ白昼に切り込み、御仕置罷成候。

脇差刀上ヶ物師宇平次……大屋五郎兵衛（尺八の名人）と兄弟の様仕候処、宇平次家にて五郎兵衛切り殺し、白金町の土手へ捨て、久しく不顕《あらわれず》、後に顕れ御仕置罷成候。

前髪三左衛門……若衆に十三郎と申すを持ち候処、十三郎男立てにて、ふきや町の大屋一兵衛と申す者を芝居の道にて夜切り殺し立ち退き候。三左衛門兄分故久々《ひさびさ》牢舎也（大火事の節御免）。

やわた風呂の五郎兵衛……後に玄朴と申す医者に成り候。段々男立いたし、江戸を走り、赤坂へ遁《に》げ、宿の亭主を切り殺し、越後へにげ、喜庵と申し、後に江戸へ来る。

きれの弥兵衛、首まげきれの弥兵衛（品川にてうんさんと申し候）、みけん小左衛門、こもの十蔵（団十郎父つら内疵）、赤坂鍔《つば》や兵左衛門（大いたずら右腕に疵だらけ山手に旗本中までかくれなし）、赤坂利宝院名代の男立て（山伏也）、須田太郎兵衛、とち木六右衛門、ほどかい勘兵衛（浪人）、ひいた次郎、あほう惣左衛門（無類の男）、がつほう利左衛門、たにの武兵衛、今井源五

……此分歴々筋能《よき》男也

赤坂あこぶく利兵衛（後一二と名付）はなさぶ

一時清兵衛（品川之者）

小五郎兵衛（梅沢之者）

出来星甚五兵衛（護国寺にて吉右衛門と申し候）

野良三十郎（仙台之者木工右衛門と申し候）
田中十郎右衛門
百助と申し、よき若衆松平相模殿にて祐閑とて今罷在候、大男立て長脇ざし、度々喧嘩切り合い、人形遣い三郎兵衛と申す者と、大げんかいたし候。
仙台四郎兵衛（日本左衛門と申し候小あみ町にて男立て候）
かみなり市右衛門
度々の伊兵衛（後に東庵と申す医者に成り申し候）
ふじの藤兵衛
上州吉兵衛
そうけい太郎兵衛（神田の男、後に三郎左衛門）
やっこ次兵衛（江戸追放ふか川に住す）
うでの庄次郎（ひたいに悪の字金印有り、渡辺大隅へ被遣）
天神三四郎（背中に八刀大きずあり）
生付与右衛門
はすっぱ吉兵衛（浪人）
馬場七郎兵衛
在郷久兵衛

一、町奴の巻

かとう長左衛門
かとう五郎右衛門（小船町）
鑓《やり》や金左衛門
犬金右衛門（白かべ町）
鑓や金十郎
真木屋市十郎
達摩小左衛門
達摩伊左衛門
同小右衛門（三人兄弟なり）
金沢平右衛門
渋かみ半左衛門
油や六之助（半左衛門弟分也）
両かえ五郎兵衛
跡見ず五兵衛
あつみ七左衛門
弥兵衛（七左衛門弟、後に酒道（造?）と申す）
ときや瀬兵衛

革や角左衛門
大宮善兵衛
市郎兵衛（善兵衛弟）
唐人五右衛門
小腕利左衛門
まさる庄二郎
餅や加兵衛
すねはぎ平右衛門
おかんか治兵衛
みかん庄兵衛
みかん五郎兵衛
荒五郎茂兵衛
くじら伊兵衛
竹馬三左衛門
おそまき十兵衛（団十郎しゅうと）
大教院（田所町）
あげ足二郎左衛門

一、町奴の巻

わらやの次郎
弟次郎次（次郎弟）
のでの片志（片枝？）喜三郎
はけの庄左衛門（浪人）
まむし十郎左衛門
こぶの長三
だらの六兵衛
おと丸清三
金時半兵衛
木戸与五右衛門
耳半七
柏屋庄五郎
ぬつくり四郎兵衛
古著佐次兵衛
かめんぼう平左衛門
木面八郎左衛門
よこの利兵衛

はげの四兵衛
白柄作右衛門
前髪伝三
糸びん庄右衛門
そうそう小兵衛
馬道具や久兵衛
矢倉八郎兵衛
あばの庄左衛門（後に船橋長左衛門と申陸奥殿台所に相成申候）
大渡し八郎右衛門
小さらし佐兵衛（浪人後御免）
はだか八兵衛
とうだる五郎作（丹波と云女郎を盗み女房にす）
米春十兵衛
かんばん喜兵衛（野口甚八事也）
馬の庄兵衛
らつひ半左衛門
手この金兵衛

紺屋三左衛門（熊谷の者也）
くずう与左衛門
まめかに伊兵衛
めつきの利兵衛
右之分〆《しめ》百三十人

（註）
以上百三十人は原著者が素性武士にあらざるものとして列挙したものである。この著者は町奴として叙述の便宜上、武士の部から次の二人を加えて百三十二人としたい。

幡随院長兵衛……能《よ》き男也。花房大膳殿、歩行《かち》の者。六方故牢人。短き相口の脇指に大刀さし、あくたれ者。この時分皆相口に大刀はやり候。三井市十郎殿へ呼び、大勢にて切り殺し候。『及聞秘録』ニハ「幡随院ノ弟也ト云。水野十郎左衛門宅ニテ切り殺すストアリ」『玉滴隠見』ニモまた同じ。

川村十兵衛……異名だるま十兵衛と申し候。小山治兵衛方にも、久敷置《ひさしくおき》、後に竹之丞、幼年に付、後見仕り、本町十二屋と申す呉服や、竹之丞金元いたし候、物前《ものまえ》に成り、金借し可申《もうしべく》と約束仕り、後いやと申し候。十兵衛立腹いたし、我が腹へ脇指少々突っ込み候えば、驚き金子出し候。後に大坂へ登り、九郎右衛門座の手代になり、大坂にて、智略牢人と異名付き候。案の如く、肥前勘三郎繁昌の時節に下り、頭取七郎右衛門方に罷り在り、大坂九郎右衛門座一年下《おろ》し、勘三郎両座一ッに致し候わば珍敷《めずらしく》、別《べっし》て繁昌可仕《つかまつるべく》と申し合わせ、七郎右衛門つれ候て登り、色々手に取候様に相談極め、かたき証文いたさせ、七郎右衛門下《くだ》り、又九郎一巻《ひとまき》、川原崎権之助皆々さし置き不申《もうさず》芝居大くひろげ、大坂に相待候え共、一人も下し不申《もうさず》、大坂にて芝居かえし申し候。金元こだわり申すと申し来たり、二百両為登《のぼさせ》申し候。五百両為登候様にと申し来り、此方霜月中時分迄芝居不在、其内又九郎堺町権之助、木挽町芝居取立て、跡へも先へも不参《まいらず》、七郎右衛門は大坂へ登り十兵衛へ咄し可申《もうしべく》と相極申し候、勘三郎金元共金何ほど出し可申とて役者仲間の金子故、金千両為登《のぼさせ》候処に名人の瀧井山三郎始め、其外上手の役者一人も下し不申《もうさず》、大坂にてきき不申候。作や九兵衛、小舞たつ阿五九郎、是を高切米に付き立ち下し申候。其一年より勘三郎家迄売り申し候。九郎右衛門は江戸より為登候金子にて、大坂大分の借金払い、心のままに役者抱え芝居仕候。大坂と江戸の儀に候えば、公事沙汰に不及《およばず》候。是だるま十兵衛智略也。

18　勇士が戦場で死の恐怖に戦慄した物語

普通に行われている俠客伝によると、男達というものは、弱きを扶《たす》け強きを挫《くじ》く江戸ッ子本来の気風に発したものということになっている。彼等が堂々たる天下の旗本を相手取って、衆人環視の中に喧嘩の花を咲かせたのは、威武に屈せず、権勢に怯《ひる》まぬ彼等の伝統的精神が、彼等を駆って、利害の打算を超絶した命がけの達引《たてひき》に走らせたのであるということになっている。

笹川臨風氏（たびたび引き合いに出されて御気の毒ではあるが）でさえ、その『遊侠伝』に町奴の行動を評して次のようにいっている。

「彼が義とする所、理とする所は、薄弱なる、薀識《うんしき》なき、況んや、細心精緻の考慮を経ざる、一時的感情より割出したる所なり」

この著者の前項に述べた町奴の生因に関する見解はこのような説を根本から覆すものである。著者によれば、町奴は近世の商業都市における町人階級の発達に伴って、その生命財産の安固を保障すべき市民兵の任務を帯びて生まれたのだ。そうして彼等とその親分、親分と外様もしくは富有な町人との間における経済的従属関係が、彼等を駆って、旗本奴の振り翳《かざ》す白刃の下に敢然として馳《ち》突《とつ》させたのである。

町奴といえども、好んでことを起こしたわけではない。彼等は、彼等で惜しい命を捨てても、男を売らねばならぬ理由があったのだ。理由！　それは彼等浪人の失業問題である。生活問題である。

いつの世にも命はいらぬなどと広言を吐く無頼漢は多い。しかしながら、彼等は実際そんなに命が惜しくないのであろうか。いやしくも人のために、義のために命を捨てても争うというにつけてはそこに何か命を捨てなければならぬ理由があるのではあるまいか。私は思う。いかなる無頼漢にせよ、いかなる馬鹿ものにせよ、義理もないのに好んで命を捨てようというものが世の中にあるであろうか。

武士は戦場に命を捨てることがその生活の唯一の方法であった。著者は「英雄編」においてつとめて武士道と食禄との関係を研究した。これは当然「英雄編」の中に収められなければならなかったはずの資料であろうが、左に当時名のある勇士ほど戦場で命を惜しみ、死の恐怖の前に戦慄したということ、およびそれらの勇士が後におよんで、そのことを包まず隠さず、ありのままに物語っているという二、三似寄りの実話を紹介してみたいと思う。

寺沢広高の家に池田市郎兵衛という勇士があった。たびたび戦功を重ねて首供養までしたほどの武士であったが、浪人して困窮中に広高に召しかかえられた。四百石のところを茶の代というので役なしに与えられ、鉄砲の卒二十人を付けて自由に召し遣えとあった。

池田が寺沢に召しかかえられたと聞いた、黒田、細川の諸侯は、ひそかに三千石という高禄をもって招いたけれども、池田は寺沢の義を思って、断然、それをしりぞけた。寺沢もこれを聞いて深く池田の志を感じ、それとなく三千石を与えようとしたが、池田は辞してそれを受けなかった。

この池田市郎兵衛という人が、ある所の戦の後殿《しんがり》をして引き退いた。その時一人の戦友が重傷を負って田の畔に倒れていたが、池田の姿を見ると苦しい声をはりあげて救いを呼んだ。

池田は心得たりというので件の戦友を自分の馬に抱き載せ、自ら馬の口をとって引き退こうとするところへ、三人の敵が追いかけて斬りつけた。池田は踏みとどまって渡りあい、一人を突き殺し、二人を追い払って、無事本陣に引き上げた。

助けられた武士はその後黒田長政に仕えて池田の義勇を語った。長政が聞いて大いに感じ、ある日広高の邸を訪ねて池田に対面し、しかじかの強き働きしたりというを御存じかと問う。広高答えて、

「彼者は常に功にほこらぬ志ゆえ、いまだ何事も申さず。よくこそ、御物語下されし」

と悦べば、池田下座にあって低頭し、

「仰《おおせ》に就いて恥入り候。その時かの手負が助けを呼ぶをきけて、これは難儀なることかな。敵は追いかくる、味方は続かず。見殺しにしたりとて誰知るものあらんや。聞かぬ体にて打ち過ぎんかとも存ぜしが、我こそ後殿《しんがり》なりと思えども、万一残りたるものありて、この者を助けなば、我等二度と男は立られまじと思い是非なく助け候」

という。長政これを聴いてさらに感じ、

「さても正直なる申しようかな。百人の首を斬りたるにまされり」

と賞美したとある。池田は命を捨てることが商売の武士である。しかして、当時の諸侯が争って召しかかえんとした有名な勇士である。その勇士すら、戦場に出ては義務の観念一つで働いていたのである。命は惜しかったのである。

『翁草』巻九に長曽我部浪人、毛利安左衛門と呼ぶ勇士の、戦場実歴談が載っている。その語る所、古来の戦記、軍談によって伝えられている花々しい戦争の現実を暴露して頗る皮肉を極めている。

毛利安左衛門という浪人、生得篤実にて、仮にも虚談なき人なりしが、この物語に、大坂御陣に某も長曽我部盛親に属し、城内に在（り）しが、戦場の事は今時の壮士達が、畳の上にて推量せらるると違い、容易《たやすく》功名手柄の成る物に非ず。およそ戦場とい（え）ば、昼夜の境なく、心をくるしめ、寒暑の防（ぎ）もなく、兵糧とては黒米に塩をかけて漸く飢を助け、寄手《よせて》は竹束の陰に武具を枕とし、露霜に侵されて夜を明し、城中は猶も昼夜を分かず、今や寄する、今や夜討と寝食をも忘るる所にまたその上に色々の雑説ありて、何某は敵と内通するの、誰は敵の手引きして今宵火をかくるなどと、様々危きことを毎日い（い）ふらせば、膝を並ぶる面々にも、少しも油断ならず、寸時も安き心なければ、手柄高名を心懸（く）る段にも非ず。勇気を挫く事のみ也。

その上闘争というもの、喧嘩などは互の怒より勇気も出で、死を顧ぬことにも成（る）なり。合戦は敵に対して私の忿《いかり》なし。唯忠と義とを楯にして、諍《あらそ》うことなれば、喧嘩程に勇気出ざるものなり。去れば十人が九人までは、如此《かくのごとく》日夜悩さるると、高名立身の望も失せ果て、哀れこの戦済（み）なば、武士を止め、いかなる賤敷《いやしき》業《ぎょう》をしてなりとも、生を過さんものをと、思う者計（り）なり。

さて敵と取結び、槍を合わす段には、土煙を立て、人毎に心は朧月夜に夢路をたどる如く思うなり。場数ある人はかくも有（る）まじきやと尋（ぬ）るに、幾度にても、朧月夜の様なるは替わる事なしと答にき。

我等八尾堤にて長曽我部に随い、堤下に各居敷《おのおのおりしき》、槍を伏せて居たりしに、藤堂の備《そなえ》かかり来（り）、押太鼓の音近くを聞（き）て、大将盛親下知して、采配を揚る迄は、必ず静まり返って控え居（る）べしと、馬を乗り回して下知せらる。この時堤下にてわなわなとふるい出（ず）る。これは口惜き事哉と我心に恥しめて、傍を見れば、外の人も皆ふるいわなき居たり。間近く成（り）て、盛親麾《ざい》を揚（ぐ）ると等しく、槍合（せ）始（ま）る。この時忽ち震いは止（み）たり。これは軍中に武者震いとてあるなり。かつて後れたるにはあらずと、後日にある人の申しき。

この戦に藤堂内、歴々の物主《ものがしら》数輩討ち死し畢《おわ》（んぬ）。（この点、伴信友がある家の秘蔵本を筆写したという「藤堂家覚書」の記述と吻合す）総じて戦場の討死とさえい（え）ば、などやいかめしく潔く聞ゆれ共、さばかりには非ず。大方が、乱砲にて打倒され、また落馬して目を回し、馬に蹴られ打倒るるを、押し伏（せ）られて首を取られ、あるいは長柄鑓に突き殺され、溝川へ転び落（ち）て踏み殺され、加様の死ざま、百人に五十は有（る）べし。畢竟忿劇《ふんげき》の中にて、誰か委《くわし》く改る者も無（け）れば、この類も皆討死の部に入（れ）て通るなり。これ前にいう藤堂の物主、討死の事を評するには非ず。なべての戦場の評なりとい（え）り。

池田市郎兵衛といい、毛利安左衛門といい、その率直にして詐飾《きしょく》なきありのままの物語が、われわれに歴史の真実を観る眼を開かせてくれる効果は、生中《なまなか》な近代人の告白や、自伝にまさる何ほどであるかを知らぬ。

19　町奴の職業と生活費

ここにおいてか、われわれはまず町奴が何を常職とし、何によって生活していたかを考えてみなければならない。町奴の生活費はどこから出たか。彼等とてもただ、無意味に喧嘩ばかりしていたのでは生きていられない。喧嘩で飯は食えないはずである。

著者は考える。町奴の親分というものは、一種の人入れ稼業を営んでいたのではあるまいか。今日の「人足請け負」と「雇人口入れ」とを兼業していたものではあるまいか。ここにおいてか、諸大名の邸と市内の目ぼしい商店はことごとく彼等のお得意先であった。季節季節の心づけはもとより、彼等はそこに常の収入を仰いでいたのである。

雇人の口入れは今日の営業と大差なきものであった。ただ、人入れ稼業に至っては、少しくその趣を異にしている。今人入れ稼業について説明したものを見ると、今日の人足請け負業とほぼ同じであるが、ただ親分子分の関係が、今日よりも少しく複雑であった。

また、一種寄子と称し、人入れ業者の家に寄食し、親分の命によりて毎日雇い先に出で業に就くものあり、雇主は毎日何人と人数を定めて約束し、人足人夫に関する一切の責任は人入れ業者これを負い、もって雇主に支障を生ぜざるようにするなり。これには人入れ業者より手代を出張せしめて取締るものあり。その然らざるものあり。被雇人の名は雇主に通知せざるをもって通常とす。

これによって考えると、この人入れ業者から雇い入れた人足の特色は、そのものの供先《ともさき》、使先《つかいさき》その他、市中においてした行動の責任がすべて人入れの親分にあって、雇主になかったということである。

慶長、元和の戦役（大坂冬の陣、夏の陣）で武家奉公先を失い、諸侯の門から閉め出された浪人もまた、我も我もと新興の江戸に集まり、どこかにその生活の代を得ようとしてもがいた。

彼等は武士としては武家奉公を閉め出されている。しかし、日雇いの人足として、人入れ親分の手から諸侯の邸に出入することは自由であって、人入れ親分は、雇主である諸侯の家扶には人足の姓名さえ告げぬ。一切の責任は自分が負っているからだ。そこで武家奉公先を失った関ヶ原の勇士や元和両役の猛卒が、相率いて毎朝人入れ親分の店に集まり今日は加賀侯、明日は長州侯というように振り分けられて行ったものらしい。もちろんそうしているうちに、邸方の評判がよく何誰と名指しで申し込まれるような気転もの働きものは自然親分の常雇いとなり、その店に転がっていることにもなったであろうし、親分の世話で別に世帯を持って、安楽に世渡りすることにもなったであろう。このようにして人入れ親分と、その寄子《よりこ》との間にはシックリとした親分子分の関係が生じ、親分から一つ頼むといわれれば火の中にでも水の中にでも飛び込んで、その働きを見せたものであろう。

人入れ屋はまたいわゆる凶状持ち（前科者）の避難所としても別個の使命を持っていたに相違ない。俗説によると、因州鳥取の藩士平井庄左衛門の倅《せがれ》で父の同僚本荘助太夫を打って立ち退いた権八と呼ぶ少年が、幡随院長兵衛の家に匿われていたということになっているが権八の磔殺《たくさつ》されたのは延宝七年（一六七九）十一月三日で、水野十郎左衛門の切腹した寛文四年（一六六四）三月二十七日から数えて、およそ十五年の後である。もっとも水野の切腹が幡随院長兵衛との出入りによるということも、大して確実な説とはいわれないが、権八と長兵衛との関係は全く信じられない。しかしそれに似た事実は多かったものと見ることが出来よう。

この関係を諸侯の側からいえば、旗本奴もしくはそれを尻押しする譜代のあるものに対して、これほど恰好な、都合のよい喧嘩犬はなかったに相違ない。世の諺にも金持喧嘩せずということがある。伊達政宗ほどの勇者でも、兼松又四郎のような吹けば飛ぶような小身者と刺し違えて、出羽奥州五十四郡を棒に振ることはせなんだ。ジッと辛抱して相手にせず邸へ帰って来た。それを伊達家の大立物である片倉小十郎が偉いと褒めた。が、片倉はしかしと続けて、兼松ごとき小身者を怒らせることがないように遊ばされればなお重畳《ちょうじょう》であるといったとある。

百万長者であった時にはジェントルマン・シップという危っかしい英語を口癖のように使用し、常に最上級の言語を用いて、部下にその模範を示していたブルジョアが、何かの異変でその境遇をかえるとにわかにその地金を露出して訴訟好きとなり、二言目には弁護士弁護士と、弁護士さえ頼めばいつでも喧嘩に勝てるように思う。これは世間によくあることで、ジェントルマン・シップということも、つまりはブルジョアの単なる粉飾ではなくして、それが彼等の打算であるのだ。むしろ一種の護身術であるのだ。

小身者と喧嘩をして手を焼いたものに池田家がある。

池田侯が又五郎の一件で手を焼いてから、ウッカリ旗本と喧嘩は出来ない。何百石、何千石という小禄と、何万石、何十万石という大禄と刺しちがえて死ぬのは馬鹿らしい。狂犬には狂犬をケシかけるに限るというので、大名が出入りの町奴をつついたのである。無論それは金であった。人入れの親分に金を摑ませて旗本に嚙み付かせた。

その証拠には、飯田町の二合半坂下にいたといわれる貸し馬渡世の放駒四郎兵衛という町奴は、池田侯のお抱えであったといい、また幡随院長兵衛は本多大内記侯のお抱えであったという。あるいは俗説かも知れぬが、このような俗説は大体の気流を示す風見車のようなものでなければならない。町奴というものはどこまでも歴史の大なる秘密である。彼等の背後には大なる黒頭巾があって、彼等を操っていたのである。

それをただ、町奴は義俠の徒である、江戸の花である、などといってしまうのは余りに浅薄な見方ではないか。

同じ理由でこれらの町奴が、江戸、大坂、京都、伏見、堺、長崎等の諸都市に、驚くべき勢いをもってその財力の根を張り、枝を拡げつつあった町人階級にとって、打って付けの用心棒であった事情は察するに難からぬ。

原始封建社会の支配者であった領主と被支配者であった農奴との間に、商人と呼ばれる中間階級が発生したことは、よほど古い昔のことであるが、その商人の中に、租税を領主に納《い》れて、ある種商品の売買に関する特権を許されたいわゆる「座」の勢力が伸びたのは、鎌倉時代の末から室町時代にかけてのことである。

こうして起こった「座」の勢力は、近代商業都市の発達と、貨幣経済制度の進展とにつれて、驚くべき急速の成長をなし、秀吉が天下を統一した頃には、すでに金座の後藤光次があり、銀座の大黒常是があり、家康の時には京都、堺、長崎、大坂、江戸の五ヵ所に糸割符人が起こり、大坂に蔵元、掛屋、江戸に札差、宇治に御茶師などその特権を株とする商人が続々として起こり、交通の発達、各種金融機関の整頓と相俟って、滔々天下の富を吸収し、徳川氏の初世におよんではすでに隠然大諸侯のごとき勢力を擁するに至った。

このような経済的大勢力の結成につれて、人入れの親分がその身許に関する全責任を負って富有な町人のために、その必要の人数を供給した寄子の制度、すなわち市民兵としての町奴が、彼等からどんなに歓迎されたかは察するに難からぬ。

江戸にて名高く聞こえし、坊主小兵衛という俳優は、延宝、天和、貞享の頃を盛に経たる道化形也。かしら糸髪にて、かりそめに見れば、坊主の如くなればしかいうめり。同時に坊主百兵衛、坊主段九、小坊主などいう俳優あり。皆小兵衛をまねびたり。その頃小兵衛が姿を五月の兜人形に作り、はじめてこれを小兵衛人形という。その後段十郎、小太夫などをも兜人形に作りしとぞ。(『近世奇跡考』)

20　俠客は江戸の特産物にあらず

町奴が喧嘩のために喧嘩をした。義俠のために義俠をした。伊達のために伊達をしたというような浅薄な考えをもっている人は、また必ず町奴をもって江戸の特産物であるかのようにいい做《な》す。ところがそれがそもそもおおいなる考え違いで、いやしくも市民権の頭を擡《もた》げたところ、黄金の勢力の蓄積されたところには、必要に応じて一種の町奴が存在したのである。前に述べた大津の町の十四夜のようなものが、一種の町奴である。

大坂はさすが天下の勝手元といわれる程あって、江戸と同時に町奴が起こって、市民権を擁護した。江戸と大坂とを比較すると市民の気風に雲泥の相違がある。これは著者が今更ここに説明するまでもない。もし町奴というものが義侠のためにのみ義侠を働くものであったならば、黄金と証文とのほかに何ものもなかった大坂に町奴の生まれる訳がない。ところが、町奴は決して江戸の特産物でない。江戸と全くその気風を異にする大坂にも生まれている。従来侠客のことを説いた学者が、大坂の侠客というものに少しも注意を払わなかったのは甚しい手落ちである。

大坂の侠客として有名なものに、一寸徳兵衛、半時九郎兵衛、獄門庄兵衛、釣船の三婦、根津四郎右衛門、極印千右衛門、雷庄九郎などがある。俗説が多いためにその年代も、その事実も容易に知り難いけれども、江戸の町奴と前後して起こったことは確かである。

瀧沢馬琴の『蓑笠雨談』（またの名『著作堂一夕話』）に浪花《なにわ》五人男のことが記されている。『蓑笠雨談』は馬琴が享和二年（一八〇二）の夏、京坂に遊んだ時、その遊歴の地に因みある古人の伝記、墓誌、奇説等を筆記して三巻に綴ったものである。浪花五人男のことは、その巻の三、すなわち大坂の部に出ている。西沢一鳳は、みのや三勝のくだりでひどく馬琴の一知半解を笑《わら》い、

「法善寺の一名を千日寺とも呼りとは、誤の始にして、嚮導せし人とは、これ浪華《なにわ》の雅人にはあらで、宿屋より雇いたる案内者、世にいう、猛者曳のことにて、一文不通の雇人なれば、何をしらんや。その者の詞を信じて、深く穿鑿にも不及、かかる戯作の草紙にもせよ、書のするは非なるべし」

と手きびしくやっている。一鳳によると、馬琴も上方に来ては一個の「お上りさん」に過ぎなかったのである。それにもかかわらず、浪花五人男のことは相当拠所があったものと見え、その人物、

浪花五人男（著作堂一夕話より）

年齢、罪案その他が『浪華五俠伝』に載っている官の判決書と大体において吻合している。

『蓑笠雨談』に記す所は次のようなものである。

浪花五人男

五人男は元無頼のあぶれものなり、元禄十四年（一七〇二）六月六日の夜、大坂南久宝寺町四丁目河内屋五兵衛が雇人、喜兵衛というもの、おなじ町なりける三木屋勘兵衛が下人五郎というものと、西横堀の浜側に納涼し、家にかえらんとして北久太郎町の浜側を過りけるとき上難波町に住ける木挽《こびき》、庚《こう》申《しん》の勘兵衛および同町の板屋三右衛門が下人市兵衛というもの、喜兵衛、五郎に喧嘩をしかけ、互いに摑み合いけるところへ、博労町のあぶれもの、庵の平兵衛来かかりて、懐剣をもて喜兵衛の肋《あばら》を突き破り立ち去りける。これより事起こりて、元禄十五年八月二十六日、さしも虎狼のごとく人もおそれたる五人男等、ついに法場に屍をさらせり。その名をいわばまず、雁金文七は、奈良屋町雁金屋七兵衛後家の児にして年紀（年齢）二十八、これを七組の頭とす。その手に属するもの、博労町の庵の平兵衛（三十歳）立売堀中之町極印屋庄三郎が児、極印千右衛門（二十三歳）坂本町の雷庄九郎（三十一歳）天満六丁目七兵衛が児ほての市右衛門（二十九歳）これを浪花の五人男という。またこのほかに、かいたての吉右衛門、喧嘩屋五郎左衛門、とんび勘右衛門、三つ引治兵衛、からくり六兵衛、因果の平兵衛なんどいうあぶれ者、川船水手の飛乗して半侠半賊の悪徒なりしが、これもこのとき路傍の霜と消えて無《む》祀《し》の鬼となれり。このうち喧嘩屋五郎左衛門、三ツ引治兵衛を頭とす。雷庄九郎も、河船水手の飛乗して喧嘩屋五郎左衛門が手に属せしものなりしが、後七組の手に属す。又讃岐屋町に道具屋与兵衛というものあり。異名を親仁の三郎という。元あぶれものにあらずといえども、彼等に脇差をかしてこれをささせ、その恩をもて群集の場所のうしろ楯とせしが、この時わが身のよしあしいいわきがたくて、口に溜る津の国のすまいを許されず、棚なし船のゆくえもしらずなりぬ。予浪花に遊びてその実記を閲《けみ》す。これその略なり。元禄十六年はじめて五人男のことを作りて板せし冊子に彼等が戒名をのせたるよし聞きしが、いまだ面あたり見ざればここにもらしぬ。天王寺の塔中に雁金文七が奉納せし、八島合戦の絵馬ありしが、近曽《ちかごろ》天王寺回禄のときうせて、今はなしとある人かたりき。

『浪華五侠伝』には元禄十四年六月六日の夜、雛屋町において演ぜられた庵の平兵衛の凶行事件に対する御用番松野河内守の属僚羽津元右衛門、杉原弥左衛門両人の調書並びに判決申し渡し書と、この事件に連累して一網打尽された五人男を始め、一味のあばれ者に対する断罪申し渡し書とが載っている。今左に庵の平兵衛喧嘩一件の調書並びに判決書を除き、あばれ者一同に対する断罪申し渡し書だけを援用して読者の参考に資することにする。

奈良屋町雁金屋七兵衛後家倅
雁金文七
年二十八歳

死罪獄門再牢

一、この者おくい町夜番打擲《ちょうちゃく》仕《つかまつり》並に立売堀浜にて町人に手を負せ、そのほか町中にてあばれ対実父母に不孝之働《ふこうのはたらき》有之由、実父母訴に付き三年以前牢舎被仰付《おおせつけ》、同年実父病死母依願出牢重ねてあばれ候わば御仕置被仰付《おおせつけられ》候旨被仰渡《おおせわたされ》候。以後傾城町にてあばれ、相手十人ばかりに手を負せ、そのほか堀江にて大勢に出会い意趣打仕《うちつかまり》候相手殺害仕候儀は無之候。兼てあばれあるき候に付、懐剣所持仕候。このほか家内に脇差五腰、相口二腰、鑓一筋有之候。あばれ者の頭人に候由同類共より申し立て候。御詮議之時分致欠落《かけおちいたし》尋出《たずねいだし》候事。

博労町河内屋吉右衛門借家
庵の平兵衛

死罪獄門

年三十歳

一、この者当六月雛屋町にて河内屋六兵衛下人喜兵衛理不尽より手を負せ、兼々町中にて往来の者並に遊山船にあばれ申し候。かつ亦懐剣所持仕候。そのほか分限不相応の脇差一腰所持致し御僉議《せんぎ》の刻かいたての吉右衛門（に）預け置候事。

立売堀仲之町今津屋七兵衛借家極印屋庄三郎倅

死罪獄門　　極印千右衛門

年二十三歳

一、この者あばれ者御詮議に付致欠落尋出し候。十八歳さり以来町内にてあばれ候儀、数覚《かずおぼえ》不申候《もうさず》。相手に手を負せ候儀は人数十四人、そのほか堀江にて大勢出会意趣がえし仕候。並町中にてそれぞれあばれ候節頭巾三つ押取《とりおさえ》候。常々大脇差を差しあるき家内に大脇差三腰有之《これあり》候。雁金文七組合之者に候。

坂本町加島屋太兵衛借家

死罪獄門　　雷庄九郎

年三十一歳

一、この者町中にて数度あばれ相手に手を負せ候段五度有之候。相手の頭巾二つ押取並に三十石船にて蒲団二つ盗取候。差あるき候大脇差は極印千右衛門、道具屋与兵衛より借用仕手前に所持候事。

死罪獄門再牢　　宿　なし

ほての市右衛門

一、この者京町五丁目にて人を致打擲《ちょうちゃくいたし》手を負せ候に付、御詮議の上牢舎被仰付候。同年被成御赦免重ねてあばれ候わば、御仕置被仰付候旨被仰渡候。以後町中あばれ。人は不及殺害候得共、棒割木を以って度々町人を打擲に及び候。同類被召捕候に付及承《うけたまわりおよび》致欠落《かけおちいたし》尋出《たずねいだし》候事。

死罪獄門　　西笹屋町柾屋借屋中衆吉右衛門同家弟

かいたての吉右衛門

二十六歳

巳三月二十二日牢死引捨被仰候

一、この者庵の平兵衛と申し合わせ、大脇差を差あるき相手両人に手を負せ、相手の脇差一腰もぎ取り申し候。庵の平兵衛脇差預り隠置候事。

宿　なし

死罪獄門　　喧嘩屋五郎右衛門

年二十七歳

一、この者町中にて数度あばれ、相手をさすが(刺刀)にて四度、脇差にて三度手を負せ申し候。あばれ候節相手の大脇差一腰並に鼻紙入れ押さえ取り申し候。右の大脇差常に差あるき候事。

永牢　　午六月二十日牢死　　　　　　　　　とんびの勘右衛門
同夜引捨被仰付候事　　　　　　　　　　　　　年二十四歳
一、この者雁金文七と同道仕《つかまつり》折々あばれ候え共一分の働不仕候。三年以前長堀問屋橋にて極印千右衛門同道にて相手一人を脇差にて手を負せ申し候。その外傾城町にて折々あばれ、指ありき候大脇差は、道具屋与兵衛より借用仕候。手前にて所持不仕候故、詮議之時分欠落致候得共立ち帰えり候事。

宿　な　し
からくり六兵衛
永牢　　午四月十九日牢死
翌晦日引捨被仰付候
一、この者町中にあばれ候儀無之候。当四月傾城町にて喧嘩仕手負せ申し候。終に刃物所持不仕候事。
ただし庵の平兵衛、かいたての吉右衛門差口にて牢舎を罷り仰せ付け候。八歳より宿なしにて候旨白状仕候事。

讃岐屋町播磨屋市兵衛養子
親仁の三郎事　　与兵衛
年二十七歳
永牢
未七月八日摂津国において与兵衛追放被仰付候事

一、この者あばれ者共日頃出会い、とんびの勘右衛門、雷庄九郎（へ）脇差を借り置き、人集りの場所へ出候時分一分の囲いに仕候。その上藤右衛門町伊右衛門と申す者意趣を含み候段及承合《うけたまわりおよびあ》えばあばれ者共を頼み、堀江住吉橋にて打擲為致可申所町人出で合い候に付き不遂意趣《いしゅをとげず》候旨白状。

上難波町池田屋吉兵衛家守粉屋太兵衛倅
庚申の勘兵衛
二十一歳

巳十一月八日御赦免居所無構事

一、右は河内屋五兵衛下人喜兵衛並五郎にあばれかかり、致打擲候のみにて、終にあばれ候儀無之旨白状仕候事。

右之者共巳六月被召し捕られ牢舎被仰付《おおせつけられ》拷問之上段々白状仕候。依之如此《これによりかくのごとく》御仕置可被仰付旨、巳十一月被仰出候。以上

午　二　月

杉　原　弥　右　衛　門
羽　津　元　右　衛　門

以上は元禄十五年八月二十六日、刑を執行された分であるが、なお右の中親仁の三郎だけが、翌《あく》る元禄十六年七月八日に至って左の申渡しを受けている。

親仁三郎事
道具屋与兵衛

一、右はあばれ者共に組合、町中令徘徊《はいかいせしめ》候段不届至極に付、然共《しかれども》人をあやめ候儀無之に付死罪を宥《ゆる》し、摂河両国令追放《ついほうせしめ》候。この上立帰えり候わば曲事に可申付《もうしつくべき》事。

右之通り御月番松野河内守殿被仰渡候事。

羽津元右衛門

元禄十六年未七月八日御使

杉原弥左衛門

杉原弥左衛門堺割組に付立会

松井与右衛門

21　水野十郎左衛門と幡随院長兵衛

すでに一方に旗本奴の外様《とざま》もしくは町人階級に対する乱暴狼藉があり、他の一方にそれと対立抗争すべき使命を授けられた町奴があって同一線の上に置かれたとすれば、次いで来るべきものは、両者の正面衝突でなければならない。

旗本奴と町奴との正面衝突として、最も一般に知られているのは、水野十郎左衛門と幡随院長兵衛との出入りである。

今水野十郎左衛門と長兵衛との出入りを伝説のままやかましい史的考証なしに紹介すると次のようなものである。

水野十郎左衛門、名は成元、禄五千石を食み、水野日向守勝成の三男水野出雲守重仲の長子である。生まれて磊落《らいらく》不羈《ふき》、すこぶる活発を好み、流れて粗暴の性となりしことすでに説くところの逸話によって察するべきである。家来四人を綱、金時、定光、末武と号し、用人を保昌、独武者と称し、己れは密かに頼光の智勇をもって任じた。

加賀爪甲斐守禄一万石、坂郎三十郎禄五千石、共に水野と意気大に相投じ、神祇組を編制して常に花巻柳街を横行した。旗本のこれに党ずるもの五十余人とある。

「春の日の糸遊分けて、柳たをるはたれたれぞ、白き馬にめしたる殿御よ」

と謳《うた》われたように、彼等は伊達風俗に姿を扮し、白馬を装い、騎して柳街の夕陽に鞭をあげたのである。

こうして吉原は旗本奴と町奴とが互いに雁陣魚貫して俠を売り、勇を競う晴れの舞台となった。

そもそも元吉原の遊廓は江戸の発達と共に早く慶長年間に始まり、その後幕府の禁制に遇って和尚と唱えた遊女三十四人が箱根相坂の西へ放逐せられたこともあったが、慶長十七年（一六一二）に至り、庄司甚右衛門というものが三ヵ条の覚書を具して、その筋に営業の公許を出願した。明くれば十八年の春、甚右衛門は本多佐渡守から評定所に呼《よ》び出されて種々の訊問を受け、願いの儀は追って沙汰すべしとのことにて帰されたが、元和三年（一六一七）の春に至り再び評定所に召喚されて、ここにはじめて営業公許の旨を達せられた。

こうして元吉原の同業者は元和三年をもってその普請に着手し、大門を東に建て通路を南に開き、翌四年の十一月にはとにもかくにも、二十四軒の妓楼と十八軒の揚屋とが棟を連ね、軒を並べて客を迎えるに至り、江戸唯一の歌吹海城は忽焉《こつえん》として現出したのである。以来三十年、急激なる江戸の発達につれて、元吉原の繁昌は実に目覚ましいものであった。

寛永、正保、慶安と引き続いて吉原は旗本奴対町奴の達引《たてひき》（意気地をはりあうこと）に不断の花を咲かせた。そしてこの小競合が嵩じ嵩じて、果ては神祇組の棟梁、水野十郎左衛門と町奴の巨魁幡随院長兵衛との立会となったのである。

衝突は、慶安三年（一六五〇）、劇場森田座において演じられた。

この日、水野十郎左衛門は、同類、配下と共に、森田座に劇を観た。桟敷七八間には水沢潟の紋を打った緋縮緬の幕を張り、金襴にて切り替えした紙衣の上には縞天鵞絨《しまびろうど》の袖なし羽織を着こなし、花かいらぎの長刀には、金の角鍔《かくつば》光輝を放ち、随従の小姓はいずれも金紙の平元結に髪を結び、同伴の旗本、各々伊達装束を着こなし、花のごとく錦のごとく居並んだとある。

ちょうど二番目狂言の最中であった。一人の半畳売りが、町奴の雷十五郎と知らず、その膝を越えて筵《ござ》を敷こうとした。すると十五郎大いに憤って、

「割り込みならぬ」

と叫ぶ。

生意気は小屋ものの持前である。

「誰でも彼でも芝居へ来て我儘はならぬ」

と遣りかえす。

「我を誰ぞと思う。江戸市中に隠れもなき雷十五郎なり」

と言った件の町奴、イキナリ鉄拳を揮《ふる》って半畳売りを打って倒し、その背をふまえてキッと舞台を睨む。

場内はたちまちにして湧くような騒ぎとなった。「それ喧嘩だ」というので喚き立てる群集の声に、舞台の俳優もしばらくはしぐさをやめて、十五郎に気を呑まれざるを得なかった。

折からかの桟敷の中に大音をあげて十五郎を制するものがある。観客はまたヒッソリとして声を潜めた。

「そこなる町奴よっく聴け、今日は天下日星も御存じの水野十郎左衛門が見物に罷《まか》り越したるぞ。立ちはだかって邪魔ばしなすな。控えよ。控えよ」

と、十五郎はこの声を聞いて、オメオメと引き退《さが》る訳には行かなかった。旗本奴は由来町奴の敵で

ある。吉原をはじめ市内各所での行きがかりもある。まして今は衆人環視の只中である。十五郎は半畳売りの背に踞《きょ》したまま頑として動かなかった。

騒擾はまた一しきり甚だしきを加えて来た。

喧囂《けんごう》（やかましくさわぐこと）のうちに水野の桟敷を立った一人の武士がある。金砂をもって金字を縫いたる黒繻子の長羽織に、朱鞘の大小を横たえ、鬼をも拉《ひし》がむ気勢である。

武士は、水野が四天王の一人として知られたる金時金左衛門であった。

さあ一大事とあって、太夫元、俳優いずれも駈けよって、支えようとしたけれでも、和解の機はすでに去っていた。金時は見る見るうちに十五郎を打ち倒した。サザエのような鉄拳は、十五郎の脳天に雨のごとく下った。雷は口程にもなく鳴りを静めて遁げ出した。

場内にはドッと鯨波《とき》の声が起こった。

その鯨波の声のまだ鳴りやまぬうちに一方の桟敷から一人の大男がヒラリと身を跳らして現れた。観客の騒ぎはまたピッタリとやんだ。

大男は黒茶の木綿布子に、白色の蝙蝠羽織を着け、左巻の三尺手拭で頬被りをしていた。それと見て勝ち誇ったる金時金左衛門は、直に拳を上げて打ってかかる。この方はヒラリと身をかわしてたちまちに金時を打ち据える。金時は散々に殴打されて、腰も立て得ず、遁げ出してしまった。大男はカラカラと笑って、大音声に呼ばわった。

「我こそは、上、梵天帝釈より、下、金輪奈落まで御存じの幡随院長兵衛なり、商売は喧嘩の仲《なか》買《がい》、定光、末武、綱、保昌、鬼神でも何でも来い。相手になろう」と息まけば、続いて唐犬権兵衛、放駒四郎兵衛、大仏三ぶ、小仏小平、勘三ぶ弥平の徒が、いずれも長脇差の束に手をかけていまにも飛びかからん気配。観客はソレというので雪崩を打って遁げ出した。

今まで遁げもやらず、ただウロウロしていた登場の俳優も、最早これまでとあってバタバタと遁げ出した。やんごとなき姫君が、尻をからげて飛び出す。赭顔突鬢《しゃがんとつびん》の勇士がうろたえて舞台を踏み外す。悲鳴叫喚、場内はさながら湧くような騒ぎである。

十郎左衛門は悲憤心頭に発した。刀を按じて今にも飛びかかろうとしたが、町奴の気勢に押されて、そのまま場内を退いた。

長兵衛の評判は江戸市中を動かした。十郎左衛門は遺恨骨髄に徹して、ここに復讐の決心を固めたのである。

一日、水野の用人、保昌庄左衛門は馬を駆って幡随院なる長兵衛の宅を訪れた。長兵衛出でて対面すれば、庄左衛門礼を厚うし、辞を卑《ひく》うして主人十郎左衛門、旗本、町奴和睦の儀に就き、御相談申したきことあれば、日を期して御来臨下されたしとの意を伝える。

長兵衛は、直ちに十郎左衛門のたくみを覚った。けれども彼は町奴の棟梁としてこの招待に応ぜざるを得なかった。彼はたちどころに意を決して、庄左衛門とその日を約した。

不羈放縦なる多くの子分が、江戸の市上を横行して演じた売侠的行為の結果が今親分一人の肩上に落ちかかって来たのである。

彼は好んで死に赴いたのではない。親分として止むを得なかったのである。彼はその平生お出入りの外様および江戸の市民から受けた知遇に酬いんがために、また、子分全体の生活を安全にせんがために、敢然死を決して水野の邸に赴いたのである（以上伝説のままを記述す）。

22　長兵衛の最期、旗本奴の断罪

さて、水野の邸へ行ってからの長兵衛については、諸書に説く所が区々であって、いずれをいずれとも信じ難い（もちろん前項の森田座一件も史実としては信じられぬ）。饗宴の席で殺されたというものと、湯殿に誘われて殺されたというものとあるが、とにかく、その最期のいかにも男らしく、見事であったということは想像される。湯殿殺しは芝居や、講談であまりに諸君の耳に慣れているから、ここには別説を掲げることとしよう。

長兵衛が日を期して水野の邸を訪れると、十郎左衛門は自ら迎えて大いに好意を示し饗膳美を尽くしたとあるから、これは例の玄米に赤鰯ではなかったものと見える。

さて席上、旗本、町奴の和睦について相談が出る。長兵衛も快くこれを承諾する。十郎左衛門も大いに喜んで、まず酒をということになり、水野の部下は左右からしきりに大杯をすすめる。長兵衛が大いに酩酊したところを見計らって綱と保昌とはなお左右から酒をすすめる。よき機を計って定光が銚子を執り、長兵衛の眉間を狙ってハッシと投げつけた。

長兵衛は流石に心得があった。サッと身をかわすと、銚子は外れて強く背後の襖に当たった。銚子は眉間を外れたが、十二分に酩酊した長兵衛は、頭から熱い酒を浴びた。酒は夥しく彼の眼にしみ込んだ。

長兵衛は驚いて刀を執ったけれどもその時遅く十郎左衛門の一撃は彼の眉間を傷つけた。保昌、季武の二人は機を得て左右から長兵衛の脇腹を刺した。長兵衛は敵せずしてついに斃《たお》れた。享年三十六。慶安三年四月十三日とある。

死骸は筵《むしろ》に包んで神田川の上流に投げ込まれた。

長兵衛の素性は明らかでない。唐津の士であって、本名を塚本伊太郎といったとある。十九歳の時から下谷の幡随院寺内にいたので、人が幡随院長兵衛と呼んだという。桜井庄之助蹴鞠のことなどは実録として信ずべきものであろうか。

長兵衛の死骸は、彼の子分が神田川の下流において発見した。唐犬権兵衛等町奴の首魁が相寄ってその横死を悼み、これを浅草清島町の源空寺に葬ったとある。

長兵衛の死体発見について一説がある。長兵衛は、自分の子分に命じて神田川から大川（現在の隅田川）筋に毎日小舟を廻し水死人があると引き上げてその世話をしてやっていた。長兵衛が水野の邸へ行ってからちょうど三日目、子分のものが矢の倉辺で発見した菰づつみの死体が親分の長兵衛であったとある。

これはいかにもこしらえたような話であるが、長兵衛が大川筋に小船を廻して水死人の世話をしていたというのは、ちょっとありそうな話である。

長兵衛は番太郎（江戸で町村に召し抱えられて火の番や盗人の番に当たった者）ではなかった。しかし、江戸中の市民から生活費を貰っていたとすれば、それに対する報酬として、何か江戸市民全体のためになるようなことをしなければならないのは当たり前である。大川筋の廻漕なども事実ありそうな話である。遊民は遊民でいつの世にもそれ相応の仕事がある。

さて、町奴復讐の段となると、いよいよ説がまちまちである。普通伝えられているのが次のようなものである。

長兵衛の死後、復讐は唐犬権兵衛を主として画策された。十郎左衛門の方でもあらかじめそのことを察して滅多に外出しない。警戒に警戒を加えていたのであったが、咽喉元過ぐれば熱さを忘るるのたとえで、もはや一件もよほど下火になったようであるというと、持前の放蕩病がムラムラと兆した。

そこで十郎左衛門は一夜、その徒、松平紋三郎、佐々木九郎八、鳥居権之允等を誘って吉原の大菱屋に登った。久しぶりの遊興に埒を外して騒いだ。流連して翌夜、大門を出で帰途に就こうとすると、土手に擁した町奴の一隊が、「長兵衛親分の仇敵！　思い知れ」というので、前後左右から斬りつける。

十郎左衛門不意を喰って大いに狼狽して、「小癪な奴!」というので一同と抜きつれて接戦する。何がさて町奴の方は覚悟の上の決闘である。親分の多年の恩誼に報いるのは正にこれこの時であるというのでいずれも必死の働き。これは町人といえども敵し難しと見て取った十郎左衛門は早くも馬に一鞭当てて遁げ去った。この戦いに旗本方の死傷三人とある。

また一説には十郎左衛門が耳と鼻とを斬られたともいうが、それは当てにならない。

長兵衛の一件が幕府の耳に達した故でもあろうか。水野十郎左衛門は寛文四年(一六六四)三月二十六日、不作法の廉《かど》をもってその禄を召し上げられ、特に死一等を減じて松平阿波守の邸へお預けとなった。

しかるにその翌二十七日、さらに重々不作法とあって、切腹を仰せ付けられた。彼の最期は実に立派なもので、さすがは天下の旗本たるに恥じなかった。

彼は乞うて貞宗の小脇差を得、刀身を熟視すること少時、会心の笑みをもらして後、静かにこれを把《と》って腹に刺し、横に引き廻すこと五六寸。おもむろに三方(儀式で物をのせる台)の上に置き、介錯人を顧みて、刀を下すべく命じた。享年五十二というのが実説であろう。芝は三田の功運寺に葬られた。

時人、十郎左衛門の屠腹を謳って曰く、

風の前の灯なれや十郎左が

　消えたよ水のあわのやしきで

水野の処分を筆頭として五十七人の徒党がことごとくその罪に伏した。

加賀爪甲斐守は八丈島に流され、諏訪藤右衛門、安孫子新太郎、酒井熊之助、太田杢之丞、小出左膳、近藤藤之助、小笠原刑部、松平久之丞、大岡秀之進、津田平七、茶山甚五郎等は、それぞれ八丈島、三宅島、大島に分流せられ、大番与力、甲斐御先手組与力、徒士衆の中にあった男達も皆それぞれ刑が決まって寛永以来社会を騒がせた旗本奴というものはここに全くその跡を絶つに至ったのである。

この中で疑うべきは加賀爪甲斐守直澄の配流である。白石の『藩翰譜』によると甲斐守が御不審を蒙って免職蟄居を命ぜられたのは、寛文十年十二月十一日とあり、また八丈島に流されたなどということは、全然見当たらぬ。ただし、水野十郎左衛門が寛文四年三月二十七日、松平阿波守の邸で死を賜ったことに関しては確実な文献があり、これは間違いないらしい。『一話一言』に収載されている。寛文二年三年四年五年の『或御日記抄』なる文書中、寛文四年のくだりに左の記述がある。

二十六日（己丑雨）

水野十郎左衛門不作法之由達上聞《じょうぶんにたっし》被宥死罪一等《しざいいっとうをゆるされ》を松平阿波守へ御預之旨於評定所《ひょうじょうしょにおいて》兼松下総守、北条安房守、安藤市郎兵衛列座阿波守家来へ相渡す。

二十七日（庚寅晴）

水野十郎左衛門昨日松平阿波守へ御預ケ被仰付之処、重々不作法之儀瑣砕《ささい》に被為聞《きかせられ》、今日切腹被仰付為《おおせつけらるるため》、検使瀧川長門守、兼松下総守、稲垣清右衛門、土岐縫殿、御徒目付神谷清太夫、池田忠兵衛被遣之《これをつかわされ》、并《ならびに》十郎左衛門弟又八郎、同母、松平阿波守へ御預ケ之旨被仰渡之《これをおおせわたさる》。

同二十八日（辛卯陰暗）

水野十郎左衛門二歳之男子、今日松平阿波守下屋敷にて令切害為《せつがいせしめらる》、検使小出甚左衛門被遣《つかわされ》、娘一人阿波守へ御預ケ。

寛文四年三月二十六日、水野が一旦評定所に呼び出され、松平阿波守へ御預けとなったのに、翌日その筋の評議が一変してにわかに切腹を命じられたのは、前日評定所へ呼び出された時、髪は禿のように、衣服は膝の下へようやく届くばかり、その上に羽織と裏付の袴を着せし体が、「もっとも不敵」とあって、その処分におよばれたものであるいう。（『徳川太平記』）

（註）

御実紀には、明暦三年七月十八日に、寄合水野十郎左衛門方へ、幡随院長兵衛が押しかけて来て、花街へ誘き出そうとするので、十郎左は、止みがたき故障があるからとて辞すると、長兵衛大いに激し、そは己が勇力に怖れをなしたものであろうと散々にいい罵るので、十郎左も怒にたえず討ち果してその由町奉行所へ訴え出て、町奉行から老中へ伺いにおよんだが、長兵衛浪人のことなれば、構いなしと同月二十日に、老中から申し渡されたと書いてある。この訴えのことは真実かも知れぬが、水野十郎左が長兵衛を誘き寄せて討ち果しした上、かように詐って訴えをしたとも思われる。

また、世に伝わる東海寺沢庵和尚と、水野十郎左との地獄極楽問答は、何でも世俗に最も親しみのある人物を拉して来て、それと何かの縁を結び付けるのが、古来高僧伝作者の常套手段で、これもそのたぐいの作法としか思われぬ。

23 町奴の一網打尽、唐犬権兵衛の最期

旗本奴が社会にその跡を絶って後二十年にして、町奴の大検挙が新任盗賊改役、中山勘解由（直守）の手によって行われた。時は、五代将軍綱吉の貞享三年（一六八六）九月二十七日であった。町奴は中山勘解由の就任後約一ヵ月にしてことごとく縛についた。その数およそ二百余人、中首魁十一人が品川の刑場において斬に処せられた。このことがあって後、市中の無頼の徒彼を恐れて鬼勘解由と呼んだ。

唐犬権兵衛は普通長兵衛の子分として知られている。もし権兵衛が長兵衛の子分であったとしたならば、彼はすなわち長兵衛の一番番頭であったに相違なく、多くの人足を指揮して、常に諸大名、富豪の邸へ出入りしていたものであろう。又権兵衛が長兵衛の子分でなかったとしたならば、彼は別に自分の店をもって、長兵衛と兄弟のように親しくしていたものであろう。いずれにしても彼は長兵衛に次ぐ侠客であった。その勢力の大なりしことは、当時唐犬組と称する一団の町奴があった

ことによって知られる。

権兵衛がかつて芝に用事があって、旗本、大道寺権内の邸前を過ぎると、恐ろしい唐犬が二匹、眼を瞋《いか》らし、歯をむき出して唁々《ぎんぎん》と吠え付いた。そこで彼は軽く叱《しっ》して行き過ぎようとしたが、獰悪なる唐犬はそんなことくらいで遁げ出ださない。なおも猛り狂って、果ては権兵衛の足もとに嚙み付こうとした。

その刹那、彼は足をあげてエイと件の唐犬を踏倒した。続いて飛び付こうとする一匹も同じく蹴倒してとうとう殴り殺してしまった。この評判が江戸中に鳴り響いて彼は唐犬という綽名《あだな》を取った。唐犬権兵衛は裾縁を取って着こなし、額を広く抜き上げていたので、その頃唐犬組の若いものの中に、額を広く抜き上げることが流行した。世間でこれを唐犬額といったとある。

藤堂家の浪人、深見重左衛門も寛文年間江戸に男伊達の名を謳われたが同じく額を抜き上げて、異装を凝したという。

名月や来て見よがしの額際

はこの風俗をよんだものとある。もって唐犬額なるものの流行を知るべきである。

中山勘解由が町奴の検挙に着手してまず第一に捕縛したものは、大仏三婦であった。これはお茶の水において召しとられた。次いで捕手は唐犬の家に向かった。

その時唐犬は箕輪の叔母を訪ねて、家に居なかったので、家を包囲した同心は家内に闖入《ちんにゅう》して権兵衛の母および妻子を人質として引き上げた。権兵衛は何心なく家に帰って見ると、家族が引き上げられた後である。自分のために罪なきものが苦しめられるのを一刻も見るに忍びずとあってすぐに自訴して出た。

上においては権兵衛の志、神妙の至りとあって、直に親子の者は放免された。権兵衛の調べについてここにおもしろい話がある。

権兵衛が白洲へ呼び出されると、奉行が、戯れに問うた。

「その方、綽名を唐犬と申すのは何故じゃ、念のため尋ねおく」

権兵衛はこれは、奉行の戯言だなと踏んだので、早速やりかえした。

「恐れながら申し上げます。当将軍家、いまだ館林に御出での頃、右馬頭様と申し上げ、また唯今にては世上に犬公方、犬公方と取沙汰致すやに承知致します。上将軍家に於いてすら犬馬の異名あり。権兵衛ごときが唐犬々々と呼ばれまするに何の不思議が御座りましょうや。宜しくお察しを願います」

と。奉行もこれは大変なことをいい出したと思ってか、そのままにして止んだ。権兵衛においてはすでに死を覚悟しての申し立てであるから、将軍でも公方でも怖いものはない。罪が決まって品川の刑場の露と消えた。

また、唐犬権兵衛の宅を取り囲んだ同心は、権兵衛の不在に失望し、彼の妻子眷族《けんぞく》を引き上げて帰る途中、上野の広小路までやって来ると、そこでちょうど放駒四郎兵衛に出会った。

はじめ中山勘解由は大仏三婦をお茶の水で逮捕すると、懇々理を説いて納得させ、その罪を赦して町奴逮捕の案内者とした。三婦は権兵衛の宅に同心を案内したが、あいにく彼が留守なので、同心はその妻子眷族を召捕って上野の広小路まで来ると、そこで偶然放駒四郎兵衛に出会した。三婦は直ちに同心に合図した。

同心はそれというので四郎兵衛を包囲する。四郎兵衛面喰ってこれをいかにとあるところへ、一人がドンとブッ突かって来た。四郎兵衛立ちどころにその一人を投げとばしたが、続いて四人の同心が前後左右から組み付いた。

四人のものも見事に取って投げたが、何しろ多勢に一人で、奮闘の末、縛についた。次に放駒四郎兵衛のことを考えてみよう。

24　放駒四郎兵衛と夢の市郎兵衛

附、深見十左衛門、寺西閑心の事

放駒四郎兵衛という人は、どうも長兵衛の子分ではなかったようである。長兵衛の復讐はこの人と唐犬権兵衛との画策に出たものとされているが、四郎兵衛は、別に店を持って長兵衛と対等の交際をしていたものらしく思われる。

四郎兵衛は、河合又五郎の一件でひどく旗本衆に睨み合った池田侯の御本家、備前岡山の城主、松平新太郎少将光政卿のお抱えで、貸馬を渡世とし、飯田町の二合半坂下に住んでいたという説のあることは前にも述べた。

この人が放駒と綽名を取った縁由は、将軍家が、駒場お成りの時に放駒を取って押さえたというのである。そのあくまでも水野一味の旗本に拮抗したということが事実であるとすれば、その背後に大名の力があったからであろう。

唐犬権兵衛を初めとして、佐野治郎左衛門、冥途小八、薩摩源五兵衛、蝮治郎兵衛以下三十七人と品川で殺された。

夢の市郎兵衛というのは、放駒四郎兵衛の弟であって、やはり市中に俠客の名を謳われていたが、長兵衛対水野の事件とは全く関係がなかったものと見えて、この時には検挙されなかった。四郎兵衛の死後はすこぶる世を厭い、食を絶って死んだと伝えられている。これによって見ても、町奴の検挙がその旗本奴との達引《たてひき》に原因していたことは明らかである。

もし町奴が悪い、任俠の風が悪いというならば、夢の市郎兵衛も共に羅織《らしょく》されてよい訳である。ところが、旗本と抗争の事実のない市郎兵衛には何のお構いもなかったのである。『事実譚』『本朝俠客伝』『近世奇跡考』などを総合して考えると夢の市郎兵衛の事蹟は大体において次のようなものである。

市郎兵衛は江戸浮世小路に住し、寛永正保の間俠客をもってその名四方に聞こゆ。フカの茂兵衛これなり。市郎兵衛、力士明石志賀之助と友とし好し。かつて京都に展覧相撲あり。志賀

之助もまた召に応ず。市郎兵衛すなわち後見となり、供に京に上る。仁王仁太夫というものあり、また相撲を善くす。志賀之助に配す。場に臨むに及びて市郎兵衛これを戒めて曰く、汝若し敗を取らば、我汝を殺して供に死せん。汝それこれを勉めよと。すでにして場に上り供に力を争いて遂にこれに勝つ。仁王の徒これを憤り潜に撃ちてこれを殺さんと謀る。市郎兵衛すなわち志賀之助をしてまず密かに江戸に下らしめ、自らこれに代わらんと欲し黒繻子の羽織を裁し、これに金繡をもって明石志賀之助の六字を大書し、面を覆うに熊谷笠をもってして白昼京都を発す。仁王の徒これを見て胆を奪われ、あえて手を下すものなし、ついに江戸に還る。

またかつて吉原に争闘の事あり。衆大門を閉ざして相接戦す。たまたま市郎兵衛ここに遊ぶ。これを見て急に太刀を提《ひっさ》

放駒四郎兵衛と夢の市郎兵衛

げ、紫帛《しはく》を頭に纏い、馳せて門に上り、大いに呼びて曰く、我はこれ夢の市郎兵衛なり。なんぞすみやかに門を開かざると、言いおわりて門を下り、直ちに争闘の場に至りて大喝一聲衆を叱して曰く、爾曹《なんじら》何為《す》る者ぞ、宜しくすみやかに刀を納むべし。然らざれば我将に爾曹をして肝を冷やさしめんと。衆辟易して去る。これよりその名益々著わる。後に髪を剃りて仏門に入り、名を祐生と改め、相模の田村に隠退す。

夢の市郎兵衛のように、町奴でありながら、旗本との喧嘩に関係しなかったものもあったが、また一方には、町奴ともつかず旗本奴ともつかずして、市中に侠を売り、勇を競って横行闊歩したものもあった。深見十左衛門、寺西閑心などがその例である。

町奴の検挙とともに彼等も一度捕縛されたが情状を酌量して隠岐に流された。これによって見ても幕府断罪の標準がどこにあったかということがよく分る。

深見十左衛門

本姓は深溝、名は貞国、初めの名は十蔵。その祖父は福島正則に仕え一方の将たり。深溝又右衛門是なり。十左衛門、主家滅亡の後、藤堂大学頭に仕えて高禄を食む。後に致仕して江戸に住す、任侠を以てその名高し。

十左衛門、俳諧をたしなみ、延宝中、難波の梅翁宗因、江戸に下りし頃その門に学ぶ。句あり曰く、

名月や来て見よがしの額際

身の丈ひくき男なりしが、額はひろく抜きあげたれば、かくはよみしなり。その頃の小唄に「額のきはの前から見えぬを、来て見よかしの工」と。もってその侠風の一代を風靡したるを知るべし。かつて一日氷川において、酒井雅楽頭の藩士六人と闘い四人を傷けて身斃《たお》る。すでにして蘇生す。敵すでに去りて在らず。十左衛門切歯して曰く余敵と戦いて一人を斃すこと能わず。何の面目ありて人に対せんやと、刀を執りて自殺せんとす。その友寺西閑心馳せ来りてこれを止め、かつ慰めて曰く、敵四人に傷く、何の怯憶《きょうおく》かこれあらん。しかず傷の癒ゆる俟ちて再び敵と雌雄を決せんにはと、すなわちその旨を榜書して去る。敵これを見て大いに懼る。またその友某、安井広右衛門、および弟数右衛門のために掩殺《えんせつ》せらる。十左衛門これを聞き

馳せてその場に至る。敵すでに去って在らず。すなわち徐ろにその屍を葬り、常に讐《あだ》を報じてその怨恨を慰めんと欲す。すでにして十左衛門、事を以て京師に至る。適々安井兄弟京に在りと聞き、大いに喜び馳せてその旅舎に至れば兄弟すでに遁走してあらず。その行くところを知らずして江戸に帰る。

天和の初めの俠客逮捕の令あり。捕吏十左衛門を捕えんとしてこれを試むること数々なり。然れどもその勇に懼れてあえて手を下す者なし。すなわち北条安房守に請ひて同心一隊を催し、その大酔に乗じてこれを捕え、引きて聴衙《ちょうか》に至る。北条安房守詰《なじ》って曰く、聞く汝闘争を好みて、市中を乱し、人民を脅かして財物を奪い、あるいは夜間街頭に出でて人を害うと。事果して真ならばつぶさに陳ずべしと。十左衛門これを聞き笑って曰く、安房殿には余に向いて問をなすか、果して然らば官自ら法あらん。余は是れ武士なり。何ぞ接することの無礼なる。かつそれ問わんと欲せば、ただただ招状を附して可ならん。なんぞ一人を捕うるに大衆を用いることをせん。しかのみならず鼠輩《そはい》の言を信じて士に汚名を被らしむ。たとえ、事分明に属すといえども武士の道はすでに廃れたり。吾またいうを好まずと黙して語らず。ついに隠岐に流さる。

翌年春の句に、

梅なれや花橘はかゞねども

この句吉兆となりしか、二十八年を経て宝永中、赦《しゃ》にあいて江戸に帰る。老年におよびても二尺四五寸の朱鞘の大脇差をはなさず、形容年より若く見えて、気力壮年のものにまさりしとぞ。終に剃髪して自休と称し、菩提所、本郷片町龍光寺の中に庵を作りて住みぬ。享保十五年三月十八日歿す。享年九十歳、龍光寺に墓碑あり。一応院心渓自休庵主墓としるす。伝えていう、十左衛門若かりし時、人と打ちあい、むかう歯を二枚かきけるが、金をもって入歯をつくり入（れ）しとぞ。以てその豪奢を知るべし。歌舞伎劇の「髭の意休」はこの人を模すという。

（『本朝侠客伝』『近世奇跡考』『名人忌辰録』）

寺西閑心

初めの名は弥助、その祖父備中守かつて徳川家康に関ヶ原に従い、一方に将として軍敗る。閑心後武芸をもって土井大炊頭に仕え禄七百石を食みしが故ありて主家を辞し、江戸に来りて西久保（現在の虎ノ門）に住し、剣法を教授す。力よく鉄鉤索《てっこうさく》を延ぶ。時に隣家に佐野源太兵衛というものあり。かつて罪を犯して跡をここに晦《くら》ます。一夜幕吏数人これを捕えんとして誤りて閑心の家を襲う。閑心大いに怒り刀を揮《ふる》いて一人を殺し、一人を傷く。すでにして捕吏その源太兵衛にあらざるを知るといえどもその吏に抗するの故をもってついに縛して府庁に引く。府尹渡辺大隅守出でてその罪を詰《なじ》る。閑心威儀を正して曰く、撲あえて国法を破らず、なんぞいわんや吏に抗せんや。しかれども去秋捕吏と称して数人乱入し、妻を縛して財物を略奪したる匪徒あり。しかるに昨夕又捕吏と称して突然室に乱入す。おもえらく先の盗なりと。すなわち斬りて二人を斃す。すでにして吏員また来りておおいに呼びて曰く、誤認すと。ここにおいてはじめてその真正の吏員たるを知る。然れども倉忽《そうこつ》もまた甚しというべきなり。撲あえて官吏に抗せずと。大隅曰く言また一理あり。然れどもすでに官吏を殺す。また罪なしとせずと、すなわち獄舎に下す。すでにして赦に遭いてその罪を赦され、あわせて両刀を賜わる。閑心悦ばずして曰く、我すでに汚名を被る。何の面目ありてか再び世に立たんやと、たちどころに髷を切り名を古歴と改め、両刀を庁に投じて去る。これよりもっぱら仏道に帰化して身を禅門に委ねたりしが、その友深見十左衛門の言を納《い》れて再び俗に還り、侠客をもって自ら任ず。六方組の侠客正木源右衛門等十五人と赤坂氷川に一場の闘争を開き、ついに十三人を殺して下野に走り難を梅津半三の家に避く。後病みてここに終わるという。

同田貫は肥後国菊池の地名である。この地の刀鍛冶数人が銘に地名を知れてから、人名と紛うようになった。荒木又右衛門が伊賀の上野で河合勘左衛門に呼びかけて「どうだぬきを拝見しよう」といったのは、これより先、又右衛門一行が東海道程ヶ谷の坂道で河合勘左衛門に出遇った時、勘左衛門が又右衛門を揶揄して「拙者の此《この》同田貫が怖いのであろう」といったことがあるのに由る。『徳川太平記』には反対に又右衛門が「日頃の同田貫を見せん」と呼びながら躍りかかったと書いてある。又右衛門の刀は二尺七寸伊賀守金道の作である。（一三頁参照）

25　末派の乱暴は止むを得ず

旗本奴が亡び、町奴が亡んで第一期の侠客は社会にその跡を絶った。しかしながら第二期の侠客は、次いで社会の要求に応じて生まれた。すなわち町火消である。

これから巻を新たにして町火消しと市民との関係を論ずるのであるが、ここには町奴のことについて、なお言い残した二、三のことを述べておく。

町奴といっても全くの遊民ではなかった。彼等の親分には、人入れという立派な職業があった。また彼等としても好んで命の遣り取りをしたのではない。そこには彼等が命を捨てても働かなければならぬ義理があった。すなわち富豪と大名、この二つのものは、彼等の背後にあった大いなる力である。すなわち親分の親分なるものがあった。これが著者の町奴というものに対する一家の見方である。

ところが、これに対して起こるべき読者の疑問は必ず町奴が市民の煩いであって、市民の味方でなかったということである。この疑問はどうしても起こらなければならない。

これに対して著者は、しかり、町奴は必ずしも市民の味方でなかったというよりほかはないのである。何となれば、長兵衛なり、四郎兵衛なりの店に転がっていた、いわゆる子分なるものは何であるかというに、その十中八九までは浮浪人である。無頼漢である。当節の語をかりていえば失業者である。

この失業者に衣食を給していたからこそ親分の勢力というものは大したものであったのである。親分の命令とあれば火の中へでも水の中へでも飛び込まなければならなかったのである。

ところが根が浮浪人の多くの子分であるから、親分や手代（例えば唐犬権兵衛のごとき）の眼の届かぬところでは、どんなことでもやりかねない。ただ、彼等が恐れたのは、親分のお出入り先ばかりであったに相違ない。いつの世、いかなる徒党においても末派の乱暴は免れない。末派の乱暴をもって徒党の精神を論ずるのは余りに酷である。中流以下の町人は、旗本奴と同じく彼等を蛇蝎《だかつ》視していたに相違ない。

現に親分長兵衛に関してすら、はなはだ面白くない説も伝わっている。それはかの『校合雑記』の記す所である。

長兵衛は一日、ある風呂屋の二階で痛飲して、すこぶる喧囂《けんごう》を極めた。主人ははなはだ迷惑に思うけれども、当時評判の長兵衛であるから小さくなってひたすらにその顔色をうかがっていた。すると、表を通りかかった太田太郎左衛門という旗本が、その騒ぎを聞きつけて立ち寄り、主人を呼んで、あれは何者であるかという。

主人は声をひそめて、あれこそは当時評判の幡随院長兵衛、滅多に手出しはなりませぬという。

太郎左衛門聞いて、

「よし、その儀なれば某相対の上、取り鎮めて遣わそう」

という。主人は太郎左衛門の袖をひかえて、ソッと門口に立てかけてある長兵衛の竹杖を指した。竹杖の中には鉄の棒が仕込んであった。鉄棒組などといって、当時の町奴は鉄棒を携えて横行したものと見える。ところが、この太田太郎左衛門という旗本は、腕に覚えのある強力無双の男であったので、長兵衛の竹杖を取るより早く、ハッシ、ハッシとそれを大地にたたきつけた。それがために、竹が割れてささらのごとくなった。


さすがの長兵衛も太田の強力に恐れなしてコソコソと風呂屋を遁げ出したとある。これによって見ると長兵衛は今日世に伝えられている長兵衛と全く反対の男である。芝居や講談に現れる長兵衛と旗本とは全くその地位が顚倒している。然しながらこれは信ずるに足らない。たとえ土方の親分でも、親分となれば牛肉屋の二階で人に迷惑をかけるというような真似は出来ない。長兵衛親分がこんなことで江戸中の浮浪人、失業者の元締めが出来たとは思われない。思うにこれは長兵衛の子分が、長兵衛の名を騙《かた》ってしたことか、または長兵衛の子分のしたことが、長兵衛のこととして誤り伝えられたのではあるまいか。今日と違って通信報道の機関も備わらず、人の似顔をかく術もまだ極めて幼稚であった時代には江戸市中に長兵衛親分が五人も六人もいるようなことはめずらしくなかったに違いない。いずれにしても、町奴の末派が中流以下の市民に迷惑をかけたことは、町火消の場合も同じことであったろうと思われる。

ただ彼等には強きを挫《くじ》き、弱きを扶《たす》けるという一個の儼乎《げんこ》たる信仰箇条があった。彼等が劣弱よる所なき下層市民の味方となって、旗本その他の暴威に拮抗したことは大体において後世の芝居、もしくは講談等によって世俗に伝えられているようなものであったに相違ない。

金看板甚九郎

宝暦中俠客をもって著る。江戸芝神明前に住し、亀屋と号し、陸尺手廻り人足の人入れを業とす。乾児数多を有す。一日面縛せるものあり、慌忙としてその家に来り、甚九郎に乞うて曰く、我縛は則ち我罪の致す所、あえて他を憾みず、我に一人の老母あり、我死せば誰かこれを養わん。意うに此縛を解く者は親分にあらざれば能わず、追者後に在り、親分これを憐めと潸然として泣く。甚九郎起《た》ってその縛を解き、衣を更えしめ、三十両を附して去らしむ。すでにして捕丁至る。甚九郎自首して縛につき、獄舎に投ぜらる。居ること二ヵ月にして前の賊来り自首す。甚九郎釈放さる。これより人甚九郎を呼んで「金看板」という。明和二年六月二十六日死す。

二、町火消の巻

26　貧困に駆られた旗本の暴行

江戸三百年の歴史において、旗本と市民との衝突を前後の二期に分けるのは面白い見方であると思う。前期はすでに述べたところの寛永、慶安、承応、寛文といった時代の葛藤であって、八万騎と呼ばれた旗本の精鋭がその過剰精力の捨て所に窮して市上に威を衒《てら》い、俠を売った。換言すれば、元亀、天正の士風がひいて旗本と大名との抗争を生じ、転じて旗本と町奴との衝突となったのである。

後期はこれからこの巻で述べようとしている文化、文政といった時代の葛藤であって、これは旗本が貧困に駆られて都市の平和を乱すに至ったものである。旗本が町人の金を借り倒した。強請《ごうせい》（ゆすり）をした。甚しきに至っては辻斬り、強盗をしたのである。

この二つの時代を繋ぐ中間すなわち、寛永、寛文から文化、文政に至る間に約百年の隔たりがある。その過渡時代を元禄、享保の時代という。ゆえに寛永、寛文をもって青春の時代とすれば、元禄、享保は壮年の時代であり、文化、文政は爛熟の時代である。前期における旗本の乱暴は青春期の悩みであり、後期における旗本の狼藉は爛熟期の悩みである。

由比正雪と丸橋忠弥とは、封建制度の固定した時代において元亀、天正の武力万能主義を夢想したものの代表者であった。由比正雪と丸橋忠弥とがことを挙げんとして失敗した翌、承応元年（一六五二）の九月に浪人、別木庄左衛門、林戸右衛門の徒が、徳川氏の法会に乗じ増上寺を焼いて老中を襲撃せんと企てたが、これも全然失敗に帰した。

続いて水野十郎左衛門以下旗本奴五十七人に対する幕府の制裁は、まさに元亀、天正の夢想者に対する一大打撃であった。慶安、承応の事変によって武力の革命がとうてい不可能である。中央集権の力の強大なる徳川幕府に対して武力の反抗を試みるのは、蟷螂《とうろう》が斧を揮《ふる》って龍車に向かうも同じことであると知った。天下の危険分子は、旗本奴の断罪を見て、何でも武張ったことは当世でないということをしみじみ覚ったものであろう。以後寛永、寛文の武士気質はようやく社会に跡を絶ち、元禄に至っては新たに生まれた太平の道徳と、寛永、寛文の名残りを留めた旧道徳とが激しい衝突をするようになった。まさに元禄は旧道徳と新道徳との過渡時代であった。すなわち一方には寛永の士風を追慕して世の澆季《ぎょうき》を（末世となって道徳衰え、人情の浮薄となること）歎ずる硬骨の一団があると共に、他の一方には絢爛たる新文明の酒に酔い、大いにヒューマナイズした青年の一団があった。

元禄時代は、社会に新道徳と旧道徳との衝突があったと同様に、個人の中心にもこの異分子が相争っていた。

元禄武士の中には茶を立て、鼓を打ち、謡曲を諷って禄を食むものがあった。これは武士としては新しい生活の方法であった。慶長元和の昔祖先が刃に血ぬって贏《か》ち得た地位を倡優《しょうゆう》(芸人。倡は女の役者、優は男の役者)のことによって保持するというのであるから、寛永武士の眼から見たら、彼等は真に武士の風上にも置けぬ奴であったに相違ない。しかしながら慶長、元和の武士道は、必ずしも元禄、享保の武士道ではなかった。治に居て乱を忘れぬ覚悟というけれども、寛永以後の社会においては武士が治に居て乱を忘れなければならぬ事情もあった。大名でも浪人を召し抱えるとか、また武事に心を傾けるとかいうものがあれば幕府は直ちに猜疑《さいぎ》の眼をもってこれを見た。現に慶長元和の武士道を主張した旗本は、幕府の忌諱《きき》に触れて罪を得た。近くは山鹿素行が幕府の忌憚に触れたのも全くそれがためであった。古い武士道は太平の武士にとってむしろ生活の障害であった。

在府の国主が太平無事に苦しみ、歌舞音曲はいうにおよばず、一夜の宴飲に数百の蠟燭をともし、数十人の手を経て一杯の羹《あつもの》を作るという時代にあっては、その臣下たるものが、茶を立て、鼓を打ち、謡曲を諷《うた》って君に仕えるのは当然のことである。時代につれて生活の方法が変わったのである。彼等が鼓を持ち、茶杓を執ったのは、彼等の祖先が槍を提げ太刀を翳《かざ》して修羅の巷に往来したのと少しも変わりはないのである。

元禄の作者が描いた『鑓権三重帷子《やりのごんざかさねかたびら》』の浅香市之進はすなわち茶の湯をもって君の寵遇を受けた武士である。彼の妻おさいは彼の夫が茶の湯をもって君の寵遇を得ていることを少しも怪しまなかったのである。彼がその幼児を諭した言に、

「父様を見やいの、御前もよく御加増まで下された。武芸は侍の役めずしからぬ。茶の湯を上手になさるる故、人の用いほんそう（奔走）もある。ちいさい時から茶杓の持ち様、茶巾さばきも習うておきや」

とある。古い武士道が太平の武士にとって生活の方法でなくなった時、別に新しい武士道が生まれたのである。

元禄の武士が武芸の他に、否、武芸を忘れて遊芸に心を砕いたのも、これを生活の上から見れば必ずしも武士の堕落というべきではなかった。

27 「鑓の権三」に代表される元禄武士気質

しかしながら浅香市之進は根からの茶の湯ものではなかった。彼はその妻が鑓の権三と不義を働いたと聞くや、直ちに致仕《ちし》して復讐の旅に上ろうとしたのであった。彼の義父、岩木忠太兵衛は過渡社会において、古き武士道を代表する分子であった。彼は市之進が送り返した女の諸道具を叩き壊して火に投ぜよと命じ、武士の家が穢《けが》れると叫んで、その愛女の運命に一滴の涙さえもそそがなかったのである。

忠太兵衛の子にして、おさいの弟に当たる岩木甚平は市之進のために助太刀を申し込んだ。しかも市之進は、断乎としてそれを峻拒《しゅんきょ》した。この場合市之進はもう茶巾さばきの優雅なる太平の武士ではなかった。

茶釜の蓋、茶杓の持ちようより外に、人の首の取り方を知るまいと思し召すか、弓矢八幡、小身なれども、見ごと破れ具足の一領位は用意していざとなれば刃金を鳴らす覚悟であると、これ市之進のあげた気焔である。これが元禄武士の模型である。

また、彼の女敵たる鑓の権三とてもその通り、

「鑓の権三は伊達者で御座る。油壺から出すよな男、しんとんとろりと見とれる男、どうでも権三はよい男、花の枝から溢れる男」

と謳われて一代の婦人を悩殺した風流児である。しかも彼は武芸の達人であった。その不意の出来事が機会となって、浅香市之進の妻おさいと道ならぬ恋に陥る。そうして最後はあくまでもその罪を自認して、潔く市之進の手に討たれて果てる。このように元禄という時代は社会に新旧二つの分子が相争っていると同時に、個人の中心にも矛盾した二つの分子が存在したのである。

天下の旗本が吉原の娼妓と箕輪田圃に情死をして、

「君と寝やろか、五千石取ろか、何の五千石君と寝よ」

と謳われたかと思えば、四十七人の赤穂浪士が、雪を蹴立てて吉良の屋敷に乱入し、亡君の鬱憤をはらすという時代である。

井伊伯耆守、本庄安芸守などいう大名が、英一蝶であるとか、仏師民部であるとか、村田半兵衛であるとかいう当時の高等幇間どもに唆《そその》かされて吉原に流連《いつづけ》し、一擲《てき》千金の豪遊に天下の耳目を聳《しょう》動《どう》させるかと思えば、水戸の光圀が楠公の碑を湊川に建ててみずから「嗚呼忠臣楠子之墓」と題し、朱舜水《しゅしゅんすい》の賛を碑背に刻み、田を買って広厳寺に附し、永く香花の料とするという時代である。

ところが元禄と去り、享保と逝《せい》て、古き武士道はようやく社会にその影をおさめた。淫蕩奢侈の風は滔々《とうとう》として上下に浸潤した。大名も旗本も華美を競い、栄耀《えいよう》を衒って、人は皆常春のような泰平の享楽を趁《お》って走った。

奢侈の時代に次いで来たるものは貧困の時代である。社会的貧困という悪魔はやがて優柔なる泰平の武士を襲って、吉宗の中興以後、いわゆる武士階級の堕落は、滔々としてその底止する所を知らざるに到った。武士が歌舞音曲の技を以て主君の寵遇を得たことを、その堕落として卑《いやし》むことの出来なかった著者も、文化、文政の社会における武士の辻斬り、強盗に近い所為を是認するほどの勇気は持ち合わせない。

ただし著者は世のいわゆる慷慨家《こうがいか》ではない。武士階級のこのような堕落を招致した貧困の原因を、彼等の遊蕩奢侈にのみ帰するものではない。彼等の日常生活が往時に比して著しく華美栄耀に走ったように見えたのも、実は一般的進歩の影より外のものではなかった。武士が昔のように簡素質朴でいることの出来なかった経済的進歩の大気流は、滔々として中央集権的封建社会の上空を流れていた。

もちろん、皮を剝ぎ、骨を削られるような貧困にさいなまれたものは、旗本、御家人ばかりでなかった。各藩の下士階級も全く同様で、あるものはむしろそれ以上であった。しかし、各藩における下士階級の生活は、各戸独立のものでなくその窮迫は藩全体の問題として解決されなければならない性質のものであり、藩の財政が逼迫するにつれて種々の名義で幾度となく減知の処分は受けていたが、何とかして凌《しの》ぎをつけて行く上からいうと、旗本よりも幾分暮らしは楽であったということも出来る。

そこへ行くと、苦しかったのは旗本の生活である。旗本は微禄ではあるが「天下の直参」で、大名と同じ格式である。少なくとも、その家は独立した経済的単位である。その貧困は、非凡な経済的眼識を持った大政治家でも現れて心配してくれぬ限り、彼等の遊蕩奢侈による当然の報いとして放任されなければならぬものであった。

文化、文政時代における旗本、御家人の堕落を知るには、彼等の貧乏がどんなにひどいものであったかを知る必要がある。彼等の貧乏がどんなにひどいものであったかを知るには、さらに遡って、その時代の上空を吹いていた経済的進歩の気流が、どんなものであったかということを知っておく必要がある。

米高値の節、武家の悦びは暫時にて、間もなく下直になり、文化元子年より下直になり、同六巳年のみ少しく直段よく、それより当十一戌年まで打続き下直になり、種々御世話あれど、ますます下直にて、武家一統のくるしみ数え尽くし難く、古人の貧は士の道なりといえり、されど近頃の武士のごとくにはあるべからず。高値は半年或は一年の事成（る）べきに、御世話に余りに行き届（き）過ぎし故に、かえってかく下直になりしにや。（中略）江戸は貧困の武家が金箱、金元にして繁昌する所なり。商人は金銀有（り）ても江戸の潤には少しもならず。江戸は武家豊かなれば下民くらしよし。（塵塚談――小川顕道）

28　江戸文化爛熟期の上空を吹いた経済の気流

すでに前項において述べた通り、各藩の下士階級も、旗本御家人も貧乏の度合においては同じことであった。ただし、旗本、御家人は同じく貧乏はしても「天下の直参」という誇りを持っていた。この誇りは縦令《たとえ》それが吹けば飛んで行くような誇りであるにしても、正面からは何人もこれを傷つけることが出来なかった。しかるに各藩の下士階級は貧乏の上に、なお上士階級からの忍ぶべからざる軽侮凌虐を忍ばなければならなかった。旗本、御家人は貧乏こそすれ、筋によっては「天下の直参」として、堂々たる国主大名にも楯突くことが出来た。しかし旗本、御家人には生中そうした空虚な誇りがあっただけに、我を忘れて、江戸の頽廃した空気の中に陥没して行った。各藩の下士階級はその赤貧洗うがごとき境遇の中に、上士階級から、忍ぶべからざる軽侮凌虐を受け、何とかしてこの理不尽なる封建時代を土台から覆し、自分達にも生き甲斐のある世の中を造り出そうとする発奮努力の上に導かれた。前者が恐ろしい貧乏の威嚇に脅かされながら江戸文化の爛熟しきった空気の中に絶望的低回をこととしていた間に、後者は尊王攘夷の運動に走った。もしくは封建社会の秩序を根底より覆すべき、新しい、自由な学問に走った。

このように両者の行く道は異なっていたが、両者の経済的な地位境遇は全く一つであった。鎌倉時代にあっては、いやしくも武士の階級に属する限り、どんな小身者でも土地を離れて生活することは出来なかった。彼等は小さくとも地主であった。自作農であった。然るに徳川時代に入っては武士階級が全く土地から隔離されてしまった。十万、二十万石の大諸侯でさえ、国産の問屋化して土地に対する興味が著しく薄らいでいた。まして扶持米に生きる小身の旗本、御家人に至っては、純然たる俸給生活者であり町人の懐を肥やすために生きている消費階級であった。

下士階級の俸給は、毎期米で渡されるけれども、各人の実際生活を支配する経済の根底をなしているものは、もはや米ではなくして金である。そうであれば貨幣経済が進歩して、商業および手工業が発達すれば発達するほど、人口は増加する、一般の生活は高まる、物価は騰貴するというありさまで、彼等は年々貧乏の底なし沼に淪落し、幕府の末期に入ると、全く武士としての対面を保つことの出来ぬほどの窮迫に陥っていた。

もちろん徳川時代における武士階級の貧乏は旗本、御家人、およびそれと同じ境遇に置かれている各藩の軽格軽輩に限らず、百万石の加賀においても、五十余万石の細川家においても同様であった。何故となれば、武士階級の貧乏はその領土の広狭大小が原因ではなく、一方に資本主義的経済組織の自然の流れに従って勃興しつつある町人階級があり、それが土地経済の残骸にすがり、門地門閥を唯一の誇りとしてわずかに命脈を保っている武士階級を搾取しているから起こる現象で、旗本御家人を搾取するものに江戸蔵前の札差、札差と気脈を通ずる金融業者があれば、諸大名を搾取するものに大坂の蔵元、掛屋があるといったありさまで、その貧乏振りにこそ相違はあれ、内面の苦しさはいずれも同じであった。

旗本、御家人の眉に火のつくような窮迫に対しては、幕府は見て見ぬ振りは出来なかった。旗本、御家人に対する幕府の救済策は大体において二つに分かれていた。第一は旗本、御家人の搾取者である札差の暴利を取り締まることである。札差は株で、株は売買が出来たが人数に制限があった。また札差が旗本、御家人から受ける禄米請取りの手数料は百俵に一分、禄米売払いの手数料は百俵に二分で、さしたる暴利とはいえなかった。ただしその前借金に対する利子が驚くべき高率で、幕府は享保以後しばしば命じてこの利子に制限を加えたが、利子を制限しても旗本、御家人としては札差からの金融が杜絶すると一日も暮らせない。ここで札差から金を借りるといわず、他から金を借りる形式にして、奥印《おくいん》で高利の金を借りた上に奥印金まで取られるので却って利息を上げさせることになり彼等はますます困窮した。その後も幕府は札差に対してたびたび改訂の命令を発し、諸種の奸策を禁じようとしたが容易に行われず、旗本の窮迫は加わる一方であったので寛政元年（一七八九）九月、老中松平越中守は非常の大決心を以て札差に厳達し、六ヵ年以前すなわち天明三年以前の債権を棄捐《きえん》させ、同四年以前の貸金に対する利子を軽くし、年賦償還の法を定めた。この棄捐令こそ一種の徳政で、この時札差の棄捐した債権は合計十八万七千八百両余に上ったとある。

救済法の第二は大坂の富豪に命じて強制的に在米を買収させ、それによって米価を釣り上げ、旗本、御家人の窮迫を救ったことである。これは享保十六年（一七三一）に行われたのが始まりで、延享、文化と引き続き行われ、また、富豪から莫大の用金を徴発することは、間接に米価を騰貴させ、かつは幕府の財政を助ける一助ともなるので、一挙両得の意味で用金が徴発された。

ただし米価の釣り上げが必ず旗本、御家人の利益になったかどうかはすこぶる疑問で、彼等は実際に米の生産者ではなくむしろその消費者で、札差から売り払い代金を受け取る時だけは米価の騰貴を望むであろうが、平生は切に米価の下落を望むもので、その点は都会の純消費者、すなわち商人、行商人、職人、職工、日雇労働者その他大多数の貧しい都市居住者と全くその利害を一にするものであった。もちろん幕府は米価の釣り上げばかりをせず、米価の引き下げにも力を注いだのであるが、その調節ということは容易のことではなかった。また米価の調節となると問題が広汎で、ここに説くのは当を得たものではない。

29 小三金五郎に代表される文化文政武士気質

元禄時代の武士気質を近松門左衛門の『鑓の権三』によって説明したから、それと対照するためにここには文化文政時代の武士気質を、『仮名文章娘節用《かなまじりむすめせつよう》』によって説明してみたい。この著者はまず冒頭に文化・文政の時代を評して、

「太刀は大山石尊の献げ物に納まれば、長刀は冷飯の草履にその名を留めたり、弓は矢場の姉さんが活計の種となれる静けき御代」

という。何の気なしに読んでしまえばそれまでであるが、玩味してみると痛快な、骨を刺すような皮肉である。

『仮名文章娘節用』は天保二年（一八三一）にはじめて出版されたもので、この小説が当時の社会に歓迎されたことは、ちょうど当今の『不如帰《ほととぎす》』のような勢いであった。

金五郎というのは人も知る武士にして容顔玉のごとき美男、歌妓小三というものの仕送りによって生活した大の色男である。この金五郎の父は仮名屋文之丞というもので、もと斯波家の藩士であったが、玉章という奥女中と私通し、主家を駈け落ちして、京都の三筋町に学問、剣法の指南をし

ながら暮らしていた。ところが文之丞はこの生活によって巧みに小金を貯め、内密に金貸しを業としていたということである。

元禄の武士も奥女中と密通することは知っていた。しかしながら、彼等は人目にかからぬうちに駈け落ちをして、武士道の切り売りによって小金を貯めることなどは知らなかった。

ましてその金を人に貸しつけて、利息を取るなどということは夢にも知らなかったのである。近松の『丹波与作』がそれである。彼はもとある大名に仕えた立派な侍であったが、重の井という奥方の腰元と恋に落ちて、すでに斬られようとするところを助けられたものである。

彼は主家を追われて海道の馬追いとなった。彼は両刀を捨てては他によき生活の途《みち》を知らなかった。彼は馬追いとして俠名を売り、伊達と意気地で世を送った。彼はいまだ武士道を切り売りして小金を貯める程に開けていなかったのである。

この文之丞と玉章との間に生まれたのが金五郎である。文之丞は京都にあって古鉄買六兵衛という者の赤貧洗うがごとき境遇を憐み、その娘を貰い受けて金五郎の妻にと育て上げた。女は名をお亀といってこれが後に歌妓小三となる。

さても鎌倉の仮名屋家では文之丞が家出をしたので、父文字之進はあらためて家督を次男の文次郎に譲り、嫁を迎えてお雪という娘をもうけ、蝶よ花よといつくしんでいたが、やがて十七年は夢のごとくに去った。文字之進はほのかに京都にいる文之丞の噂を聞き、その子金五郎を貰い受けてお雪に添わせ、仮名屋家の後を継がせんものと、その旨を京都の文之丞に申し送った。

文之丞は絶えて久しい父のたよりに胸を躍らせながら開封して見ると、金五郎を養子にという相談である。もとより異存のあるべき訳もないが、困ったことに金五郎にはお亀という許嫁がある。しかしながら文之丞は不義の家出をした日陰の身である。今更それを理由として父の相談をしりぞけることも出来ないので、お亀には別に養子を迎えることとし、金五郎は鎌倉の斯波家に遣ることときめた。

ところが、このとき金五郎は十七、お亀は十五の春で、二人の間にはすでに何時の間にか、恋というものが成立していた。金五郎が鎌倉へ引き取られて後、お亀はひとり悲歎の涙に暮れていたが、思いあまって家を飛び出した。

金五郎は鎌倉へ引き取られて後も、お亀のことを忘れることが出来なかった。ことにお亀が家出したと聞いて後は悲哀の情やるせなく、ついに大磯通いということをはじめた。彼は紅燈緑酒の間にその深き憂愁を忘れようとしたのである。彼の妻として定められたお雪は十人並勝れた美人であったけれども、まだホンの未通女《おぼこ》で金五郎の心を慰めるには足らなかった。

家を飛び出したお亀は、思いせまって加茂川に身を投げた所を女衒《ぜげん》の手に助けられ芸奴とし大磯に売り飛ばされた。ある年の八月、金五郎は思いがけもなく大磯の遊郭でお亀と邂逅した。お亀は名を小三という。こうして小三と金五郎との情交は蜜のごとくにして続けられた。小三は程なく金五郎の胤《たね》を胎《やど》してただならぬ身となった。

金五郎は小三から妊娠の相談をうけて大いに狼狽した。サァこうなって見ると先き立つものはまず金である。そこで金五郎はまず小三の抱え主にわずかの手付を握らせて、夜の座敷へだけ出さないように頼んだ。彼は京都の実父、文之丞に手紙を送って百両の金を騙《かた》り取った。その手段はこうであった。

このほど三条の小鍛冶宗近の名作で、またと得難い大小の払いものが出た。値は百両、大枚の金ではあるけれども武士の嗜《たしな》み、是非とも手に入れておきたい。本家の相続人とはいいながら、まだ部屋住まいの身の万事身儘《みまま》にもなりかねるから、一時その金を立てかえて貰いたいというのであった。

これは明らかに詐欺である。騙《かた》りである。たとえ相手が実父とはいえ、金五郎は百両の金を騙って取ったのである。これ元禄武士の断じてなし得ない所である。まして寛永武士をや。しかも文化・文政の社会はこの小説を見て喝采したのである。よく人情を穿ったものであるといって讃めたのである。当節の書生が国許の親を欺して遊興費を貪るのを世間が普通のこととして怪しまぬように、文化・文政の社会は武士の詐欺、騙瞞《かたり》を普通のこととして受け入れたのである。

昔の武士は窮して乱せざることを以て誇りとした。今の武士は窮すれば、乱して憚らざるに至った。

さて、読者は文化、文政の武士気質を了解するために今しばらく、金五郎という色男の、歯の浮くような物語を辛抱して見なければならない。

実父を騙って取った百両の金で請け出された小三は、青柳橋のほとりに匿われて金五郎の胤を生み落とした。身軽になると同時に小三はまた芸妓として打って出で、金五郎のために一家の生計を立てなければならなかった。金五郎はかりそめにも武士にして、自分の心を許した女に芸妓稼業をさせて脂下《やにさが》っていたのである。彼は小三に貢ぐべき金を却って小三から貢がれてその感情のままに翻弄されていたのである。金五郎曰く、

「これ小三、そなたもかねて知る通り、心に染まぬお雪のこと、とやかく家でいう故に、のっぴきならぬ義理づめで、しぶしぶ請けは請けたれど、松に桜は見かへられず。そなたに優った花があろうか。必ずそれを苦にしねぇが好い。然し、親を捨て、両刀を捨て、矢立を差して町人になろうと思えば、一も二も無ぇ心安い世界だのう」

と、これ彼が小三を慰めた言であって、その偽りなき感情の告白である。まことに当時の武士には煩雑なる武家の生活を厭い、親を捨て、両刀を捨て、矢立をさして町人とならんことを望んだものが幾らもあったのである。

さらに、金五郎の祖父、文字之進、当時隠居して白翁といった武士と、『鑓の権三』の岩木忠太兵衛とを比べて見ると、面白い対照が得られる。元禄時代には、旧道徳、旧社会を代表する忠太兵衛のような頑固な老人がいて、武士道の前に絶対の服従をした。彼は、不義をした女の緒道具を家の穢《けが》れであるから叩き毀《こわ》して火中せよと命じた。それが文政となると全く呼吸が違う。頑固一徹であるべきはずの白翁はなかなかの通人粋者である。奥女中と手を取って駈け落ちをした倅《せがれ》のところへ文通して、その子を養子に寄越せと相談する。金五郎の身持ちの修まらぬのを見ては、その当番

の留守を見計らい、青柳橋の小三の宅へ出かけて、酸いも甘いも嚙み分けた挨拶に見事小三を説き伏せる。太平の気が老人の骨髄にまでも浸み込んだのが、文化・文政という時代である。

武士は食わねど高楊枝、渇しても盗泉の水を飲まずなどいったのは昔のことである。窮するに随って何でもする。幇間《ほうかん》（たいこもち）、末社《まっしゃ》（取り巻き）、芸妓屋の亭主はむしろ彼等の誇りとしたところである。時と場合によっては詐欺もする。騙瞞《かたり》もする。それでも行かぬ時には、辻斬りもした。強盗もした。本所の割下水辺で夜な夜な通行の町人を脅す武士があったというのもこの頃のことである。

ことに旗本、御家人の窮迫は実に甚しいものがあった。世の中が進んで生活の程度が高まる、都市にあっては町人が贅沢をする、それに応じて昔から貧乏な旗本や御家人が、武士としての体面を保つことは非常な困難であった。長男であって見れば、家督をついで、親譲りの大小に、羊羹色の羽織でもとにかく衣紋を整えるということになる。ところが二男、三男と来たら実にみじめなもので、虚勢は張るけれども実力がない。その貧乏が見え透いて町人の眼から見ればまるで貧しい書生も同じであったろうと思われる。そこで「旗本の御次男様」といえばすぐに強請《ゆすり》を連想する。「御家人」といえばすぐに幇間を連想する。箸にも棒にもかからないものとして取り扱われていた。

いつの世、いかなる時にも、欲しくないものは実力の伴わぬ格式である。

貧乏はしても武士は武士で、町人などは相手にしないという時代はまだよかった。ところが、文化・文政となるとその武士が大いに開けて内々は盛んに町人と接触したものである。人の眼のないところでは頭を下げて金を借りたろう、両手をついて借金の断りもいったろう。要するに彼等は大いにヒューマナイズしていたのである。

ある旗本中の息女、家中の若士と密通し彼《かの》士息女をつれて出奔しける。主人御城に宿直の夜なりければそのむね書中にて達しける。帰りて後申し付くべし、随分穏便にして居よと返答ありけり。翌朝退出後、立退きたるものは知れければ、偸かに居所を聞付（く）べしと穏便に云付、さて気分勝れず候ほどに保養のため今日囃子申し付（く）べしとて、客を招き、終て夜まで遊び、三日続けてそのごとくせられしかば、世上にてよも異変はあるまじとて沙汰するものもなくて止みけり。（窓のすさみ）

30　河内山宗春の事

文政年間、幕府時計の間の茶坊主を勤め、それから仔細あって数奇屋坊主に下げられた河内山宗春というものが、赤坂の松江侯の邸に推参し、上野輪王寺宮の御使僧と詐って、下谷黒門町の質店、上州屋彦右衛門の娘なみというものを座敷牢から救い出した噂が、当時江戸市中にパッとひろがった。

宗春の墓は青山久保町の浄土宗寂照山高徳寺にあって、正面に求道浄欣信士、光岳院法柏童子と記し、その上に酸漿草《かたばみ》の紋を刻み、右側には、文政六癸未年（一八二三）七月二十二日河内山氏とあり、左側には河内山宗春とある。

ずいぶん品行の悪い坊主で、その頃の旗本や御家人とグルになって、騙り、万引き、脅喝など悪事の数をつくしたものと見える。芝居でやると片岡直次郎という御家人が、この坊主の相棒で、取った金を吉原の三千歳という花魁に注ぎ込んだというのであるがその辺のことはよく分からない。いずれにしても、それに似通ったことが実際にあったには相違ない。

松江侯の一件は次のようである。下谷黒門町の上州屋彦右衛門という質屋の娘お浪というのが大そうな美人で、赤坂の松江侯の奥へ奉公に上った。ところがそれがいつしか侯の御目にとまり、ぜひ妾になれというのをお浪がどうしても承知しなかった。それはお浪にはすでに許婚の夫がある。たとえ殿様の仰せでも夫ある身は致し方が御座いませんといって侯の意に従わなかった。

すると松江侯は、意地になってお浪を座敷牢に打ち込み、親許がいかに申し出ても帰宅を許さない。それを河内山宗春が聞き出して、うまく上州屋を欺し込み、三百両の約束でお浪の取り戻しを請け合った。

宗春は一味の悪党を供廻りに仕立て、自分は上野輪王寺宮の御使僧に化けて松江侯の邸に乗り込み、

「このほど、本坊において上専ら囲碁を御嗜み遊ばさる。よって山内の者を御相手に興じ給うに、

身分のあるものは御会釈など申して御輿も薄く、お出入町人の内に、何某の隠居、または彼所の亭主と、およそ囲碁を好む者をば多く御前に召さるる中に、近頃、黒門町の上州屋彦右衛門といえる者御意に叶い、折ふし御召しに応じて囲碁の御相手を勤める。この老人常に下々の御物語りを申し上げて御機嫌を伺えば、上殊の外に喜ばせ給い、彦右衛門彦右衛門と御愛顧浅からず。しかるにこのほど両三度、彦右衛門を召されたるに顔色常ならず、憂を含み居るを聡明なる上早くもそれと察し給い、いかに老人思い内にある時は、色外に現る。汝何か心配の事にてもこれ有りやと有り難き仰せ、彦右衛門涙を押へ、斯かる上意を蒙りまする上は、何をか包み申すべき。実は一人娘の浪というもの……」

しかじかというのでマンマと松江侯をあやまらせ、お浪を鋲打ちの輿に乗せて親許に届けさせたというのである。

これらは同じ騙りでも、いわゆる僭偽《せんぎ》の罪、輪王寺宮の御名を騙ったのであるからことが少し面倒である。湯島天神の梅の木という待合で召捕となったが、深く糺命《きゅうめい》におよばず、伝馬町の牢舎において毒殺されてしまった。年四十二歳、遺骸は公儀を憚って夜中、高徳寺に葬ったとある。

これは茶坊主の話であるが文化・文政の武士にはこんなのがたくさんあった（本編第四十六項寺町百庵の条参照）。

幕府の儒官柴野栗山が、執政の諮詢《しじゅん》に応じて上書した意見の中に、当時の旗本の不品行を説いて次のようにいっている。

さてまた、近来御旗本の面々、皆遊興に耽り、武芸不嗜の衆中、段々相見え申候。末々小普請、御番所御徒士《おかち》抔《など》の類に至りては殊の外風儀悪く罷成《まかりなり》、あるいは親を追い出し一類の中を違い、酒色に耽り、博奕を好み、家財を悉《ことごと》く打ち込み候て、妻子共寒中に単物一つにて薦《こも》の上に暮し、はなはだしき者は夜分町家へ押領に押入り候か、または人遠き野原にて追落としを仕候のと申し様なる風俗に相成り、武芸名節は棚へ上げ、気に付け不申族《もうさざるやから》多く相見え申し候。世話に旗本八万騎と申し候が、只今の様なる懦弱不埒の風儀にては万一の事御座候ても、一角御用に相達可申と相見え申し候は、近頃、私愚痴無智の者の過言に奉存《ぞんじたてまつり》候へども、おそれながら一万騎とは御座有間敷と奉り存じ候。

と。これによって見ても、当時の旗本が夜陰に乗じ、町家に押入って、強盗を働き、脅喝を行ったということが分かる。

第一期における旗本と市民との衝突は必ずしも旗本が市民を苛《いじ》めたのではない。殺伐なる慶長・元和の余風が、たまたま都市の新秩序と衝突したのである。しかるに第二期の衝突に至っては、旗本が窮迫のあまり乱したのである。市民の迷惑は一層痛切なるものがあったに相違ない。

31　明暦大火の惨害

さて第二期の市民兵として、町人の味方に立った町火消は、町奴よりも一層明確に自家の職務を自覚していた。以下少しく町火消の歴史に遡って考えてみよう。

江戸時代の火消には武家火消と、町火消との二種がある。武家火消の起源は、遠く慶安三年（一六五〇）六月二十六日のことであるが、これは本論に関係がないから他日に譲ることとして、ここには町火消についてのみ研究の歩を進めることとする。

都市発達の歴史に随伴するものは、必ず火災惨禍の歴史である。江戸開府の後、第一に火の恐るべきを知らしめ、消火機関の設立を促したものは、明暦三年（一六五七）正月十八日から同十九日にわたる府内大火の惨害であった。

明暦三年丁酉正月十八日、西北の風烈しく、砂塵を捲いて吹きすさんでいた。今の午後二時ごろ本郷五丁目の裏、徳永山本妙寺より出火し、湯島神田を焼き払い浅草御門に至り、内神田鎌倉河岸より南は八丁堀、東は深川に至った。この間長さ四十八町。翌十九日続いて小石川新鷹匠町より出火し、小石川一円、江戸城（西丸を除く）を焼き大名小路一円、新橋辺より海浜に至って止まる。

この間長さ五十三町。同日又麴町五丁目裏より出火し、桜田、愛宕下辺より芝札の辻海岸まで焼亡す。この間四十町とある。要するに明暦の大火は二日にわたり、三箇所の火元で江戸全府が灰燼に帰したのである。

すなわち市街五百余町、大名小路五百余町、大名邸宅五百余宇、小名宿所六百余ヵ所その外並々の輩は挙げて数えられない。江戸城の天守、大手の矢倉をはじめ、浅草御門、神田の升形に至るまで、櫓の数三十余箇。また日本橋をはじめとして江戸市中の橋梁六十ヵ所（浅草橋、本石橋は残る）、土蔵の数九千余庫、そのうち焼け残ったのは十分の一もなく代々の重宝、家々の記録、大半は烏有に帰した。また神社仏閣の主なるものは、神田明神、山王権現、天神の社、明神の本宮、誓願寺、知足院、日輪寺、東西両本願寺、本誓寺、典学院、吉祥寺、金剛院、弥勒院、大龍寺、泉光寺、薬師寺、珠見寺、願教寺、唯然寺、地蔵院、霊巌寺、報恩寺、朗泉寺、長久寺、信経寺、常蓮寺、増上寺の所化寮、開善寺、海晏寺、常徳寺、善徳寺、円応院をはじめとして三百五十余宇、皆一時の煙と化して消滅した。

このような大火の常としてしばしば旋風を起こし、火勢いよいよすさまじく、数町を隔てては飛びうつり、前後左右より渦《うずま》き立つに、人々逃げまどいて焰《ほのお》に焼かれ、煙に咽《むせ》ぶ。阿鼻叫喚の声はまさに焦熱地獄にほかならず。また大名小名の家々に秘蔵の駿馬どもを、幾頭となく轡《くつわ》を切って放ったので、火に驚いて奔逸し、雑沓の中に駈け入り、人を傷め、身を害い、ついに火中に斃《たお》れるもの数を知らず。焼け跡にはいたる所に人畜の死体があり、凄惨悲惨、目もあてられぬありさまであっ

たという。いわゆる本妙寺の振袖火事というのがこれで、焼死およそ十万七千四十六人と記された。『武蔵鐙』に、

> 一類眷族の有る者は尋ね求めて寺に送りたれども、大方は何処いかなる者ともさだかならず。さればこの死骸をば小屋ものすなわちかの車善七が配下に仰せ付けられ、武蔵下総の堺なる牛島という所に、船にて運ぶに引きも切らず。六十間四方に掘り埋め、新たに塚を築き、増上寺より寺を建てたり。すなわち諸宗山無縁寺回向院と号し、五七日より前に諸寺の僧衆集まり、千部の経を読誦して、跡を弔い、不断念仏の道場となす。江戸中の老若男女袖をつらねて参詣し、諸共に念仏回向せり。（原文に幾分加筆してある）

とあることからも、その惨たる光景を察すべきである。

江戸開府以来、明暦に至るまで、慶長六年の大火をはじめとして、同十六年、元和三年、同四年、寛永三年、同四年、同八年、同十一年、同十六年、同十八年、同十九年、明暦二年と引き続き火災は絶えなかったけれども、明暦三年の大火は前代未聞の惨事として、上下一般に消火機関の必要を感ぜしめたのであった。

幕府の公設にかかる定火消というものはこれより先慶安三年（一六五〇）六月二十六日の創置にかかり、初め二組を設けたが、万治元年（一六五八）九月十八日に至り改めて四組とし、万治二年さらに六組とし、同三年に八組とし、寛文二年（一六六二）には十組に増し、元禄八年（一六九五）二月十八日にはさらに之を十五組に改めた。その後宝永元年（一七〇四）十月に至って五組を減じ、

十組として近年に及んだが、このほかに公設消防として、大名火消、方角火消などというものがあった。大名火消は享保七年（一七二二）の創立にかかり、幕府が大名に命じて市内枢要の場所に十一ヵ所を守備させたもの、方角火消は譜代大名の役目で専ら丸の内を守衛したもので、創立は大名火消と同時であったろうと思われる。

このほかに大名の有力なものは各自に火消を抱えていた。加賀侯のいわゆる加賀鳶は私設消防にして傍ら聖堂の守衛を勤め、豪快壮烈をもって世に鳴った。

けれどもこれは総じて武家の火消である。市民が自衛のために町火消を創設したのは、享保四年（一七一九）四月のことである。

32 町火消の起源およびその組織

町火消しは最初、日用座という一種の日雇請負業から人足を出し、町内ごとに火消頭というものがあって、日雇人足を指揮していたのがそのはじまりである。その後日用座雇を廃し、その人足を常雇とし火消頭が直接これを統率するに至った。頭は常に責任を負って人足の生活を保障し、彼等を子のように慈しめば、人足もまた頭を親のように尊重し、頭のためには火水もまた辞さないとする壮烈な情誼《じょうぎ》が成立し、ここにはじめて親分子分の関係が生まれた。

そしてこの消防組が、いろは四十八組に編成されるに到ったのは享保四年四月のことである。これは荻生徂徠が幕府の隠密御用を命じられた時、江戸府内の火災取り締りについて下問を受けたのに対し、町火消創設の案を立てたのが元であるという。幕府はただちに徂徠の説を採用し、町方に命じて町火消を組織させた。その後、町火消をいろは四十八組に分けたのは町奉行、大岡越前守忠相の考案であった。これが享保四年四月のことである。今各組の編制および持ち場所を示すと左のようになる。


一番組（五組）い、よ、は、に、万。

浅草橋、筋違橋の川筋より飯田町、小川町、神田橋を経て呉服橋に至るまでの堀端を限り、呉服町通一丁目、四日市、江戸橋より大川端通、両国川通迄。

二番組（七組）ろ、せ、も、め、す、百、千。

日本橋より南、芝浜松町迄、八丁堀、霊岸島新堀町、箱崎町、南八丁堀、築地鉄砲洲迄。

三番組（七組）て、あ、さ、き、ゆ、み、本。

芝金杉橋より高輪、三田、麻布、白金品川台、二本榎、目黒辺迄。

五番組（九組）く、や、ま、け、ふ、こ、え、し、ゑ。

麹町、四谷、赤坂、青山、麻布、西之久保、広尾辺迄。

六番組（六組）な、む、う、ゐ、の、お。

小石川、大塚、牛込、小日向、市ヶ谷、早稲田辺迄。
八番組（四組）ほ、わ、か、た。
浅草門外、蔵前辺より外神田、明神下、湯島、本郷、下谷、広小路、池之端迄。
九番組（四組）れ、そ、つ、ね。
駒込、巣鴨、染井、谷中、千駄木辺。
十番組（六組）と、ち、り、ぬ、る、を。
浅草黒船町より、北寺町、新鳥越、三谷、今戸、下谷、坂本、金杉、箕輪迄。

四番組と、七番組とを置かなかったのはなぜか、江戸の訛《なまり》として、「ひ」と「し」との発音を混同するがためなのだろう。いろは四十八組の中、「へ」「ひ」「ら」の三組を忌避して「百」「千」「万」の三字をもってこれに代えたことについて『江戸繁昌記』の著者（寺門静軒）は次のようにいっている。

「案ずるに国音「ひ」は火に通ず。蓋しこれを忌むなり。「へ」の音は屁に同じ。蓋しこれを避くるなり。都俗陽物をいうて「ら」という。忌蓋しここに在るか」。

また、本所、深川は別に一の組から、十六の組までに分けて編制した。

さて次はその組合内における役員の組織である。町火消は、人足から総頭取に至るまでを六階級に分けた。

人足……まだ火消の数に加わらぬもので、俗に土手組と呼んでいた。

平人……火消の本員で、鳶口を持って働くものである。

梯子……梯子を持つ役で、彼等の社会では単に梯子といっていた。

纏……纏を持つ役でなかなかにその使命が重かった。纏はその隊の旗幟であって、当節の軍隊にたとえていえばまず連隊旗手である。

頭……組頭のことで、町内に何人という定員をもって置かれた。

頭取……各組の総取り締りで、組頭を統轄し、あわせて消防夫全体を率いたものである。

この六階級のうち、頭は町内の抱えで定員があり。平人以上であれば、その働きと人望とによっては誰でもここまでは出世することが出来た。頭となるべきものに対して町内に空位がないときは世話番に取り立てられた。世話番は頭と同格で甲乙なく、官はこれを世話役と呼んだ。

頭取は世襲として代々勤める組もあった。また一代立身の制を立てる組もあり、その中に一老、二老、お職などの別があり、お職は普通顔役といい威望すこぶる高く、その名は江戸市中に鳴り響いたものである。同じく親分と呼ばれながらも町奴や博徒と違って、町火消のお職は幕府の監督の下に市民の信頼を受けて働いたものであるから、その勢力もまた同日の論ではなかった。

次には引き続き町火消の沿革を略述する。

33 纏《まとい》は焦げても一歩も退かぬ

町火消はその初め武家方の屋根の上に纏を上げることを禁じられていたが、こんな規定は武家方の損である。たびたびの火災に武家方もそれは自家の不利であると気が付いて、町火消は自由に武家火消に交わって、どこに纏を上げても構わないということになった。

享保四年（一七一九）いろは四十八組と本所深川の十六組とが編制されると同時に、各組の纏および纏幟《のぼり》も規定されたが、翌享保五年八月七日、さらに纏および纏幟の改正があって、それが天保の改革にまでおよんだ。

明和元年（一七六四）十二月、町火消のうち丸の内近くの十三組へ、幕府から龍吐水（大きな箱の中に押し上げポンプの装置をし、横木を上下して、箱の中の水を弾き出すようにしたもの）が下げ渡された。これが消防に龍吐水を用いた初めである。

また寛政年間、奉行所から「千」組に差股《さしまた》が下げ渡された。これより差股もまた消防道具の一つとなった。纏の銀箔押が禁止となって、白塗りとなったのは寛政三年（一七九一）八月のことである。

坂部能登守が町奉行を勤めた時、町火消に鉄釣瓶、鉄腹巻、籠釣瓶、水籠、大鋸などを下げ渡されたこともあったが、それは一時にして止んだ。

寛政九年十月二十日、町火消人足の内へ二百七十四人の頭取を置き、いずれも革羽織着用を許された。このとき南の町奉行は坂部能登守、北の町奉行は村上大学であった。

また、纏の大さを二尺につめて、小纏を止めたのは天保の改革で有名な水野越前守である。このとき改革になった纏および纏幟の型がそのまま明治の初年にまでおよんだのである。以上は町火消の沿革で、これから筆を転じて、この町火消の間に行われた風俗、習慣の概略を述べておく。

ベランメー肌のことを東京の人が「ぐゎえん」という。これは伊達者のことを「六方者」といったのと同じで、そのもとは火消を呼んだものであった。「ぐゎえん」はすなわち「臥煙《がえん》」である。消防夫のことを臥煙といったのが、後にはベランメー肌のことをいうようになってしまった。

臥煙はもと武家火消の人足をいったもので江戸っ子が多かった。極寒肌をつんざく日といえども、邸の法被一枚のほか衣類を用いず、出火の際は満身の文身《いれずみ》を現し、白足袋はだしにて身体清く、男振りよく、髪の結いよう法被の着こなし、意気にして威勢の好いことは実に素晴らしいものであった。そこで立派な家柄の子までが、邪寒の艱苦《かんく》を忘れて臥煙に身を誤るものが多かったという。

『江戸繁昌記』の著者が、町奴の次に町火消を持って来て江戸の侠客を説いたのは並べ方が面白い。しかしながら彼はただ並べたのみで、町奴と町火消との関係、その市民に対する地位、さらにその生活について何等の説明をも与えなかったのは惜しむべきことである。生活問題の上から侠客

江戸市内の火災の図

本図は『風俗画報』第179号から取ったもので、筆者は尾形月耕である。その道の大家だけあって諸般の考証が正解を極めている。木戸の外の馬上の人物は町奉行である。

を論じたものは断然、この書をもって嚆矢とする。『江戸繁昌記』は、町火消の俠風を叙して次のようにいっている（時文解訳）。

「工丁、魚男、諸士着人中、火丁最も客気あり。都人これを呼んで鳶者という……その人皆舌を巻いていい、踵を累ねて坐す、常に手帕《しゅはく》を離たず。あるいは頭上に置き、もしくは提《さ》げ、もしくは佩《お》び、これをしてしばらくも身を去らしめざるは、なお士流の厠に上るも小刀を離さざるがごとし」。

殊にいろは四十八組の編制が成立してからは、町火消の生活が固定すると同時に、頭取と人足との間に親分子分の関係が生まれた。組合中の者は常に信義を重んじ廉恥をたっとんで、組の纏を汚さないことを心掛けたので、その団結はいよいよ固く、他の組合との競争はますます激甚を加えるに至った。

元治元年（一八六四）十二月十二日の夜、浅草田原町から出火して雷門を焼き払った時、一番組、二番組の奮闘は実に目覚ましいもので、代わり纏までことごとく焼き尽くしてしまった。ところがふと両側の玩具店に各組の纏の模型が狼藉としてあるのを見て取った各組の消防夫は、われ先にと争って自組の模型を求め出し、これを焼き払われた棒の先にくくりつけ、さらに隊気を鼓舞して奮闘したという。その壮烈察すべきである。

文政十二年（一八二九）三月二十一日の大火は、神田佐久間町が火元であって、京橋、日本橋の全部を焼き尽くし、南北およそ一里余、東西二十四町におよび翌二十二日に至ってようやく鎮火した。この大火の中にあって、町火消がよく艱苦欠乏に堪えた勇気というものは、実に驚くべきものであった。北の町奉行、柳原主計頭は、町火消の空腹ということに心を用い、頓智をもって彼等に弁当を給したので、一方の火の手を浜町に喰い止め、見事に本所、深川を焦熱地獄から救ったということである。今『火災編年録』によって、ここに当時の光景を録することとする。

今率いるところの町火消は、五番組、六番組なり。この組共は、火に遠き場所なれば、行《こう》厨《ちゅう》（弁当）の炊出し町々より出けれども、火に隔てられて行き届かず、これまた飢に疲れたり。主計頭心中にこれを察し給い、ふと思い付けるはこの邸は時の執政、殊に隣なる細川侯の屋上は瓦さえ見えぬばかりに手人を上げて防ぎける。さては水野殿（執政）へこの人足等をかけて防ぎたらんには兵糧にもありつくべし。万一水野家にて準備に間を欠くならば細川侯は五十四万石の米あるなりと独りうなずきそれこのお邸を消留めよと下知しければ一声重き奉行の指揮、直ちに梯子を屋根にかけるよと見えしが梢を伝う猿のごとく瓦を崩し、小材を払いて防ぎける。……主計殿が案に違わず、炊き出し握り飯は山をなし、梅干香のものは狼藉して捨てるばかりにある程に、防ぎては食い、食いては消し……

門前へ町火消の疲れ果て来れるを見かけ、呼び入れければ、こは本所深川十六組の内南組なり。纏はすべて焼きつくし、棒に南組と印したる火消札を結び付て、身上の袢纏《はんてん》も焦爛《やけただ》らせて五、六十人ばかりなり。早速かの握り飯を与えければ大いに喜び、さらばこの組は水の手を勤め参らせんと、流石土地柄のこととて、前なる川をせき留めて……。

奮闘の状察すべしである。

（註）

細川侯の本邸は芝二本榎にあり。浜町河岸にありしはその別邸なり。細川侯の別邸と並びたりしは、老中職水野出羽守の邸にて駿州沼津五万石の大名なり。北の町奉行柳原主計頭は持高二千石にて居宅は牛込にありき。

34 「ろ」組の丑右衛門と「に」組の八右衛門

天保十四年（一八四三）十一月二十六日、湯島五丁目から燃え出した火は、見る見るうちに延焼してあわや定火消（武家火消）の屋敷までも一嘗めに嘗め尽くそうとした。

ここの定火消役は当時五千五百石を領した室賀兵庫という武士であったが、火事と聞くや迅速に部下を繰り出し、必死になって消防に尽力した。というのは、湯島は大聖殿に近く、そのための定火消であったので万一のことがあっては上に申し訳なしというのである。

聖堂近しとあって、大名火消柳澤八百次郎はもとより、本郷にある加州侯の加賀鳶も三番手まで繰り出し、力をあわせて消防に尽力したが、さて火はなかなかに収まらない。

室賀氏は大名火消と、加賀鳶とに水の手を絶たれて恐ろしい苦戦に陥った。これが町火消であって見れば水を絶たれてもほかに消防をする得意の技術もあるのであるが、定火消にはそれが出来ない。その上身支度も極めて手薄である。見る見るうちに焼き立てられて、火の手はついに室賀氏の長屋に移った。

猛火はいましも嘲《あざけ》るがごとく、蔑《さげす》むがごとく、紅蓮の舌を吐いて定火消屋敷を脅威する。

火消屋敷を焼いては申し訳なしというので室賀氏は全力を自家の長屋に注ぎ、一同焼け落ちて一片の煙と化するまでも火を長屋に喰いとめよとあって、纏を棟に押し立てて覚悟をきわめて防ぎ戦った。けれども火勢はますます鋭く、今は困じ果てて見えたるところに、勢いよく乗り込んだ町火消、二番組の「に」組にさる者ありと知られたる神田豊島町の八右衛門という頭、「それ梯子を」と長屋の棟を指せば、「オウ」と応えて町火消は猿のように長屋の棟に攀《よ》じ登る。

「に」組の纏が新たに渦き立つ猛火の中に現れた。

町火消は見る見る内に燃え移る材木を取りはずして防ぎ戦ったが、何しろ一滴の水も廻らないところである。その困難は一通りのことでない。けれどももとよりのぞんでかかった所だから纏は五分も動じない。果てはどうなることかというところに、同じ二番組の内「ろ」組の頭取なる丑右衛門というもの、総身を水に浸し、差股引っ担ぎ焔の下をかいくぐって室賀の長屋にかけつけた。

丑右衛門は件の差股を長屋の角にかけ、屋根にいる「に」組に声をかける。

「おい、もうあぶねぇ、纏を下せ！　纏を下せ！」

屋根の上では定火消、「に」組とも一歩も退かない。大音声にいいののしる。

「に組の纏は見事火の中で死んで見せらア、倒すならいっそこのまま倒してくんな、望むところだ。この場がオメオメ下りられるか」

丑右衛門も今は是非なしと、八右衛門の一隊を屋根の上に載せたまま、ええと力を極めて差股を押せば、長屋は数人を屋根に載せたまま、メリメリと恐ろしい音をたてて、半分彼方に倒れかかった。この勢いに祝融《しゅくゆう》（火事）も威を奪われてか、さしもの猛火もそのままに収まったとある。

嘉永三年（一八五〇）五月八日、黄昏、本材木町一丁目から出火して、青物町、左内町、音羽町、新右衛門町などおよそ一五町、長さ三町十間余、幅一丁半を焼失した。

この火事に「ゑ」（芝西久保辺）組、「え」（麻布長坂辺）組の町火消が時刻遅れてかけつけた。総じて火消は火先へ向かうのを名誉としてあったが、悲しいかな遅れて来たために、火先はすでにほかの纏に占領されて余す所もなかった。

そこで「ゑ」「え」の二組は恥を忍んで後火へ纏を上げた。

冷笑の声はどっと火事場に鳴り渡った。ところが「ゑ」組にはこのころ南部屋力蔵と呼ぶ音にきこえた男があり。「え」組にも同じく有名な頭取があったので、後火とはいえ常に変わった働きで見事切って取ったように消口を上げた。冷笑の声はたちまちにして賞賛の声となり、火事場の空気を揺るがして、しばらくは鳴り止まなかった。

あるものが早速口ずさんだ。

材槌《さいづち》の纏をふって材木町
　たたき消したる組えゑのはじ

「え」組の纏は槌車であったので、こうはいったものである。町火消の勇気と胆力とはこのようにして養成されたものである。彼等の火事場における精神は、武士の戦場における覚悟と少しも異なる所がなかった。その抱え主たる町内のため、また恩義あるお店のためといえば、彼等は法被一枚で素手のまま、狼藉者の白刃の下に突進して臆する色のなかったのも決して偶然のことではない。町火消の市民兵たる資格は正にこのようにして養成されたものであった。

南縁山円乗寺（小石川指ヶ谷町）古来天台宗にして百年の霊場なり。境内に八百屋お七の墳墓あり。世人皆知る所なり。天和元年（一六八一）二月の頃、本郷丸山より出火して駒込辺焼失せり。時に追分町なるお七が家も、類焼しければ、一時円乗寺の門前に引移りぬ。そのころ山田某なる者の甥に左兵衛と呼ぶ美少年あり。故ありて同寺に住し小姓のごとく仕えけるが、お七その門前に住居の間いつしかこの人を恋し、互いに人知れず契りけるを、その後焼跡の普請も成り、八百屋某も旧地に帰りぬ。然るにお七は朝夕かの男を恋したいて色に出づるばかり焦悶しけるを、そのあたり徘徊の悪漢吉三郎、よりより悪計をすすめ、お七をそそのかしてその家に放火せしむ。お七思慮に及ばず大罪を犯して敢なく刑せらる。天和三年三月二十九日、年十六なり。（『破抑骨抄』による）

35　純然たる市民の雇兵

ここに著者は町火消の研究において最も重要な事項に到達した。それは「親分子分」論の骨子たる町火消の生活問題である。

町抱えの人足が火事場に出て働くのは役目であって、火事のたびに給料を貰うという訳ではない。ただ年に一度、町内の印袢纏を貰うのであるが、それでは暮らしが立たない。町火消の生活費はどこから出たというに、それは町内を頭々が受け持ってその営繕工事、建築、縄ない等をすべて鳶の者が独占とし、他の者は断じて手を出すことを許されなかったのである。

大工や壁職の用に供する足代、地固め、町内の道路修繕、溝渠の掃除等鳶人足のすべき仕事はなかなかに多かった。彼等はここにその生活費を仰いでいたのである。このように彼等の生活費は一切町内から出たので、彼等はその役目として火事といえば、いずれも身命を賭して働いたのである。

盆暮れの心づけは、各商店が分に応じて出したもので、町火消の定収入という訳には行かなかった。また、博徒の親分は旅から旅へ渡って歩く浮浪人を自分の家に遊ばせておいたが、町火消の頭、もしくは頭取においては、そういうことが許されなかった。来る者があってもそれを町内の用に立てる訳には行かない。大かたは草鞋銭位で追っ払ったものである。また、子分の者は大かた町内に家を持っていたもので、纏持ちなどになると立派な子分の二、三人も抱えていた。纏持ちの年齢はいずれも四十五、六から五十位といったところであった。

この機会に鳶人足の職業に関連した二、三の専門について挙げておくこととしよう。鳶人足の懸ける普請の足代《あしろ》（足場）は、必ず神田の松本、長門屋の二家について伝習したものである。この二家は幕府足代の御用を勤め、その道の家元のような格式を持っていた。

また、気遣音頭は神田の藁屋幸次、麴町の権右衛門が名人であった。幸次の弟子に盲目鉄というものがあって、江戸中期以来の名人であった。同人はその名のごとく、盲目であったが、御本丸城普請地固めの時、足代を攀《はん》じて（よじ登って）気遣音頭を謡った名誉のものである。盲目鉄の高弟に檜物町の新太郎と呼ぶものがあって、近世の上手と聞えた。

以上のように町火消の生活というものは立派に固定したもので、封建制度の下における武士が食禄によって衣食したのと少しも変わりはなかった。生活が固定していたから甘んじて命の遣り取りが出来た。親分子分の関係が成り立ったのである。

さて、町火消の役目はただ、消防のことばかりであったかというと決してそうでない。彼等は純然たる一種の市民兵であった。いやしくも暴力を揮って都市の秩序を破壊せんとする者があれば、それが浮浪人か武士かなどと問わない。彼等は多くの場合、裸に素手で白刃の下をかいくぐったのである。これは町奴のように曖昧な関係ではなかった。

著者はかつて『町人の天下』にもこのことを論じた。その後本編を草するに当たり、著者はさらに芝二本榎に伝兵衛頭なるものの後継者を訪ねて、先に発表した観察のいよいよ正確にして誤らざりしことを確め得た。彼は著者に語って次のようにいった。

「火消と申しましても、決して火事場で働いたばかりではありません。町内のお陰で暮らしておりましたから、町内に事があれば何でも命がけで働きましたものです。泥棒、強請、万引、狼藉もの、旗本でも、浪人でも構わず取り押えて自身番に引き渡したものです。無論命がけです。また、昔は当節と違って町内のためといえば命がけで働かなければならぬ義理がありました。ですから、鳶といってもいわば町内の抱え巡査で、それが私どもの役目でした」

と。彼等が町内のためにいかに勇敢に、いかに忠実にその秩序の破壊者を取り締ったかは、なお同人の談話として後に述べることとする。

町内はたいてい各頭の持ち場になっていたが、頭取はまた別に大名方をお得意先としていた。もっとも大名方をお得意先としていた頭取は主に場末の頭取である。下町の頭取になると三井であるとか大丸であるとか、または三人師（幕府の金融御用達）などという富豪をお得意先としていたものである。そこで頭なり頭取なりの顔の売れると売れぬとは一にその後援者の実力にあった。実力すなわち黄金である。

二本榎の伝兵衛が江戸中に顔役として鳴り渡ったのは、その背後に細川侯という有力なる後援者があったからである。「い」組の伊兵衛が町火消第一の顔役と称えられたのはその背後に竹原（三人師の一人）という有力な後援者がいたからである。顔は要するに金であった。

子分の生活は、前に述べた町内の営繕工事一切を独占していたのでまず基礎は固定していたようなものであるが、営繕工事といっても不断にある訳ではない。彼等とても臨時の収入がなくてはやり切れぬ。それも祭礼の酒代位では足りない。そこで頭取が時々子分に仕事を授けた、親分の実際の勢力というものはそこにあったのである。町奴でいえば親分が失業者、浮浪人に職を授けた有難味と同じである。それでは親分はどこから仕事を見つけ出して来るかというと、それはお出入りの大名方、下町であれば富豪の臨時請負である。大名であれば邸近くの道普請であるとか、下町の富豪であれば、別荘の井戸掘りといったようなことである。以上のような生活上の実際問題が根底をなして、親分子分の関係が成立したのである。

大親分として江戸中に名を謳《うた》われた者は、まず一番組「い」の伊兵衛を始めとし、「よ」組平永町の八五郎、「つ」組の丑五郎、二本榎の伝兵衛で、いずれも上下に対し一諾《だく》に千金の値があったという。次には二本榎伝兵衛を中心として親分子分の関係を研究する。

（註）

著者がこの書の執筆中ある人に伴われて二本榎の伝兵衛を訪ねたのは、明治四十五年の初夏と覚えている。そのころ著者は、伊皿子に住んでいたので伝兵衛の家へはさほど遠くなかった。伝兵衛はそのころもう五十四、五であったが、なかなかの話上手で先代から聴いたという話などもハッキリとして著者の手帳に載り易かった。その話の筋がよく通るだけでも親分の価値は十分あると思った。以下伝兵衛の談話に基づく二、三項の記述中、現在に関して語っている部分はすべて明治四十五年初夏当時のことであると御承知を願いたい。改定に際しても、その点には筆を加えなかったことを特にお断りしておく。

36　二本榎の伝兵衛

二本榎の伝兵衛は町火消の頭取として、江戸市中に鳴り渡った顔役の一人である。伝兵衛の家は、江戸開府以来の旧家で代々井戸掘りを業とした。過去張には文禄四年（一五九五）という先祖も載っている。彼の店には常に井戸掘り人足の二十人位は転がっていたものと見える。ソレ火事といえばお得意先のためにその人足を繰り出した。鬼も控えるという究竟《くっきょう》の人足であるから、火事の時などは大そう間に合ったに違いない。

享保四年に大岡越前守が町火消をいろは四十八組に編制した時には、伝兵衛の祖先も呼び出されてその頭取を拝命した。もっともこのとき奉行所に呼び出されたものは、いずれも多くの人足を使っていた当時の親分ばかりで、流石は越前守、彼等の間に行われる親分子分の関係を利用して、町火消を編制しようとしたのである。伝兵衛の井戸掘り業ばかりでなく、ほかの頭取も多くはそれぞれ祖先伝来の稼業をもっていたのである。

現に伝兵衛の親類で伊皿子の頭であった仁右衛門というものの家はもと車力が本業であった。仁右衛門横町などという名が残っていることからもなかなかの勢力であったことが分かる。伝兵衛の当主は、この仁右衛門から養子に行ったものである。この仁右衛門の店にも常に車力の十四、五人は転がっていたということである。こういう風に、越前守は元から親分子分の関係の深いものを選抜して、町火消を編制したものであるから、その訓練が早く行き届いたのは偶然でない。

これはまだ町火消の設立されなかった以前のことであろう。享保四年（一七一九）四月十一日の正午二の丸から出火して江戸中の騒ぎとなった。この時、伝兵衛の三人の子分が火消しの帰りに古道具屋の店から素晴らしく大きい太刀を一本担ぎ込んで来た。その頃のことであるから古道具屋の店にあったといえば、二分か三分のものであったろう。それを親分に見せて、ぜひ大山石尊へ奉納したいという。ところが伝兵衛は承知しない。「大山石尊といえば大した荒山、ウッカリ太刀などを奉納してもしあやまちでもあったらどうする。早速返してしまうがよい」とたしなめたので、三人の子分も仕方なく、表面返してしまったことにして、内々それを人の家に預けておいた。

さて三人はせっかく思い立ったことであるからというので、その太刀を担いで大山詣りに出かけた。社務所についてその旨を申し込んでみると、親分のいった通りあやぶまれた。仕方がないから江戸二本榎の伝兵衛からと申し込む。それならば一応先へ問い合わせてというので、わざわざ伝兵衛親分のところへ使いが来た。

伝兵衛は使いのいう所を聞いて、さては子分の奴等おれのいうことを聞かず、とうとうあの太刀を担ぎ込んだなと思ったが、さすがは親分といわれる人だけあって、その太刀は確かに私が納めたものに違いない、よろしく頼むといったので、使いの者が帰ってそのことを社務所に告げると、社務所でもそれならばというので、さっそくその刀を研ぎにかかった。その日は雨の降る陰気な天気であったが、刀が研ぎあがると一天拭うがごとくに晴れて、見るからに心持ちの好い空となった。そのとき奉納した太刀が今でも大山石尊の社頭に残っていて、伝兵衛の家は今も大山へ参拝を絶たぬという。これは伝兵衛の家に残っている古い話である。

伝兵衛の家は町火消の頭取となって後も、父祖伝来の井戸掘り業をそのままに受け継いでやっていた。いつの頃であったか、伝兵衛の家に玄蕃《げんば》の市兵衛という恐ろしく強い子分がいた。玄蕃というのは火災の時などに水を運ぶ大きな桶である。玄蕃の市兵衛と呼ばれたのは、この男がその係であったからであろうか。

あるときこの市兵衛という男が、ある邸の井戸を掘りに行った。市兵衛が井戸の底へ入ってしきりに仕事をしていると、今、土を盛って引き上げようとした玄蕃の縄がどうしたはずみかプッツリと切れて、市兵衛の頭の上へドッサリと落ちかかった。

逃げるにも井戸の底である。上にいるものは、「アッ！」と叫んだが、次の瞬間にはむろん市兵衛が玄蕃に打たれて悲惨の最期を遂げたであろうと思わぬ者はなかった。ところが下なる市兵衛は玄蕃の縄が切れたと見るより早く、「よし来い！」と四ツん這いに這って、ウンと総身に力を入れた。非常な勢いで上から落ちかかった玄蕃一ぱいの土は、骨も砕けよと市兵衛の背に落ちかかったが、その金剛力に支えられて、市兵衛に少しの傷も負わせることが出来なかった。

37 細川侯の眷顧《けんこ》（ひいき）を受けた伝兵衛

伝兵衛の後楯は二本榎の細川侯であった。細川侯は浜町にも別邸があったので（本書第三十三項参照）伝兵衛は二本榎と共に浜町の細川邸へも出入りしていた。

伊皿子の坂は昔石段道であったが、その修繕は常に伝兵衛が子分を指揮してやったものである。伊皿子の坂下は七軒といって、もと七軒の茶屋が軒を並べていたというから伝兵衛親分の手にはなかなか忙しいほどに仕事があったものと見てよろしい。けれども町内の仕事には限りがある。子分の財布も時には空になる。子分の財布が空になる頃には伝兵衛が細川侯から何か仕事を請け負って来た。伊皿子の石段道などは、幾度か、細川侯のお通りといって伝兵衛がその修繕を請け負った。親分の有難味はこういうところにあった。

代々伝兵衛といったら、一番顔を売ったのは当主の先代、明治になってから死んだ伝兵衛頭その人であったらしい。

先代の伝兵衛は親父に連れられて、まだ可愛らしい前髪のうちから、細川侯の御邸へ出入りしていたが、心ばえの優しい親孝行な倅《せがれ》とあって、お作事係の受けが大そうよかった。親父の代理で出入りするようになってからも、伝兵衛、伝兵衛といって可愛がられた。

とかくする内に親父も年の故か弱くなって床についた。まだうら若い伝兵衛が多くの子分を引きつれてお邸へ出ると、なかなか評判がよい。ある時伝兵衛はお作事係から御前水を掘れという命令を受けた。伝兵衛は初めての仕事であるから心うれしく寝ている親父に万事の呼吸を聞いてはお邸大切とつとめた。

やがて首尾よく井戸も掘り上げた。

お作事係の役人が検分して大そうよく出来たとほめてくれる。伝兵衛はただもう嬉しく、明日金の受取りを持って出頭せよという達しを受けてそのまま家へ立ちかえった。

さて明日となった。達しがあったので伝兵衛は親父と相談のうえ十二両か、十三両の受取りを持ってお作事係へ出頭する。やがて役人が台の上へ金を堆《うずたか》く盛って、伝兵衛の前にさし置き、

「伝兵衛、その方の工事見事とあって上にもことのほかの御満足じゃ。工費として金子三百五十両下しおかれる。有りがたくお受け致せ」

伝兵衛はまだ若いからビックリしてしまった。十二、三両の受取りを握って来たところへ三百五十両というのであるから、貰って好いのやら悪いのやらサッパリ分からない。

「恐れながら申し上げます。今日戴きますお金は極少々な高で御座います。このように大枚なお

金を下しおかれますのは、いかがな訳で御座いますか。まことに途方に暮れまする次第で御座ります」

と、恐る恐る役人の顔をのぞき込む。役人ももっともとうなずいて、

「コリャコリャ伝兵衛、左様に心配いたすな。お作事係のお目がねで下しおかれたのだ。遠慮なくお受け致したがよい」

と。そのころは銀行の小切手などいうものがなかったので、金は皆現金で渡したものである。早速それを箱に詰めて仲間に持たせ、侍分《さむらいぶん》を一人付けて伝兵衛の宅へ送り届けてくれた。伝兵衛帰って親父の枕頭へ参り、三百五十両を貰った顚末を話すと、親父は倅の手を取って嬉し泣きに泣いた。

「手前がおれに親切をつくしてくれるというので、大そう邸の受けがよいということは聞いていたが、こりゃあ大方お役人衆から手前へのご褒美だろう。何しろ忝《かたじ》けない。縁起だ、子分の奴等に袢纏でも拵《こしら》えてやるが好い」

というので、子分一同に角に伝の字、腰に二本筋の入った印袢纏を出す。

とかくするうちに親父の病気もよくなったので、伝兵衛は子分に揃いの袢纏を着せて、鎌倉、江の島見物に出かけた。これも親父の指図に相違ない。江の島に泊まって大騒ぎをして帰って来たが、その頃のことであるから、費用はまず二十両位なものであったという。当節でいえば、店員の鎌倉、江の島見物位は何のことでもないが、昔は大変なものであった。こんなことで親分というものは顔を売り出したものである。

38 「い」組の伊兵衛と富豪竹原

一番組「い」の伊兵衛は江戸第一の顔役としてその勢力は実に素晴らしいものであったが、後盾は竹原という三人師の一人であった。三人師というのは幕府のいわゆる御用達で、今日の語をかりていえば幕府の金融機関をつとめたものであった。

竹原の店には平日でも相撲とりの三、四十人に、鳶のもの四、五十人位は詰めかけていたという。これはもとより竹原の雇兵である。伊兵衛はその元締であった。彼が江戸第一の顔役として名を売ったのは全く竹原という有力な後援者があったためである。

これから、一番組と十番組とが江戸市内を舞台として、文化六年（一八〇九）から文政七年（一八二四）にわたる十五年間の大喧嘩をやった事実の顚末を述べることとする。川中島の戦いは甲越の両勇が互いに遺恨を含んで十五年間の退陣を続けたというのでやかましいが、これはまた太平の世に、江戸の市民兵たる町火消の一番組と十番組とが、十五年間の宿恨を小網町の大格闘に一掃して水に流したという痛快な物語である。

そもそもこの喧嘩は、文化六年九月十五日、神田明神の祭礼に花を咲かせた。ところは筋違御門、内には一番「よ」組の鳶が陣取り、外には八番の「か」組が陣を敷いて、天下祭に血の雨を降らせた。互いに打ち合う鳶の下に数人の重傷者を出した騒ぎ、急訴によって駈けつけた与力同心、御用御用の声には阿修羅の荒れたような命知らずの若者どもも恐れ入って縛に就き、やがて是非が定まってそれぞれ入牢の身となった。

ところが「よ」組の鳶頭はひたすら御上へ歎願におよび双方とも表面は残りなく打ち解けた。その時交した仲裁の一札というのが明治三十年頃まではたしかに、九軒町金七の六代目、元柳原町国八の家に遺っていた。

規定証文

一、当巳年九月神田明神御祭礼の節、一番組の内《うち》よ組、東八番組の内か組町抱人足《かかえにんそく》の内、及口論《こうろんにおよび》、疵人《きずにん》等も有之《これあり》、御月番御番所様へ双方被召捕《めしとられ》、入牢被仰付《おおせつけられ》仕候者も有之候に付、各方《おのおのがた》の取り扱いをもって一同御慈悲願い申し上げ候えば軽く落着被仰付《おおせつけられ》、難有仕合奉存《ぞんじたてまつり》候。然る上は以来か組へ対し役場先等に於いて意趣意恨相含み口論に及び候義毛頭無之《これなく》、是迄の通り相互懇意合をもって、役場相勤可申《もうすべく》候。依之《これにより》、各方取扱の趣意相弁《わきまえ》、為後日《ごじつのため》規定証文入置申す所仍而如件《よってくだんのごとく》。

文化六巳年十二月二日

よ組東人足惣代

白壁町兼松印、同町清治郎、同町吉五郎、永井町利助、松田町熊治郎、同町太郎吉、小柳町助治郎、同町頭総代、富山町長七、乗物町長蔵、九軒町金七。

仲人衆仲様

このようにして一番組と十番組との喧嘩は表面無事におさまったようであったが、文化八年四月五日の夜、白山出火の際、十番組は六番組、八番組、四番組を加勢にたのみ、湯島円満寺前に陣を敷いて一番組に喧嘩を売ろうと待ちかまえた。

このようなたくらみがあるとは夢にも知らぬ一番組（い、よ、は、に、万）、五番組は焼け焦がした名誉の纏を護衛して、数百人、木遣り音頭勇ましく順を正して引上げて来る。今しも湯島円満寺の前にさしかかろうとすれば、どこからともなく飛び来る瓦、礫、

「それ喧嘩だ、何をしやがる」

と血気にはやる先手の鳶は、手に持つえものをふりかざして、今にも群がる敵の中へ躍り込む勢い、こうなってはお上へ申し訳なしとさすがは一番組の頭取、

「エエ何をうろたえる、サア引け！」

という号令、暗《やみ》はあやなし、一番組は万組より逆にうしろへ引きかえしてしまった。この場合、鶴の一声は恐ろしい流血の惨を見事未然に防いだのであった。

越えて翌月二十二日、南伝馬町出火の際にも、両組の間に小衝突が行われた。この日の火事に各組は暁方まで働いてそれぞれ消口を取り、思い思いに引き揚げんとする。

一番の「よ」組は神田へ帰ろうとして、今川橋まで来かかれば、十番組、九番組は今川橋に勢を立て、八番組は本町二丁目に隊伍を整えて待っている様子。かねて遺恨の間なれば、「よ」組の頭取、これは無事では通られまい。万一のことがあっては、お上へ誓った言が立たずと一足先に脱けて、八番組の頭取に早くこの場を引き上げてくれと頼む。八番組の頭取も快く承諾して、すぐに部隊を引き上げんとする、その時遅し、血気にはやる両組の鳶、ワッと叫んで今にも血の雨を降らそうという勢い、そこへ飛び込んだ両方の頭取が、やっと双方を引き分けて、その場は無事におさまったが、その夜またまた神田の火事に、両組の大格闘はついに避けようとしても避けることが出来なかった。

名主は市中町人の取り締まりに任ずる者にて、勤方の作法煩多なり。町内万端のこと皆これ役にかけらざるなく、二十一番まで組を立て、番外二組あり。組毎に多きは二十人以下、少きも三人以上を置く。平生羽織、袴、小刀一本を帯す。

39　小網町の血の雨、伊兵衛の奮闘

文化八年（一八一一）五月二十二日、南伝馬町の出火に、静かなる暁の夢を破られた江戸の市民は夜に入ってまたも鳴り響く半鐘、版木の響に平和な宵の団欒を破られた。

火元は神田の花房町であった。川一筋を隔てた「よ」組は火事ときくや第一番に駈けつけて首尾よく所々の消口を取り、今しも纏を下さんとするところへ、「か」組、「わ」組は不意に石、礫などを投げつけ、喚《わめ》き叫んでやにわに打ち込んで来た。

「か」組はそのころ喧嘩に名を得た文五郎、三次郎、米吉、「わ」組は清七、熊次郎、甚助、千之助、「た」組は喜三郎、鍋鉄、次郎吉、「れ」組は長吉、「つ」組は斧吉、「と」組は万五郎などを先に立て、各自が梁、柱などを打ちふり打ちふり、今日こそ「よ」組を一人も残すな、一人も土地へかえすなと、口々に罵り叫んで突きかかる。

こちらは「よ」組、かねてよりこのようなこともあろうかと期したことなので少しも騒がず。

「神田ッ子の腕を見よ」

とばかり剛勇無双の少年、助治郎、新右衛門、幸助、辰五郎、清七、巳之助、太郎吉、七蔵など、鍵うちとりて挑み合う有り様、まるで修羅の光景を眼のあたりに見るかのようである。

混戦暫時にして「よ」組は早くも暗《やみ》に乗じ、勢を纏めて筋違見付内に引き上げた。八番組は度を失い暗中に狼藉して罵り騒いだが、天下の関門を破る訳には行かない。これも組をまとめて引き上げ、その夜はそのまま別れとなったが、翌朝「よ」組はさっそく右の始末を、奉行所へ訴えて出た。上においても町火消のことであるから博徒などとは待遇が違う。その時もすこぶる寛大な判《さば》きで、双方意趣遺恨なきようにという申し渡しを受けて、引き下った。

ところが、八番組は何を含んだものか未だ心にあきたらず、一番組に対して常に敵意を挟んでいたので、チョイチョイとした喧嘩は始終絶えなかった。その小さい衝突が嵩じ嵩じて、ついに文政七年（一八二四）小網町の大衝突となった。

文政七年二月八日の夕刻、霊巌島の南新堀二丁目から出火して、湊橋際まで延焼した火事に一番組（い、ろ、は、に、万）は最先に駈けつけて消口をあげ、勢を揃えて小網町まで引き上げて来ると、八（ほ、わ、か、た）、九（れ、そ、つ、ね）、十（と、ち、り、ぬ、る、を）の三組はここに待ちうけて、ソレという間に大喧嘩となった。

一番組「い」の伊兵衛はこのとき、もうこれまでと決心の臍を固めた。今まで数度の喧嘩に斡旋して常にことを穏便におさめようと努めて来た彼も、ここに至ってついに堪忍袋の緒を切った。彼は悠然として「よ」組の頭取助治郎にいった。

「御前もかねて知っての通り、今迄は出来るだけ喧嘩を避け、ことを好まぬ計らいもこうなっては水の泡、先にも頭取はあるのだ。何か不足のあることだろう。しかし数千の人足を取り締まる身として、お上へ対し、町内へ何と申し訳が立つものぞ。罪はおれが一身に引きうけた。あとはお前に頼むぜ」

といいも終わらず、あわや身を躍らして血煙の中へ飛び込もうとする。「よ」組の助治郎はもとこの喧嘩の責任者である。伊兵衛を殺しては顔が立たないというので、シッカリ伊兵衛の袖を捉えて放さない。

「オイ兄い、お前を殺してどうしておれが世間へ顔向けが出来ると思うか。マアおれにまかせてやってくれ」

というを伊兵衛聴き入れず。

「老先短けえ痩親爺、惜しいというのは昔のことだ。娑婆塞げをしようより、お前は花だ実を持ちな」

と互いに先を争ううち、一番組は多勢の敵に当たり兼ね、浮き足立って見えたるところへそれと聞いて駈けつけた二番組（ろ、せ、も、め、す、百、千）三、四百人の加勢、かねて遺恨の八、九、十番、一人も逃すな、ぶっちめろと勢い込んで突き立てる。一番組も思わぬ加勢に勇気百倍し、くずれかかった勢いを盛りかえして纏を先に、喚き叫んで猛進する。瓦、小石は雨霰、鍵閃き、長柄折れ、血煙立って叫ぶ声、恐ろしくもまた物凄き光景であった。

このようなところへ飛び込んだ伊兵衛、助治郎、

「それ親分に傷を負わすな！」

と必死の働き、流石多勢の八、九、十番も、命を捨ててかかった一番二番の鋒《ほこさき》に敵しかね、手傷を

番組、八・九・十の３組を対手に大喧嘩の図

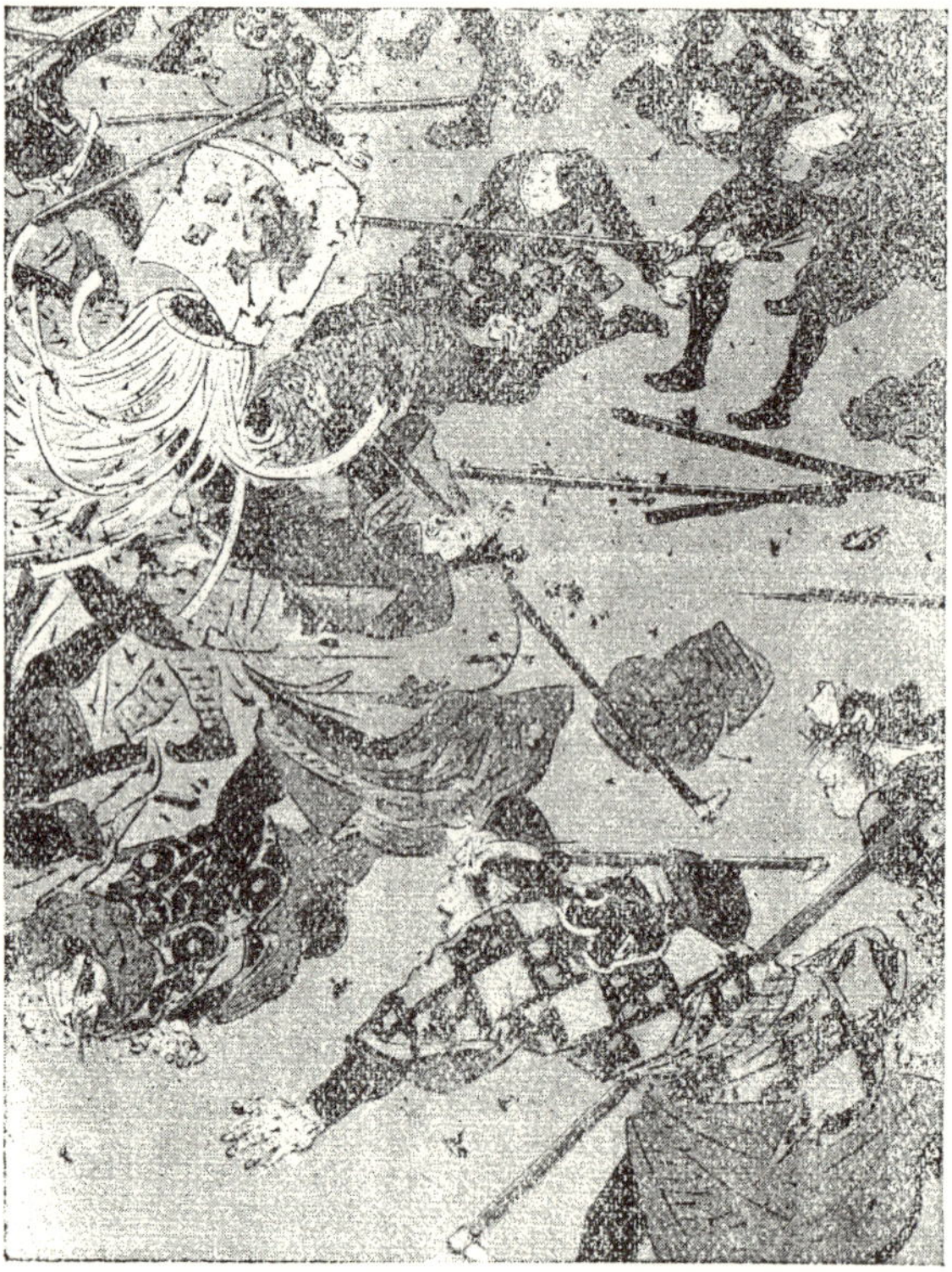

筆者は山本松谷氏で当時、風俗画報で知られた人である。

文政７年（1824）２月８日の夜、小網町にて一

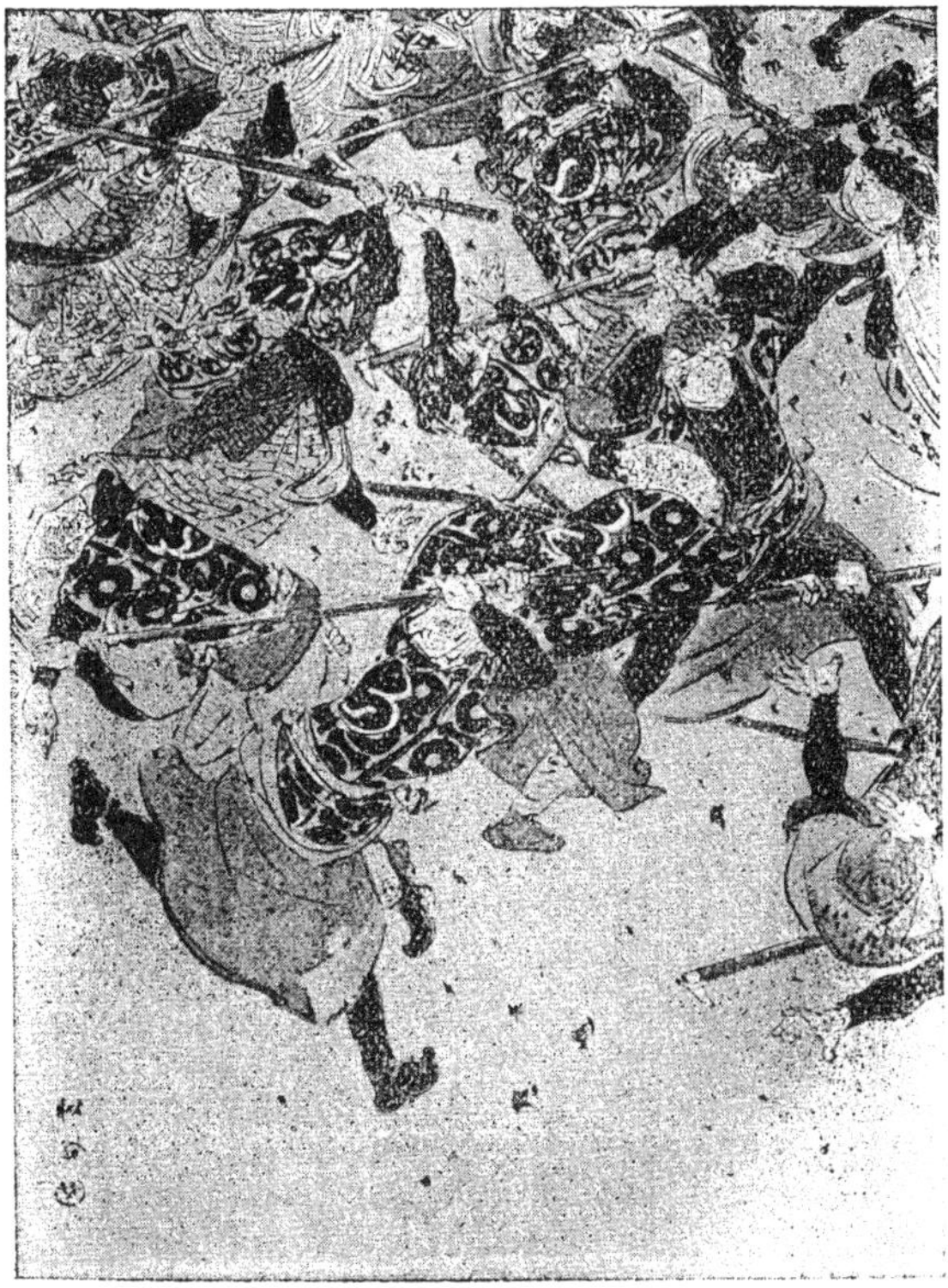

明治32年発行の『風俗画報』第111号から取ったもの。

捨て死骸をのこして、蜘蛛の子を散らすがごとく、どこともなく逃げ失せた。
こののち、伊兵衛、助治郎の両人は死を覚悟して喧嘩を引き受け、下手人となって名乗り出た。

上においてもその事情を酌量し、なるべく罪を軽減せんとの計らいであったが、どうしたものか、この時、町奉行の小者が一人喧嘩の中に紛れ込んで打ち殺された。

町奉行においてもこれは軽々に付すべからずとあって、伊兵衛、助治郎の両人はついに遠島を申し渡された。しかるに伊兵衛はこの時六十歳、島に往ってはとても堪え難しというので伝馬町の牢内に舌をかみ切って立派な最期を遂げた。

助治郎は佐渡に流されて十三年の星霜を送ったが、天保八年（一八三七）に赦免となって帰宅した。この事件以来、町火消人足どもは大いに驚き、いずれも喧嘩を慎んだという。この喧嘩の手打の時に、金のことからまた一騒動起こりかけた。その事情がなかなか面白い。

40　仲直りに千両積んだ一番組

八番組がなにゆえに一番組を憎んで十五年間もその恨みを捨てなかったか、その理由は明らかでない。けれども八番組が九番組、十番組と三組同盟して喧嘩を売ったのに対し、一番組がほとんど独力をもってこれに対抗したというのは、一番組に実力のあった証拠である。そのあかしに一番組の役場には、江戸の金豪巨商が集まっていた。彼等の背後には江戸の実力者である有数の大店がひかえていたのである。

小網町の喧嘩が落着して双方いよいよ手打ちという段になった時、一番組は千両という大金を積んで持ち出した。この金は前に述べた伊兵衛の旦那、三人師のうちの竹原が出したものであるという。いずれにしてもその頃の千両といえば大変なものであった。

相手の十番組ではよほど奮発したつもりで三百両という金を持ち出した。この頃、喧嘩の手打といえば江戸中で一、二という有名な茶屋が会場で、双方から持ち出した金を山のように席上に積み、互いに見栄を張ったものである。十番組ではまず三百両が相場と踏んで持ち出して見たところが、驚くべし、一番組は千両を積んでいる。

三百両と千両ではあまりに差が甚だしい。急に拵えようといったところで、その頃の千両という大金が町火消の手に整う訳がない。そこでまたまた一騒動持ち上りかけた。

「一番の奴等ァどこまでもこっちに恥をかかせるつもりか。千両なら千両と前にチョイと相談位はしてくれてもよさそうなものじゃないか」

というので、あわや騒動におよばんとしたところを、調停するものがあって、一番組が千両を三百両に減らすこととなって無事に仲直りも済んだ。

俠客といえば、金銭とは全く縁の遠いもののようにも思われるが決してそうでない。命をかけての喧嘩には、必ず背後に経済上の力がなくてはならない。第二期の俠客、すなわち町火消というものは、近世に至って発達した市民権の影である。好いお出入り、好い旦那先を持った頭が、江戸中に好い顔を売ったのである。一番組、二番組に顔役が多かったのは、その役場が日本橋、京橋、神田にわたって江戸中の金豪巨商を網羅していたからである。

近頃、「ろ」組に兼吉という鳶人足があって、通二丁目の葉茶屋、山本嘉兵衛方の抱えとなり金廻りがよく男振りもよかったので、平人から梯子持に抜擢されてなかなか幅がきいていた。

ある年の正月、絹の重ね衣類を着飾って年始の礼に廻っている途中「火事！」というのでそのまま飛び出して火にかかり、あらたしい晴衣を泥まみれにしてしまった。

ところが兼吉、よほど内輪が楽であったものと見えて、その晴衣を脱ぎ捨てると、再び絹の重ね衣類に印袢纏を着て廻礼に出かけたので、そのことがパッと世間に評判に上った。兼吉の出世は全く葉茶屋山本のお蔭であった。

この兼吉という男、撃剣の一手に柔術の形位は心得ていて、お店に乱暴者などの侵入した時にはすぐに駈けつけて働いたという。これは火事場に出ることのほかに彼等が負っていた当然の職務である。町火消といえば、人は誰しも今日の消防隊を連想するが、彼等の職務は決して消防のことばかりではなかった。彼等は町内の抱えであるから、町内のことといえば身命を賭しても働かなければならなかった。

つまり、狼藉者、無頼漢などを取り押さえて自身番に引き立てるのは、消防と同じく彼等の重大な職務であって、その間に決して軽重の差はなかった。この点は著者が二本榎に伝兵衛頭の後継者を訪れて確め得たところである。

天保の頃、伊皿子の仁右衛門頭の家に肥後常という子分がいた。これは肥後、熊本のもので大そう強いというので幅が利いたものである。高輪一円の貸元をして金まわりもよかった。この肥後常の養子に留吉というものがあって、伊皿子の升屋という酒屋の抱えであった。酒屋などはことにこの種の抱えが必要であったものと見える。

そのころ魚籃の観音様といえば大そう信仰されたもので、その縁日には、伊皿子のあたりまで大道商人が店を張って、非常な賑わいであった。あるときこの魚籃観音の縁日に、一人の武士が抜刀して狼藉におよんだ。

「それ抜いた！　人殺しだ！」

というので、群衆は雪崩を打って逃げ出す。女子供は踏み倒されて泣き叫ぶという騒ぎであった。升屋の店にいた留吉は、この騒動を聞くとすぐ両肌脱ぎで、狼藉ものに飛びかかった。彼の背には一面に鬼若丸のほりものが美しかった。

剣術の心得のない彼は憐むべし、一刀の下にその右の腕を切り落とされた。しかしながら彼はそれに屈しなかった。氷のような白刃の下をかいくぐって、彼はムンズと武士に組み付いた。生々しい血潮は、伊皿子の街路をあけにそめた。留吉の力量は、天保の痩浪人を取り押さえるに十分であった。彼は左の腕で、件の武士を自身番まで引き摺《ず》って行った。そうしてエイという懸声と共に溝の中へ真っ逆さまに投げ込んだ。留吉は最もよくその職務を自覚していたものであった。文化、文政の江戸市中にはこんな事件が頻々として起こった。

41　野狐三次と新門辰五郎

芝居や講談で世間の耳に慣れている野狐三次というのは、一番組「に」の纏持で、江戸両国米沢町二丁目の呉服店、秋田屋作兵衛の贔屓を受け、久右衛門町の古着問屋井筒屋善右衛門に抱えられて、文政の頃、江戸市中に侠名を売ったものらしい。坊間に伝わる野狐三次の物語がどこまで事実であるかは、深く詮議立てするにおよぶまい。野狐三次の侠勇は、それが正史の記述に上るにはあまりに局面狭小であったにしても、市民権発達史の上からすれば全く重大な意義を有する必要な存在であった。野狐三次の物語によると、町火消というものが純然たる市民兵であって、消防のごときは、彼等の職務の一部分に過ぎなかったということがいよいよ明確になる。

幕末に至っては浅草の新門辰五郎が、江戸市中にその侠名を恣《ほしいまま》にした。辰五郎は、晩年幕府に召抱えられて上国の警備に任じ、文久三年（一八六三）、一橋慶喜上洛のことあるや、壮丁二百人を率いてその身辺の警固に努め、徳川氏の旗下もしくは家人さながらの概があった。けれども、その初めは十番組の頭として浅草新門の守衛に任じたものである。下谷山崎町の飾職、中村金八の長男であって、上野東叡山の衛士、町田仁右衛門に愛せられてその女婿となった。

舜仁準后《しゅんじんじゅんごう》が浅草に隠居して新たに一門を造るとき、辰五郎がその守衛を命じられた。ここに新門辰五郎の名が起こった。

辰五郎が江戸市中にその名を謳われたのは、新門の守衛として舜仁準后という立派な後盾があったからである。しかしながら、このほかに彼の実際的勢力というべきは、今日の浅草公園、昔のいわゆる奥山の香具師、大道商人などから、毎日その上り高の幾分をつけ届けさせ、その収入が実に莫大なものであった。辰五郎には他の頭取のようにこれといって富豪巨商の得意先はなかったが、浅草に奥山という大財源があった。

これに加えて、掏児《すり》、誘拐者などの日陰ものまでが「親分に睨まれちゃ」というので盛んにつけ届けをする。政府のお尋ねものでも新門辰五郎の家に匿まって貰えば、天の網をのがれることが出来るというので、その勢力は大したものであった。

同じ町火消でも辰五郎の家風は他と全然変わっていた。他の頭では、渡りものや浮浪人を人足にかかえたり、食客に置いたりすることが出来なかった。これは町内がやかましかったからである。そうすれば、町火消の子分というものはたいてい素性の知れたもので、博徒のように剽悍無頼《ひょうかんぶらい》の人物はいなかった。ところが、辰五郎の家と来るとそれが反対で、子分の粗暴凶悪なること実に甚だしいものであった。

このように、辰五郎の子分には命知らずの暴れものが多かったにもかかわらず、彼がこれをうまく統御して行くことの出来たのはもとよりその器量が第一であった。しかしながら子分の統御は器量ばかりではできない、金が切れなければ駄目である。辰五郎はよく金が切れた。その金は前にいった、浅草の奥山がもとである。

十番組は、江戸の町火消の最後尾におったのでややもすると他の組の侮りを受けがちであった。辰五郎はひどくこれを無念のことに思って、常に組合の名誉を高めようと心がけている矢先、ある日の火事に計らずも仲の悪い、有馬の武家火消と衝突して血の雨を降らせた。辰五郎の子分には剽悍決死の壮丁が多かったので、音に聞えた有馬侯のお抱え火消も見る見る打ちのめされ、蜘蛛の子を散らすかのように逃げ失せた。

この喧嘩において武家火消の死者が十八人にも達した。町奉行は審判の結果、辰五郎の申条に理ありと認め、その罪を軽減してこれを江戸市外に放逐することとした。辰五郎の名は一時江戸市中を動かした。

42　江戸最後の侠客

辰五郎は有馬火消と闘争の廉《かど》によって、江戸追放の刑に処せられたが、なかなかその命令に服しない。夜に入ると忍んで来ては、その妻妾《さいしょう》の家に泊まった。

ところがこのことがいつしか、官の耳に入って再び召捕られ、奉行所において鞠問《きくもん》を受けたが、辰五郎は飽くまでもその事実を否認する。果ては拷問にまでかけられたが、辰五郎頑として口を開かない。奉行もついに責めあぐんで一計を案じ、辰五郎の妻妾を白洲に召喚して、対決させて見たが、彼はどこまでも存じませぬ、知りませぬの一点張りである。

「コリャコリャ辰五郎、その方いかにかくし立て致すといえども、その方の妻並びにその方の妾においてはすでに事実を申し上げているぞ。もはやのがれぬとりこだ。有体《ありてい》に白状致せ」

辰五郎はその妻妾を顧みつつ冷然としていい放った。

「これはまたどこの女どもかは存じませんが、私は一度も会ったことのない両人。大かたお上の威勢に恐れ、心にもない偽わりを申し上げたので御座いましょう。しかし、この場におよんで私に何の未練が御座いましょう。どうか御存分に処刑をお願い申します」

奉行においては「上の威勢を軽んずる憎きしれもの」というので、またひとしきり責め立てる。現在地獄の苛責を眼のあたりに見る妻妾は、これも針の筵に座る心地、辰五郎の踵に生々しい血潮の流れ滴るのを見ては、もう堪らない。辰五郎の裾に泣き伏していった。

「親分！　どうか気も済むまいが、枉《ま》げて白状をなすって下さい。罪は妾達二人でキット引きうけます。どうぞ枉げて……」

辰五郎は苦しみの中にも、カッと目を瞋《いか》らして二人の女を叱咤した。

「だまれ！　二人の女、手前達や何の恨みがあって、このおれを抱き込もうとするのか」

奉行も全く持てあましてしまった。これは死ぬまで責めても白状はしないと踏んだので、ひとまず佃島の監獄に下すこととした。

ところが、弘化三年（一八四六）正月十五日午後四時頃、本郷円山より起こった火の手は、折からの烈風に煽られてたちまち下町に燃えひろがり、佃島に至ってやんだ。その時間一昼二夜に跨がり、翌十六日の夜、十時頃に至ってようやくおさまった。

この時、辰五郎は佃島監獄にあって消防に従事し、火を消し止めた功によって赦免となった。辰五郎の俠名はますます市中に喧伝せられた。ついに幕府に喚び出されてその麾下《きか》に抜擢され、上国の警備に赴くことになった。文久三年には一橋慶喜上洛のことあり、辰五郎は徴《め》されてその警衛に任じ、慶応二年（一八六六）には将軍家茂が薨じて慶喜が軍職に任ずると同時に、さらに重き役目に取り立てられようとしたが、固く辞して受けなかった。彼は幕府の士となってその分を誇るよりも、むしろ一円二画の法被を着て、三千の子分と苦楽を共にせんことを望んだのである。明治元年徳川慶喜が、大坂を捨てて海路を江戸に走ろうとするに際し、金扇の馬標を城内に忘れた。辰五郎は命をうけ、身を挺して城内に入り、かの馬標を取り出してあとを追っかけたが、抜錨には間に合わなかった。辰五郎は決死の壮漢二十余人を率い、結束して東海道を馳せ下った。その豪胆不敵の挙動はとうてい幕末の旗本などが企ておよぶべきところでなかった。

明治八年九月十七日、七十六歳をもって浅草馬道の自宅で死んだ。これが江戸最後の侠客として有名な新門辰五郎の略伝である。

前にもいった通り、辰五郎は幕府に抜擢されて、その後半生を慶喜の警衛に任じたので市民とは大分縁の遠いものとなってしまった。しかしながら、その前半生は浅草奥山の香具師・大道商人などに立てられて、そこに経済的実力を把持していたのである。その町火消としての自覚は、彼が有馬火消の横暴を憤慨し、一撃の下にその虚勢を粉砕した事実によって、十分にこれを窺うことが出来る。

第二期の市民兵として現れた町火消の職務、およびその市民との従属関係に関しては大概以上の叙述によって尽きた。以下少しく、町火消が市民に煩いをおよぼした事実を述べて、他の侠客の研究に歩をすすめることとする。

一利一害は町奴の場合も同じことであって、二、三の末派が血気の勇にかられて社会に多少の煩いをおよぼしたことは、また止むを得ない結果として見なければならない（本書第二十四項参照）。

この点は『江戸繁盛記』の著者も痛切に喝破している。

……常日諾を重んじ、死を軽んずるの輩、場に臨んで、いかんぞ命を顧みんや。ただし、その勇を売り、功を貪るより、ことさらに余燼を弄し、誤って火勢を延し、あるいは収拾すべからざるに至る。かつ気をもちいて執争し、火を忘れて火を闘わす。古のいわゆる火に入って熱せざる者この輩の有るあり……。(時文解訳)

彼等の闘争は、思うに市民の大なる迷惑であったに相違ない。

43 「め」組と相撲との大格闘

町火消と町火消との執争は前にも述べた通りのいきさつで、中にも一番組と八、九、十番組との格闘は多数の死傷者を出し、「い」組の伊兵衛、「よ」組の助治郎はこれがために、佐渡に遠島の申渡しを受けるに至った(本書第三十八および第三十九項参照)。

これより前の文化二年(一八〇五)三月、芝神明《しばしんめい》の境内において土地の火消「め」組の人足三百八十一人と同所に興行中の相撲六十三人とが入り乱れて格闘し、修羅場さながらの光景を現出した騒ぎがある。これらの事実に徴しても、吾々は、彼等が一面において社会に流した余毒のいかに甚だしかったかを窺うことが出来る。

上方相撲で有馬侯の眷寵を受けた小野川喜三郎は寛政五年（一七九三）東の大関に進んで、横綱を許可されたが、その年退隠して文化三年三月十二日、三十九歳でこの世を去った。そうであれば小野川は「め」組の喧嘩とは何の関係もなかったのである。

小野川と角逐《かくちく》（せり合って）して、しばしばその鋭鋒を挫いた雷電為右衛門は小壮新進の力士であって、「め」組と喧嘩の当時はその全盛時代であった。雷電は信濃小県郡大石村の人で、十八、九歳の時、すでに身長六尺五寸、肢幹鉄のごとく、しばしば怪力を現して郷党を驚かしたという。江戸に出で力士浦風林右衛門について技術を学び、幾もなくして天下にその名を知られるに至った。彼と相撲《すもう》するものがどうともするとその怪力にけおされて肢幹を害ったので斯界の年寄が相議して、四十八手のうち彼に命じて特に三技を封ずるに至った。このことからもその力量、技術は大関の比でなかったことがわかる。

雷電はまた松江侯のお抱えであったが、のち辞して家に帰り、文政八年（一八二五）二月十一日、五十九歳を一期として病死した。この雷電は前にいった文化二年三月の神明興行にも出場して、当時売り出しの四ッ車大八と顔を合わせたが、その人気は実に大したものであった。四ッ車大八が「め」組の火消、三百数十名を相手取って血戦におよんだ時には、雷電もまた四ッ車大八を助けて、大いに「め」組の鋭鋒を挫いたのであった。四ッ車大八は羽後国秋田在五十目村の人で、神明の興行には第六日目に雷電為右衛門と取り組んでこれも大そうな人気であった。

喧嘩は四ッ車の弟子水引勢五郎と、「め」組の四天王と呼ばれた鮓屋の弥助、三河屋の富士松、けんかやの金八、小勇の熊次との間に始まった。

水引勢五郎は四人を相手に華々しい決闘をした。弥助、富士松、金八、熊次の四人は表道具とあって火事装束に長鳶、手鳶を揮って打ってかかる、勢五郎は裸体に廻し一本、丸太をリュウリュウと打ちふるって奮撃する。富士松がまず脳天を打ち砕かれて即死した。しかし、弥助、金八、熊次の三人は少しも怯まず、掩撃《えんげき》してついに水引勢五郎を惨殺した。

勢五郎の義兄、四ッ車大八は悲憤心頭に発し、稀代の怪力をふるって、四人の壮漢を瞬く間にうち殺した。弥助の妻は、この報に接して大いに驚き、半狂乱となって、浜松町二丁目の自身番にかけつけ、火の見櫓に攀《よ》じ上って警鐘を乱打した。これに応じて遠近の自身番いずれも半鐘を打って火を報じた。

局面は一転して、相撲、年寄、行司全体と、「め」組全体との大闘争となった。「め」組の人足三百八十一人、手に手に長鳶、手鳶を携え、纏を押し立て、屋根を伝って走ること野猿のごとく、瓦を投げ石を飛ばして奮戦する。相撲方においては天下の力士雷電為右衛門を始めとして四ッ車大八、花筏、いかずち、雲佐山、鬼面山以下年寄、行司あわせて六十三人、手に手に丸太、脇差をふるって猛進する。一進一退、叫喚の声天にふるい、地を動かして、神明の境内はたちまちにして修羅場と化した。

四ッ車大八は俠の喧嘩の責任者として、真先に奮進し、丸太を揮って「め」組の人足をかけ散らす。「め」組の中にさるものありと知られたる小天狗の長吉というのが、もと去る諸侯の藩中にて、重役まで勤めた人の倅であったが、放蕩に身を持ちくずして鳶人足に堕落したものである。四ッ車大八の働きを見ておのれ小癪な挙動かなと、長鳶を揮って打ってかかる。四ッ車大八は居合わせた荷車を揮って応接し、ついに長吉を打ち殪《たお》したが、自分も脳天に鳶口を打ち込まれて引き退いた。大八はこの時打ち込まれた傷がもととなって白痴となり、郷里に帰って文化六年四月三十八歳にして死んだ。大八のほかに相撲方では、錦木力之助というものが鳶に打たれて戦死した。

さて喧嘩ののち、町奉行においては町火消の肩を持ち、寺社奉行においては相撲の肩を持ち、すでに両者の確執とまでなろうとしたが、水戸公のあつかいによってこと穏便に落着し、双方とも一人の罪人をも出すことなく済んだ。

大岡越前守によって創設せられた町火消も、文化・文政の頃に至っては、勢いあまってこのような騒動を惹き起こすまでに発達したのであった。続いて文化六年には、一番組と八番組との執争が開始され、その結果が延いて文政七年小網町の大喧嘩となって現れるに至った。これは町奉行が町火消を子分のように可愛がって、断然たる処分をしなかったところから増長したものでもあろうが、いずれにしても市民の迷惑を察すべきである。

しかしながらその迷惑は彼等が血気の勇にはやるあまりしでかした余弊、余毒である。大体において彼等が富豪巨商の雇兵であったこと、金権の発達に伴って生まれた都市の護衛兵であったことは、前述の事実に徴して読者が十分に了解したことであろうと信ずる。

自身番は一に番屋と呼びて、町内毎に一ヵ所ずつあり。ただし、日本橋近傍にては寸地なきをもって、一ヵ所にて二丁三丁を兼ねるもあり。また場末にては、町内の出費の都合上より兼ねたるもあれど、大通りには必ず町内毎に自身番を置けり。これは町内万端の取り扱う町役所ともいうべきか。地主の自身にて勤めたるより名づけしものなるべし。享保年間に始まるといえり。

○文化十酉年六月
町火消一番組の内　伊勢屋庄次郎店
い組人足頭取　悦　次　郎

この者儀四十三ヵ年已前明和八卯年より鳶人足にて出精いたし、火事場働方差配り等宜識、十七ヵ年以前、寛政九巳年十月中、人足頭取申付候処、及二老年一候ても、若者に不劣、火事毎に無懈怠罷出、出精いたし、組の内はもちろん、他組までも差配り、これまで喧嘩口論いたし候儀無これその筋に居合候もの制方も行届、そのうえ平日正路に稼業向並火事場消防之義専一に心掛、数年貞実出精いたし候段、奇特成義に付、御褒美鳥目十五貫被下之。(塵塚談)

三、旦那男達の巻

44　旦那芸の男伊達

町奴と町火消とは都市の発達に密接な関係をもったものであった。彼等の背後には諸大名、もしくは富豪によって代表された黄金の力があってこれを操っていた。「親分子分」の関係は彼等自身の社会にあって存在したのみならず、彼等の元締すなわち親分と大名もしくは富豪との間にも存在したのであった。

俠客に三種の別がある、町奴と、町火消と、博徒（もしくは義賊）である。今日の社会はこの三種を混淆して、ただ俠客という漠然たる観念の中に詰め込んでいる。しかし町奴と町火消とは都市の産物であり、博徒は主として田舎の産物であった。また、都会の俠客と田舎の俠客との中間性を帯びたものに義賊と呼ばれるものもあった。これからは順序として博徒もしくは義賊の生活に筆をおよぼすべきであるが、それよりも前に、ここに忘れてはならない特殊の俠客がある。それは自ら黄金の力を持って、自ら任俠のことを行った俠客の一団である。皮肉にいえば旦那芸の男伊達である。

大口屋暁雨と、大和屋文魚とはその代表的なものであった。彼等はいわゆる「蔵前風」というものの代表者であった。天下の旗本が疲弊困憊の極に達した文化・文政という時代は、江戸の富豪の全盛時代であった。吉原、開基時代の最上の華客であった諸士浪人はしだいに大門口から閉め出され、蔵前の札差、金座銀座の大所、本町西河岸あたりの金豪巨商が第一流の旦那筋として諸大名以上に幅を利かすようになった。彼等はその蓄積し得た巨万の富を提げて、喜見不夜の別天地に臨んだのである。いわゆる旦那芸の男伊達なるものは、この間に発達したのである。町奴や町火消は金を貰って男伊達をした。暁雨や文魚は金をつかって男伊達にして貰った。いずれにしても人間万事金の世の中だといいたくなる。

さてこれから順序として、彼等が急速に資本を集中することを得た「札差」という職業を一瞥しなければならない。

蔵前の札差についてはすでに本書の第二十八項（一六七頁）においてその一端を述べた。ここにはさらに詳しく札差の起源に遡って研究をする必要がある。「札差」という名称は、昔旗本の扶持米受取手形が渡ると、その人名を書いてこれを割竹に挟み、蔵役所の藁づとに差したのに始まったということである。だから札差のことを別名蔵宿ともいった。要するに札差とは、旗本の扶持米を取り扱いその売買までを請け負う商人であって、最初は甲府、田安、一橋三卿並びに加州藩にあったのみで、他藩には絶えてなかったものである。

江戸においては慶安の頃から、この札差を業とするものが起こったが、株式としてその人員を定めたのは例の大岡越前守である。すなわち大岡忠相は享保九年（一七二四）に札差の人員を百九人と定め、利息は一割半よりも高くしない制限を立てたのである。

さて札差の本業はといえば、禄高百俵に付き金一分の手数料を取ったこと、売掛といって百俵すなわち三十五石に付金二分の払米口銭を取ったことの二つであったということは前に述べた通りである。利子の規定はそののちたびたび変更されたけれども、手数料は維新に至るまで変更されずに継続された。

札差の株は世襲であるけれども、これを他人に譲与することが出来た。他人に譲与するには仲間の承諾を経て行ったもので、たいていはその支配人、もしくは親族等縁故あるものに譲与した。また譲与すべきもののなき時は、これを組合の持株として保存した。いわゆる釣株というのがこれである。株の価はこのころたいてい千両であったが、維新前には二百五十両まで下落した。無理もないことである。

もし旗本がこの札差の手を経ずして、扶持米を受け取るものとしたならばどうであろうか。彼等は幾日も蔵役所に出て徒《いたずら》に日子を費消しなければならない。それを札差に頼めば扶持米を抵当として、すぐにも金を借りることが出来るのである。彼等はどうしても札差と関係することなしに、その貧乏世帯の遣り繰りをすることは出来なかったのである。

札差という商売、これを当節の語でいえば独占事業である。彼等はその特権によって急速に資本を増加させた。彼等の金回りがよかったのは一にこれがためである。蔵前の札差が吉原で幅を利かしたのは、なお郵船会社の重役が新橋で持て囃されたのと同じ道理であった。ただし郵船会社の重役は、社の機密費を自分の遊興に使用して紳士風を吹かしているが、蔵前の札差はそこまで怜悧《れいり》な者ではなかった。彼等の多くは「通人」これをハイカラにいい換えれば、ヒューマニストたらんがために、祖先伝来の資産を蕩尽して、紙衣《かみこ》の境涯に陥ることを意に介しなかった。彼等は「本町の角屋敷をなげて大門を打つ」ことをもって無上の誇りと心得ていた。

正徳、享保の間において世人の耳目を聳動《しょうどう》したる紀伊国屋文左衛門、奈良屋茂左衛門の豪遊は、いわゆる「銀座もの」「札差」等によりて継承され、滔々たる華奢の風は延《ひ》いて明和・天明の頃に至り、ついに「十八大通」と称するものを生ずるに至った。大口屋暁雨と、大和屋文魚とはそれらの代表的なものであった。

暁雨、文魚の外に、当時「大通」として名を謳われたものに、大黒屋秀民、村田屋帆船、松坂屋左達、大口屋稲有、大口屋金翠、大口屋有游、森羅万象（森島中良）、桂川甫周（医師）、祇園民里、樽屋万山（万川）、下野屋祇蘭、近江屋柳賀、平野屋魚交、大崎雄石等があった。

このうち、俠行の世に知られたものは大口屋暁雨一人である。しかしながらその俠行もあるいは金で買ったものではないかという疑いがある。いずれにしても暁雨の男伊達は旦那芸であった。

しかしながら、「俠」という文字を広義に解釈して考えれば、彼等もまた一種の俠客であった。彼等が一擲千金の豪遊によって世にその名を衒った心持、気分は町奴、町火消が一命を賭してその名を売った心持、気分と少しも変わりはなかったのである。

町奴をもって「武俠」といわば、十八大通のごときは正に「金俠」というべきである。

紀文の初め江戸に来るや、豪商某その田舎漢なるを侮り、誘って吉原に遊び密かに鴇母《やりてばば》幇間に嘱してこれを侮辱す。文顧みず、遽に厨夫に命じ、大根を下し一大盤に盛り来らしむ。客大いに笑う。文すなわちその佩《お》びる所の金三百余を解き悉く盤中に投じ、箸もて攪和し、因りて盃を一妓に属し、箸もて黄金一枚を挟みこれを与えて曰くいささか下物となすと。一座大いに驚く。

45 紀文と奈良茂の金の遣い振り

金持ち必ずしも通人ではないが、通人には金のあること、その金のよく切れることが通人の資格のひとつである。金のない通人は鼻持ちのならないものである。

昔金を使ったことがある。あの茶屋には本町の角屋敷を投げ込んでいるといって、今、紙衣の境涯にあるものが、帳場へ押し通って据膳を要求したらどうであろうか。さっそく波の花や逆さ箒である。

碗を拭く布巾の上を今朝油虫が這ったろうと、お座敷でかぎつけるほど茶屋酒になれた人でも、御馳走酒でたたき上げた「通」は何にもならないのである。「通」は自分の懐をいためた人の「通」でなければ駄目である。金のない男が「通」を振り回すのは、閻魔様か男妾になろうというのよりも聞き苦しい。

これと反対に金があって、その金さえ切れて行けば、野暮でも好い加減なところまでは漕ぎつけることが出来る。座敷で皿小鉢を投げたり、襖をよごしたり、三味線に字を書いたりする男でも、金さえ使えば胡魔化しがつく。また馬鹿に金を使わなくとも、あれは日本一の金持ち岩崎の御前様であるということが分かってさえいればそれが通る。通とはとおるである。金さえあれば野暮でもとおる、察しの好い苦労人でも金がなくてはとおらぬ。

「色男金と力はなかりけり」というけれども、金と力がなくて通るのは色男の一里塚である。それから先へ、金持ちと一緒に道中は出来ないのである。同じ金のないものでも、一里塚から先は色男でない方が通りがよい。金と力のない色男は一里塚で背負い込んだ荷物が邪魔になって通れない。

岩崎弥太郎の遊びはずいぶん野暮な方であった。芝居でやると敵役の田舎大尽という所であった。彼は酒席でよく人と組み打ちをした。皿小鉢を投げつけた。女に高島田や丸髷を結わせて、それを握り潰して喜んだ。しかし彼はどこへ行っても御前様御前様ともてなされて通りがよかった。岩崎弥太郎は通人ではなかったが、通人よりも通りがよかった。

同じ高の金を使うに、上手に使うものが、下手に使うものより持てるのは当たりまえのことである。が、金はなくとも気前で行ける。苦労人は、わがままな野暮な大尽よりも持てると思ったら、それこそ大変な間違いである。

紀伊国屋文左衛門の遊びなども決して高雅なものではなかったように思われる。紀文の競争者であった奈良茂の遊びは幾分か黄金臭を離れていたようである。大尽舞い二十五段の中に、奈良屋茂右衛門（三代目、正徳—享保）の遊び振りを写したものがある。

さてその頃の大尽は、奈良茂の君でとどめたり。新町にかくれなき加賀屋の名とりに浦里の君さまを始めてこれを身うけする。深川にかくれなき、黒江町に殿を建て、目算御殿となぞらえて、付き添うたいこは誰々ぞ、一蝶、民部に、かく蝶や、さてつぎつぎの婦人には、お万、おきんにおようなり。小四郎、善六、吉兵衛、おそば去らずの清五郎、軒もる月のすかれにや、嵐喜代三を身うけする。ハアホホ大尽舞いを見さいナア、その次の大尽。

この歌に加賀屋の浦里とあるのは、奈良茂が身受けをして、おえんと改名させた女である。深川黒江町の目算御殿とあるのは、奈良茂が商業上（奈良茂は材木商）の画策をする別邸をさしたものであろう。一説には奈良茂が芝居の金方として堺町辺に出入するうち、御殿女中の絵島と接近してこれを黒江町の別邸に誘わんとしたことがある。そこで世間の人が黒江町の別邸を目算御殿と呼んだとあるが、これは信じ難い。

一蝶は有名な英一蝶、民部は石町四丁目の仏師、かくちょうは本石町三丁目に住んだ村田半兵衛という男、俳諧を其角に、画を一蝶に学び、師の名一字を取って角蝶といった。三人とも有名な高等幇間で、当時の大名金持をとりまいて吉原に誘き出し、多くの身分ある人を堕落させたので、幕府の注意人物となっていた（本書第二十九項参照）。

お万は三浦屋の鴇母、吉兵衛は幇間、二朱判吉兵衛といって役者を兼ねていた。嵐喜代三は女形の役者で始めて八百屋お七に扮したものである。その他小四郎は当時江戸一番の三味線弾き、善六は浅草諏訪町の栂屋善六、絵島事件の罪に坐して遠島欠所となった町人である。

このほかに奈良茂の事跡として有名なのはかの玉菊燈籠のことである。玉菊は吉原角町中万字屋勘兵衛の抱えであって、性質温良、よく衆人になづいたとある。河東節の三味線に秀で、またよく酒を飲んだ。奈良茂もなかなかの大酒家であったので、大いに玉菊を愛するに至った。ところが、玉菊はその酒のために享保十一年（一七二六）三月二十九日二十五歳にして死んだ。奈良茂は病中から死後に至るまで、力を尽くして世話をし了せたという。その年の七月、玉菊の新霊を祭るために始めて吉原に玉菊燈籠というものをともした。『北洲』に「亡き玉菊の燈籠に」云々とあるのはこのことである。三回忌の時には、奈良茂はさらに岩本乾什という名人に嘱して「水調子」という玉菊追善の河東節を作らせたという。

これを要するに奈良茂大尽の遊び振りは大いに「通」がったもので、金もずいぶん生かして使ったようであるが、一方の紀文大尽と来るとむしろ大いに野暮であった。岩崎弥太郎式であったけれども、金は紀文の方が奈良茂よりも遥かに多く使った。そこで遊び振りは野暮であったが、里では紀文の方が持てた。大尽舞い二十五段にも紀文に次ぐものを奈良茂としている。

寛永の頃までは、本八丁堀三丁目、すべて一町紀文が居宅なり。毎日定まりて、畳さし七人ずつ来たりて畳をさす。これは客を迎うるたびに、新しき畳をしき替える故なりとぞ。正徳の頃家衰え、剃髪して深川八幡一の鳥居辺に住みしが、享保十九年四月二十四日その隠宅にて身まかりぬ。深川霊巌寺塔中、浄第院に葬る。法名を帰性融相という（近世奇跡考抜粋）。新井白石の『折たく柴の記』に元禄中幕府の用達に悪弊ありしことを述べたるは紀文のことをいえるなるべし。紀文の豪富は、荻原重秀と結託して金銀吹替のことに携わり、幕府の材木用達として奸譎《かんけつ》（いつわりの多いこと）の行為多かりし故なりと伝えらる。

46　山東京伝と十八大通

紀文の金の使い振りは、奈良茂よりも遥かに下卑ていた。

彼がある時、幇間を引きつれて仲の町を通ると、フト便を催した。そこで幇間を待たせて、立小便をしたが、あとで小粒を一つかみ取り出し、その小便の中に投げ込んで、望みのものは拾うべしといって立ち去ったということがある。

その遣り口がいかにも卑しい。今でも老妓の口に残っている岩崎弥太郎の遊び振りがちょうどそれである。金を撒くにことを欠いて小便の中に撒く。こんなのはお世辞にも「通」ということは出来ない。紀文は金の力で押し通したが、決して遊び上手ではなかったらしい。

また、紀文が江戸町二丁目の大松屋松ヶ枝の許で月見の宴をした時、大勢の見物が、階子の口に立って騒ぐので紀文も何事ぞと見ると、この家の若いものが、階子の上り口の板を放し、欄干を毀《こぼ》ちて何ものをか持ち上げようとしているところである。

やがて紀文の桟敷の前へ担いよせたものを見ればただ一個の大饅頭であった。これは紀文の朋友から今宵の宴にとて、贈って来たものである。一座これはこれはとあきれ果てていたが、やがてその饅頭を二つに割って見れば、その中にはまた常の饅頭が一ぱいに詰まっていたので、いずれも二度ビックリの興を添えた。

紀文の朋友なる人がこの大饅頭を作るには、かねて深川の釜屋へ大釜を誂《あつら》え、道具、蒸籠《せいろ》一切新規に調製して、その夜にわかに持ち込んだものである。さて二階の上り口はことごとく板梁を毀ち、即時に大工、数十人にてその跡を繕わせ、すべて衆人の目を驚かす趣向を凝らしたもので、一個の代金正に七十両ということであった。

もとより負けることのきらいな紀文であるから、何がなこのほどの返報をと大いに工夫を凝らした後、ある日かの朋友が京町藤屋のあずまの許に酒宴を開けるのを聞き、自ら見舞いに出かけ、こういった、

「先日は近頃、忝《かたじけ》なし。何がな御返しと存ずれども、我等にはよき案じもなし。これはいささか御慰みまでに」

と袂から蒔絵の小匣《こばこ》を一つとり出して、座敷に置いた。

そこで一座のものども、さては何かと打ちよって開いて見れば、これはまたどうしたものか、匣の中からは至って小さい豆蟹が数百疋、四方へ這い出して座敷一面が蟹となった。

山東京伝著「近世奇跡考」より写す

これに驚いて、遊女禿《かむろ》ども逃げまどえば、蟹はますます広く歩く。芸妓、幇間などが集まってようやくのことで件の豆蟹をとり集めて見ると驚いたことに、その小粒な豆蟹の甲には、ひとつひとつ金で女郎の紋と客の紋とがねじ書きに書いてあったという。紀文はこのようなことをして栄華を衒《てら》ったのである。

さらに彼が人を驚かしたのはある年の除夜、揚屋町の泉屋半四郎方にて、小粒金を豆として豆撒きをしたということである。これには豆を小粒にまぜて撒いたという説もあるが、どちらでもよい。このとき豆の撒手となったのが寺町百庵という幕府の茶坊主で、矢の倉に住し百俵二人扶持を食んで御坊主組頭をつとめたものである。

要するに紀文の遊び振りは上手という方ではなかった。玉菊燈籠をともしたり、小四郎、山彦などという名人を保護したり、河東節を作らせたりして金を撒いた奈良茂の方が、上品といえば上品であった。通といえば通であった。けれども、紀文の方が里にも社会にもよく通った。これは紀文の方が金を多く散じたからである。遊里は決して彼の芬芬たる黄金臭を論じなかったのである。

山東京伝は「通」の字を解して次のようにいっている。

「それ通とはなんぞ。列子いえることあり。徳を以て人に分かつ。これを聖人という。財を以て人に分かつ、これを通人という」

京伝は流石に通人であった。半可通の察し得ざる通の神髄——その経済的根柢を突きとめていた。

天明以来、盛んに江戸の市中に行なわれた赤本、黄表紙の著者は多く江戸の町人であった。彼等は書肆《しょし》の求めに応じて筆を執ると同時に、たいてい別に職業を持っていた。京伝は煙草具を売り丸薬を製していた。三馬は化粧品を商っていた。

彼等は著作業と、小売商とを兼ねたと同時にまた幇間業をも営んだ。正徳・享保の間、一蝶、民部、角蝶等が、紀文、奈良茂の幇間であったと同時に、明和・天明の戯作者は、いわゆる十八大通というものの腰巾着であった。

なかでも、山東京伝のごときは大和屋文魚のお抱え文士であった。彼はその文才を用いて巧みに十八大通に取り入り、御馳走酒に酔っぱらいながら戯作の筆を取ったのである。殊に文魚との親密な関係は後人をして、京伝の著作の目的は文魚の評判を高めるがためであったとさえ伝えるに至った。京伝が「通」ということについて、前に述べたような徹底した意見を持っていたのは、全くこのような生活によって得た真実の声というべきである。

以上のように明和・天明から、文化・文政にかけて、吉原という江戸の大社交倶楽部を騒がせた「十八大通」「旦那芸の男伊達」もやはり金権の影であった。町人の実力が鬱然としてここに一つの陰影を投じたものである。

47　大和屋文魚と大口屋暁雨

大和屋文魚、本名は太郎次、日本橋西河岸の材木商である。いわゆる十八大通の代表者として、暁雨と共に江戸市中にその名を謳われた。

富士山の上に鼠花火をあげたこと、七夕に小笹を買収して遊女の筆跡を集めたことなどは、彼の逸話として最も人口に膾炙《かいしゃ》したものであるが、なかでも有名なのは彼が銀の元結を用いて、遊里を驚かしたということである。

ある日彼が吉原の某楼に遊んだ時、銀の元結を用いてその髪を束ねていた。一座のものが目をそばだててひそかにいった。さすがは文魚大尽である、豪《えら》いものである。が、銀の元結はいくら大尽でもこれが始めての終わりであろうと。ところが文魚はその後常に銀の元結を用いてかわらなかったので、前にその噂をしたものがいずれも大いに愧《は》じたという。

彼はこのような豪遊のために紀伊国屋文左衛門と同じく、家産を蕩尽して、晩年を落魄《らくはく》のうちに送った。晩年の彼は御厩川岸の片ほとり、格子作り、間口二間ばかりの家に住み、その日を暮らし侘びていたのである。

その頃、ある貴人の隠居が、文魚の河東節を所望とあって彼をその邸によんだ。文魚は三味線の名人、山彦源四郎と共にその招聘に応じた。浄瑠璃が終わって、文魚は別の座敷に招ぜられ、そこで手厚き饗応に預かった。

帰る時に文魚へは八丈縞五反、山彦源四郎へは芸人なればとて別に目録（金）の礼が出た。すると文魚は源四郎ほか一人の三味線弾きに向かい、改めて「今日は大儀なり。これはわが寸志なり」といって、今貰った五反の八丈縞を、一人に三反、一人に二反と、それぞれ分けてとらせた。彼は落ちぶれても、芸人と一緒に取り扱われることを潔しとしなかったのである。この気概があったればこそ、彼は蔵前の家を潰すまで放蕩をし通したのである。十八大通と称するものは概ね、この類であった。

さらに彼等の風俗を考えると、まず髪は専ら本田頭という型が行われた。水髪にさっと結わせて刷毛先を細くして、出ず入らずの程をとり、月代《さかやき》は剃りたてを忌み、額は三分ほど抜き上げ、中剃もぐっと大きいのを好んだ。

着物は小袖の綿を薄く入れ粋な三枚重ねにして、袖口細くゆき長く紋は細輪にして小さきをよしとし、南京がけ黒仕立であった。いうところの「蔵前風」とはすなわちこれである。

ことに銀の煙管《キセル》は彼等がひどく好んだもので、本田頭と銀煙管とは蔵前風に欠かせないものであった。

このように彼等はあくまでも俠客を自任したけれども、高く持して、町奴、町火消の風俗を追うことを潔しとしなかった。彼等はその蔵前の大旦那という品位を保ちつつ俠を売り、名を衒おうとしたのである。この点について、大口屋暁雨は大気焔を吐いている。曰く、

凡そ世にいわゆる俠客とは、据臂《きょでん》を露わし、袖祖《しゅうたん》を脱することを以て勇なりとす。然れどもかくのごときはその最も下流に位するものにして、我徒の敢えて取らざる所なり。これを俳優に譬えんか、姉川の黒船忠右衛門、広治の極印千右衛門、共に祖を脱し、臂を露わす。これその技の未だ至らざるゆえんなり。柏莚（二代目団十郎）の荒五郎茂兵衛、雁金文七、三升（四

代目団十郎）の助六等、かつて其臂を露わすを見ず。これその技の妙なるゆえんなり。我が学ぶところは柏莚、三升にして、姉川、広治のごとき、何ぞそれ歯牙にかくるに足らんや。

と。彼はどこまでも自分達が町奴、町火消の徒と同一視されることを恐れていたのである。そこに金持ちの金持ちたるゆえんがあった。そこに旦那芸の旦那芸たるゆえんがあった。

十八大通の棟梁、蔵前風の急先鋒として江戸市中に侠名を謳われた暁雨は、本名を大口屋治兵衛といい浅草蔵前の札差業である。暁雨または十暁といい、晩年には暁雨という名を、同業の伊勢屋四郎右衛門に譲って暁翁と称した。

「性、豪邁不羈《ごうまいふき》にして、産業を事とせず、好んで武技を習い、義侠をもって自ら任ず」

とあることから、彼はいかにも一廉の勇士であったようである。しかしながら彼がどこまで武芸に達していたかはすこぶる疑問である。何となれば、当時世に十八大通と称されたるもの、多くは立派な大店の旦那であって純然たる町人である。暁雨のごとく侠行の世に知られたものはほかにないのである。

その暁雨の侠行すら、これを「花川戸助六」の狂言と比較して見ると、すこぶる怪しいのである。そこで暁雨が実際世間に伝わるような武芸の達者であったかどうかは疑問である。寛永の頃、同じ蔵前に住んでいた松前五郎兵衛のように、かつて堂々たる武士であったものならば論はないのである。暁雨は生まれ落ちてからの町人である。しかしながら暁雨は普通の町人ではなかった。彼の商売は旗本や御家人が相手である。武士の腰のものを見て縮み上がるようでは彼の商売は出来なかった。彼は武士に近づいて、よく武士の気魄精神を見習っていたに相違ない。彼は武士に近づいてよくその内幕を知り、その弱点を看破していたに相違ない。彼の胆力はこのようにして十分に養成されていたのである。

48　暁雨と「花川戸助六」

大口屋暁雨にもし久米八との闘争一件がなかったとしたら、世間は恐らく彼を侠客として取り扱わなかったであろう。暁雨が当時の社会から絶対的に隔離されていた身の素性を押隠して、盛んに吉原を荒らし回っていた久米八の驕傲《きょうごう》を懲《こら》したという『当世武野俗談《トウセイブヤゾクダン》』(馬場文耕)の記述を脚色した福地桜痴の『侠客春雨傘』は、今日では劇場がこれを上演する毎にある方面からの猛烈な威嚇的抗議に遭い、興行を中止しなければならないほど、封建社会の階級的差別観念を露骨に現したものである。そうして暁雨の久米八に対する悪罵《あくば》詬辱《こうじょく》は、今日ではこれを芝居の科白としてでも平気で紙に伝えるに忍びぬほど無慙《むざん》なものである。劇は久米八に対する観客の反感憎悪をそそるために、あらゆる工夫を凝らしているけれども、階級的差別観念が一般にしかも完全に否定されてしまった今日では、何人もこの芝居を好い心持で見ることは出来ない。

従って著者は『武野俗談』を唯一の根拠としなければならないこの疑わしい事実を永々とここに紹介することの愚をあえてしないが、読者はすでに以上の叙述によって、暁雨がその素性を隠して

吉原を荒らし回った久米八の驕傲を懲したという概略の筋を想像されたであろうと信ずる。

ただ暁雨と久米八との闘争一件をどの程度まで事実として信じてよいかは考えてみる必要がある。

花川戸助六（山東京伝著「近世奇跡考」より写す）

前にもいう通り、札差という商売は武士が相手であったから、その肌合が普通の商人と違っていたことはいうまでもない。しかしながら、十数人の壮漢を敵としてこれに打ち勝ち得るほどに武芸の心得があったかどうかはすこぶる疑問である。久米八対暁雨の一件はその顚末があまりに劇的過ぎる。もしこれを事実とすれば、暁雨は立派な武芸の達人であったといわなければならない。

さらに、我々をして一層、疑惑を深からしめるものはかの「花川戸助六」の狂言である。「花川戸助六」の狂言の筋はいかにも暁雨対久米八の一件をそのままに仕組んだもののように見られる。助六を暁雨と改め、髭の意久を○○の久米八と改めれば、二代目団十郎が山村座においてはじめて演じたという助六の狂言は暁雨の事跡をとってただちに上場したものということも出来る。現に『洞房語園異考』はこの説を主張している。もし年代が合うならば筆者も「助六は暁雨のことを仕組んだ狂言である。暁雨が金に物を言わせて俳優を買収し、自家広告のために事実を華々しく誇張してやらせたものである」と論じたい。ところがここに一つ困るのは年代の相違である。

二代目団十郎柏筵が、京橋の山村座においてはじめて花川戸助六の狂言を演じたのが正徳三年（一七一三）四月である。大口屋暁雨が吉原において久米八を取り拉《ひし》いだのは、元文年間とある。大口屋暁雨はその死んだ年も年齢も明らかでないが、暁雨のことを伝えた『武野俗談』の著者は彼と同時代の人で、宝暦七年に暁雨が六十余歳であったとあるから、暁雨が生まれたのは正に元禄の中頃、久米八との一件が元文とあるから四十五、六歳の時。柏筵がはじめて助六を演じたのは、暁雨がまだやっと十歳前後の時であった。

このように考えてみると「花川戸助六」の狂言は、暁雨のことを仕組んだものであるという『洞房語園異考』の説は全く壊れてしまう訳である。しかしながらこれは『武野俗談』を信じての立証である。『武野俗談』の記するところは果たしてことごとく信ずるに足るべきか。これがまたはなはだ疑わしいのである。

たとえ御坊主といえども、幕府の扶持人とあるものが、富豪の座興を添えるために豆撒きまでもして見せようという世の中である（本書第四十六項参照）。『武野俗談』の著者が、札差暁雨に媚びて事実を誇張し、柏筵の芝居の条をとり入れて筆を曲げるというようなことは有りすぎるほど有りそうなことである。

たしかではないが、こういう話がある。

ある日、町家に喧嘩があった。相手は例の鳶人足で、命知らずの暴れものと来ているから誰も取り押さえるものがない。これは暁雨の旦那でなければならないというので、町内のものが暁雨に急報した。そのころ暁雨はもうよい年であったが、急報に接して取るものも取り敢えず、現場に赴いて、たちまちかの壮漢を取り押さえた。

鬼をも挫《ひし》がむ剛力の大漢が、赤子の手でも捻るように暁雨に押さえられたので町内のものは皆舌を捲いて驚いた。暁雨はさっそく、煙管筒の紐を解いて件の男の手首を縛り、自身番に連れて行って、懇々説諭の上追放すべく命じて帰った。

後暁雨が人に語ってこの時の種あかしをしたことがある。その種というのはこうであった。急報に接して現場に駈けつけた暁雨は、そこで喧嘩の原因がわずかな金の貸借であるということを知ったので、大漢の手を把《と》ると同時にその掌へ五金を押しつけた。思いがけなく五金を握らせられた鳶人足は、たちまちにして暁雨のなすがままになってしまった。このとき暁雨は年すでに八十であったという。

著者が前に暁雨の俠行を評して「旦那芸の男伊達」といったのはこのことである。彼が金を握らせて鳶の者を捻じ上げたのは、彼が八十の頽齢に達した晩年のことであるから、これを理由に彼の壮時の俠行を否認する訳には行かないかも知れない。しかしながら、これらの事実から推して考えても、我々は暁雨の俠名がいかに黄金の力による所が大であったかということを知り得るのである。

これを要するに暁雨の俠行は個人の道楽に過ぎなかったのである。町奴や、町火消の場合において見るように、その時代その社会と深い関係があったという訳ではない。思うに男伊達ということは当時市井の流行であった。上は大店の大旦那より、下は裏長屋の熊公、八公に至るまで、皆一廉の男伊達を自ら任じていたのである。講釈師のいわゆる「ひとり親分」なるものは、いたるところに転がっていた。

この時にあたり、蔵前の札差は、ただ、多大の黄金を擲《なげう》って俠客のことを学んだのである。その投じた資本が大きかっただけに、その評判もまたすこぶる籍甚《せきじん》なものがあった。しかしながら、その俠行は遊里の一隅に止まって、一般社会におよばなかった。したがってその評判も狭い郭を中心としたもので、町奴や町火消のように市中に普遍的なものではなかったのである。しょせん彼等の男伊達というものは、個人の道楽に過ぎなかった。

四、博徒および義賊の巻

49 「旅人」に対して特殊の社会的使命を持った田舎の俠客

町奴、町火消のあとに来る俠客は博徒である。町奴、町火消は都会の俠客であったが、博徒は田舎の俠客である。そうして義賊は正しく、その中間性のものであった。

同じ俠客でも、町奴、町火消と、博徒とは全然その社会に生まれた原因を異にしている。町奴、町火消は都市の勃興に伴う、市民権発達の影であった。博徒は全くそれと反対に地方行政の弛廃に伴う、農村疲弊の結果であった。

賭博常習者は都会にも田舎にもあったが、都会の賭博は、武家、町人、仲間、人足、俳優、角力、諸職人等あらゆる階級を通じて行われた閑余の悪戯で、田舎のそれのように公然とそれを職業として家を成し、いわゆる縄張りを定めて多くの子分子方《こかた》を扶養している親分の存立を許す余地はなかった。

もちろん、都会にも田舎の俠客の実を持った親分はあったかも知れないが、それは飽くまでも内証のことで、表面は必ず一定の職業によって堅気に生活することが必要であった。都会では何といっても政府の取り締まりと、町内の制裁とが厳重で、どんな親分でも「旅人」に草鞋を脱がせたり、賭場の「テラ銭」を常収入にして生活したりすることは許されなかった（本書第四十一、四十二項参照）。

そこへ行くと、徳川氏の中世以後田舎に発生した侠客、すなわち博徒の大親分なるものは、全然性質を異にしたものであった。彼等は博奕を常職とし、賭場の「テラ銭」を常収入として多くの子分を養い、義として無職浮浪の「旅人」を保護し、隣接地の親分に対してそのいわゆる縄張りの権利を主張するためには、互いに武装した多数の子分を率いて血の雨を降らせた。

特に注意を要することは、このような田舎の侠客が、一定の作法に従って前科者、凶状持、浮浪人、もしくは渡職人等、あらゆる漂泊者を保護したことである。彼等が浮浪の前科者もしくは凶状持を保護したのは、一に仲間の作法に従ってこれをしたので、一般社会の秩序を維持する道徳の標準に従ってこれをしたのではない。そこに彼等の仲間にのみ通用した特殊の「義理」があり、その「義理」をもととして固い親分子分の関係が成立した。

例えば一般社会においてどんな不義背徳を行って来たものでも、彼等の仲間に行われる一定の作法に従って「親分頼む」と袖に縋《すが》って来たものに対しては、親分はその男の前科もしくは凶状に対して、決して道徳的の批判を加えることなしにこれを庇護した。それと同時に、一旦その親分の羽交の下に抱かれた上は、絶対にその仲間の礼儀作法に従わねばならないことはもちろん、身内の掟《おきて》を守ることが必要であった。

このように説いて来ると、読者の中には怪訝《けげん》の眉を顰《ひそ》めて、田舎の侠客というものはそんな反社会性のものであったか。それでは弱きを扶《たす》け強きを挫《くじ》くのではなくて、悪を庇《かば》って善を斥《しりぞ》け、邪を迎えて正を拒む一種の反社会的結社ではなかったかと疑問を抱くかも知れない。

そうだ。彼等が一般の道徳的標準で「旅人」の前にその門戸を開かなかった点からいうと、彼等は一種の反社会的結社であったともいえる。しかし、彼等がそうして恐ろしい反社会性を帯びた前科者や、凶状持を庇護することの出来たのはほんの二、三日のことで、遅くも半ヵ月か一ヵ月後には、そうした前科者や凶状持は必ずその親分の許を飛び出すか、もしくはその身内の制裁をうけなければならぬ羽目に陥っていたのだ。

なぜならば、広い、寛《ゆる》やかな一般社会においてさえ、その秩序に従うことができないようなねじけものが、狭い四角張った親分の一家に客となって、仲間の厳しい礼儀、作法に従っていられるわけがない。二、三日はともかくも、七日十日と経つにつれて、彼は必ずその反社会的な地金を出して来る。彼がそのねじけものの地金を出したが最後、彼はもう一日でも親分の家に客である資格はない。自分で飛び出すか、身内のものに逐《お》い出されるか、さもなくばその制裁をうけるか、いずれにしても永く足を留めることは出来ない。そこにこの別社会と一般社会との妥協点があり、利害の共通点があった。

「旅人」が初めて親分を訪ねて来た時の作法は非常にむずかしいもので、その作法が一定の則に合いさえすれば、草鞋を脱ぐことだけは出来た。そうして「旅人」はこの親分から、かの親分へと旅をつづけて行くことが出来た。何のことはない、親分はその土地に対して、浮浪人宿泊所としての役目を引きうけていたようなものである。

そこに田舎の侠客のその土地に対する重大な使命があった。町奴も、町火消も発展してゆく市民に対して重大な使命を負っていたが、それと同じように田舎の侠客も、土地の安寧秩序に対してこのような重大な使命を負っていたのである。

もし田舎に「旅人」を引きうけてくれる親分がなく、恐ろしい前科者や凶状持が姿をかえて一般社会に入り込む、もしくは宿駅の神社仏閣を宿とするということになったならば、そのためにどれほどか土地の善良な風俗が乱され、安寧秩序が妨げられたことであろう。幸いにして土地に親分があり、「旅人」は一の親分から他の親分へと渡って行くので、そのお蔭で一般社会は旅から旅へとさすらい歩く前科者や凶状持のためにその安寧秩序を脅かされる場合が少なくて済んだ。そこに博徒仲間の別社会と、一般社会と利害の共通点があった。

だから、固い親分になると、その多くの子分子方が仲間中のつきあいを、一般社会人（彼等はこれを素人衆と称えた）におよぼそうとすることを厳重に取り締まった。また取り締まるのが親分存立の最も重大な理由の一つであったわけである。そこに親分の一般社会に負う最も肝要の使命があった。

都会で町火消と町火消との闘争が、市民に少なからざる迷惑をおよぼしたように、田舎でも親分と親分との縄張り争いは、地方の良民に少なからざる迷惑をおよぼしたものに相違ない。ただ田舎の侠客の闘争は、多く河原とか野原とかいう場所を選んで行われ、田畑を荒らしたり民家を破壊したりするようなことは、ほとんどなかったらしい。それだけの事実から考えても、田舎の俠客が一般社会に対してどんなに節制を維持していたかということがよく分かる。

(註)

本書にもし多少でも学界に貢献し得るものがあるとすれば、それは第一に俠客の分類法である。俠客を町奴、町火消、旦那俠客、博徒および義賊の四つに分類してそれぞれその発生および存在の理由を研究した点にある。とりわけ本項以下数項にわたる叙述は田舎の俠客と「旅人」並びに一般社会との関係および田舎の俠客の発生および発達に関する地方の特殊条件に対して下した著者の独創的見解で、この見解の正否は一般の批正にまたなければならぬこともちろんであるが、もし後来この見解を社会史なり、経済史なりに採用して下さる学者があるならば、必ずそのよる所を明らかにして戴きたい。同じ教授仲間の著書だけを参考書として交換広告的に並べたり、古文書、古証文の目録を脚註することはずいぶん克明につとめたものであるが、思想家として最も尊ぶべき「解釈」すなわち「意見」の発表に関しては先人の努力に対して比較的ずるい所があると思う。古証文の皺のばしと同じように「意見」の採用に対しても、その出所を明らかにして戴きたい。

50 「貸元」の常職、収入およびその地方ブルジョアとの関係

徳川時代に関八州を中心として、全国に行われた賭博の最も普通な方法は「丁半」であった。賽の目を奇数と偶数とに分けて、奇数を「半」といい偶数を「丁」と呼んだのは何によったものか、その語源は明らかでない。

「丁半」による賭博の方法は極めて簡単なものであった。まず賭博場には「ぼん蓙《ござ》」といって蓙を敷き、勝負を争うものは何人でもその蓙の上に座り、賽二つまたは一つを「壺皿」という器に入れて伏置き、各人思い思いに等分の金銭を丁と半とに賭け置き、壺皿をあけて見て勝負を決するのである。

上方では賽を壺皿に入れず、掌に握って蓙の上に投げ勝負を決した。これを「投丁半」といい、賽は多くの場合三つ用いられた。「投丁半」には一賽と四賽以上とは用いられなかった。

賭博は屋内はもちろん、山林、原野どこでも適当な場所で行われたが、神社の祭礼や寺院の開帳等、人の多く集まる所で催されるのが最も普通であった。所によっては市の立つ日、その付近で催された。市で売買が盛んに行われ金が活発に動くので、賭博も大いに景気づいたわけである。

特に馬市などは金銭の取り引き額も大きく、売手にも買手にも地方ブルジョアが多かったので、賭場は非常な景気であったものらしい。

祭礼の日、開帳の日などは、賭場が多く神殿、仏堂の外に設けられたが、常の日には神官、僧侶が博徒の親分と結託して神殿、仏堂を賭場として提供した。名目はその貸料を殿堂の修繕費に当てるというにあった。そういう意味で、神官なり僧侶なりが主催者の格で鹿爪らしく、制服をつけて盆蓙の脇に座っているようなこともあったものらしい。しかし、実際上の主催者はもちろん、土地の貸元であった。

貸元の常収入であった賭博のカスリを「テラ銭」といったのは、初めその一部分が寺院の修繕費として納められたからであるなどいう説もある。また、土地の親分のことを「堂取り」と称えたのも同じ意味から来たものであるという。「テラ」は普通一両に二百の割り合いである。そうして負けたものはもちろん、勝った者も「テラ銭」として場に吸収されてゆく。場で腐《くち》るから賭博を「ばくち」といったなどいう人もあるが、もちろんそれは保証の限りでない。

賭場では親分が金銭上の全責任を負い、負けたものには金も貸した。親分のことを「貸元」と呼んだのはそれからである。また「貸元」はその縄張り内の賭場にだけ通用する短冊形の木札を発行し、それを「駒」と呼んでその出納を掌《つかさど》っていた。だから「駒」は自然「縄張り」の代用詞となり、親分がその後継者に縄張りを譲るというようなことがあった場合には「駒を譲る」といわれたものである。

「駒」には普通三種あった。「貫木」というのが一枚一貫、「金駒」というのが一枚一両「ビタ駒」というのが銭百文の通用であった。盆蓙の上では現金を使用せず、出張している貸元もしくはその代人が何時でも「駒」を現金と替えてくれた。

博徒仲間の作法は非常にやかましいもので、それがためには仲間同士でどうともすると血の雨を降らせた。しかし、ここに博徒の社会的存在理由を研究する人にとって、見逃してならぬ緊要な一事がある。それは博徒が一般社会人を「素人」と呼び、あるいは「堅気」と称え、非常に慇懃を極めたことである。彼等はその仲間の作法と習慣を、少しでも一般社会人におよぼそうとはしなかった。素人の方にどんな作法に違ったことがあろうとも、それを取り立てかれこれ苦情がましいことをいわず、また、いわせぬのが「貸元」本来の精神であった（本書第六十二―六十五項、国定忠治伝参照）。

何故ならば、素人は彼等にとって最高のお得意であった。仲間同士でばかり勝負を争っていたのでは世にいう「共喰い」で、それでは場が栄えない。田舎のお大尽とか、豪農の倅とかが来て遊んでくれるので、場も栄え自然に景気もついたのである。だから彼等はあらゆる点に気を配って、田舎大尽（上州地方でいえば、機業家とか織物商人とかいうたぐい）とか、郷士、豪農の倅とかいうものを面白く遊ばせることに骨折った。彼等が著者のいわゆる地方ブルジョアを「旦那衆」と称え、あらゆる方法でその機嫌を取ることに努めたのは、今日の商店やデパートメント・ストアの番頭達が、お得意筋の婦人を遇するのとほぼ同じであったものらしい。これらは、世人の全く想像以外のことである（仲間ばかりの共喰い博奕を「鉄火博奕」といった）。

上武地方の「貸元」の中には、テラ銭の幾分を貧乏な領主に納れてほとんど公許の賭場を張っていたものがあったし、八州（特に関八州の警察事務を管掌した勘定奉行の手先）と彼等との関係は全く公然の秘密であり、中にはその捕縄を預かって、「貸元」を常業とする傍、犯罪人の逮捕に任じていたものもあった。もちろんこのような貸元になると、前に述べた「旅人」に対する意義の深い、社会奉仕的職能はいつの間にか全く失われてしまったわけである。これは現代のいわゆる侠客なるものが、頑冥不霊な反動政治家の爪牙《そうが》となって世の弱者、被圧迫者のためにする社会運動を暴力的に威嚇しようとしているのとよく似たことの成行で、もし侠客の伝統が強きを挫《くじ》き弱きを扶《たす》けるという義侠的精神にあるならば、侠客が警察の犬となったりその手先となって、理も非もなく弱いものを迫害したり、弱いものの味方するものを威嚇したりするということは確かにその堕落である。

もちろん天領もしくは譜代の領土は前記地方に限らず、賭博は都会となく田舎となく、全国到る所に行われたが、関東地方で「貸元」と呼ばれた大親分は全く別ものであったらしい。例えば清水の次郎長のような、その旅人としての足跡は遠く両丹地方にまでもおよんだが、その侠客らしい水滸伝式の活躍は常に三河以東の地で演じられている。

今試みに天保以後、世に知られた「貸元」の主なるものを列挙すると、たいてい次のような顔触れである。

○上野

国定村 忠治

館林 二代目江戸屋吉五郎

館林 虎五郎

久宮 丈八

桐生 半兵衛・弥七

沼田 源蔵

小斎 勘助

○武蔵

川越在大井村 獅子ヶ嶽重五郎・同人後家おとき

府中 田中屋万吉

○甲斐

郡内 長兵衛

甲府 猿屋堪助

黒駒 勝蔵

小仏 勇助

大前田村 英五郎

館林 江戸屋兵右衛門

高崎 源太郎

玉村 主馬兄弟

大胡 団兵衛

吾妻 歌之助

小金井 小次郎

高萩 鶴屋万次郎

小川 幸蔵

武居 叱り安五郎

津向 文吉

鰍沢 鉄五郎

松井 喜之助

身延　定右衛門

○駿河

清水　次郎長　　由比　大熊

庵原　広吉　　和田島　太右衛門

○伊豆

大場　久八

○相模

小田原　相模屋万吉　　小田原　魚屋常蔵

○遠江

都田村　源八　　森　五郎

見付　友造　　中郡　吉兵衛

○三河

吉良　武一　　寺津　今天狗治助

三好　吉左衛門

○美濃

岩村　七蔵　　合渡　政右衛門

岐阜　弥太郎

○伊勢

津　安濃徳　徳右衛門　　古市　丹波屋　伝兵衛

小幡　周太郎

これらの博徒が腰に長脇差を横たえて仲間の出入りに血の雨を降らせたのは、おそらく天保以後のことで、はじめは上を憚って匕首一つ持つことの出来なかったそうである。上州長脇差の元祖大久保の大八という男は腰に鉈を下げ、これは諸人のために往来の邪魔を除き、悪い犬などを追い払うためだといっていたという。それが銘々長脇差を横たえ、槍、鉄砲を携え、甚だしきは拳銃を放って乱闘するようになったのは、全く彼等と八州警察との腐れ縁が深くなって、しだいに官の取り締まりが緩慢に流れて行った結果であろう。国定忠治のようなものは、八州の警察力では何とも手の下しようがなかったものである。

51　田舎の侠客の分布と徳川氏の譜代大名配置

田舎の侠客について、次にわれわれが考えなければならないことは、それが発生した時代と地方とである。一概に田舎の侠客といっても、日本国中、どこにでも発生したわけでない。駿州の清水の次郎長、伊豆大場の久八、甲州武居の安五郎、上州の国定忠治、大前田英五郎、館林虎五郎、武州の小金井小次郎、同国高萩の万次郎などすべて江戸を中心として、徳川氏がその要塞地帯とした譜代、旗本の領土もしくは将軍の直轄地に発生している。

徳川氏は江戸城の防衛上、武蔵を中心として相模、上野、下野、上総、下総、安房、常陸のいわゆる関八州はもちろん、東海道の入口である駿遠三ヵ国、中仙道の入口である甲信二ヵ国には外様大名を置かず、十万石以下の譜代と、二、三千石級の旗本（本書第十項、両近藤氏に関する記事参照）と、将軍の料地とでこれを固めた。

田舎の侠客、すなわち博徒の大親分はこの江戸の要塞地帯とされた関八州および駿遠参甲信十三ヵ国の特産物であった概《がい》がある。今、慶長五年関ヶ原の戦い直後に決定した前記十三州における諸大名の領土およびその陣屋と、明治二年版籍奉還当時における諸大名の領土および陣屋とを一覧表に纏めて貸元発生地帯の政治関係を一目瞭然とさせることとしよう。

	慶長五年関ヶ原戦役直後の配置			明治二年版籍奉還当時の配置		
国名	城又は陣屋所在地	石高	大名姓名	城又は陣屋所在地	石高	大名姓名
三	吉田	三〇、〇〇〇	松平　家清	吉田	七〇、〇〇〇	大河内信古
	西尾	二〇、〇〇〇	本多　康俊	西尾	六〇、〇〇〇	松平　乗秋
	―	―	―	重原	二八、〇〇〇	本多　忠直

51　田舎の侠客の分布と徳川氏の譜代大名配置

河	岡崎	五〇、〇〇〇	本多康重	岡崎	五〇、〇〇〇	勝倉勝達
	苅屋	三〇、〇〇〇	水野勝成	苅屋	二三、〇〇〇	土井利教
	―	―	―	挙母	二〇、〇〇〇	内藤文成
	作手	一七、〇〇〇	松平忠明	半原	二〇、二五〇	安部信発
	田原	一〇、〇〇〇	戸田高次	田原	一二、〇〇〇	三宅康保
	伊保	一〇、〇〇〇	丹波氏次	西端	一〇、五〇〇	本多忠鵬
	深溝	一〇、〇〇〇	松平忠利	西大平	一〇、〇〇〇	大岡忠教
遠江	横須賀	六〇、〇〇〇	大須賀忠政	堀江	一〇、〇〇六	大沢基寿
	浜松	五〇、〇〇〇	松平頼忠	―	―	―
	掛川	三〇、〇〇〇	松平定勝	―	―	―
	久野	一二、〇〇〇	松下重綱	―	―	―
駿河	府中	三〇、〇〇〇	内藤信成	府中	七〇〇、〇〇〇	徳川家達
	沼津	二〇、〇〇〇	大久保忠佐	―	―	―
	興国寺	一〇、〇〇〇	天野康景	―	―	―
	田中	一〇、〇〇〇	酒井忠利	―	―	―
甲斐	府中	六三、〇〇〇	平岩親吉	―	―	―
	郡内	一八、〇〇〇	鳥居成次	―	―	―

相模	小田原	四五、〇〇〇	大久保忠隣	小田原	七五、〇〇〇	大久保忠良
	一宮	一〇、〇〇〇	阿部正次	荻野	一三、〇〇〇	大久保教義
武蔵	騎西	二〇、〇〇〇	大久保忠常	六浦	一二、〇〇〇	米倉昌言
	岩槻	二〇、〇〇〇	高力清長	岩槻	二三、〇〇〇	大岡忠良
	小室	一三、〇〇〇	伊奈忠次	川越	八〇、四〇〇	松井康哉
	原市	一二、〇〇〇	西尾吉次	忍	一〇〇、〇〇〇	松平忠敬
	本庄	一〇、〇〇〇	小笠原信之	長尾	四〇、〇〇〇	本多正訥
安房	館山	一二、〇〇〇	里見美康	館山	一〇、〇〇〇	稲葉正養
	｜	｜	｜	加知山	一二、〇〇〇	酒井忠美
	｜	｜	｜	花房	三五、〇〇〇	西尾忠篤
上	大多喜	五〇、〇〇〇	本多忠朝	大多喜	二七、二九四	大河内正質
	佐貫	三〇、〇〇〇	内藤政朝	佐貫	一六、〇〇〇	阿部正直
	久留里	二〇、〇〇〇	土屋忠直	久留里	三〇、〇〇〇	黒田直養
	山崎	一二、〇〇〇	岡部長盛	桜井	一〇、〇〇〇	瀧脇信敏
	｜	｜	｜	小久保	一〇、〇〇〇	田沼意導
	｜	｜	｜	飯野	二〇、〇〇〇	保科正益
	｜	｜	｜	鶴牧	一五、〇〇〇	小野忠順

51　田舎の侠客の分布と徳川氏の譜代大名配置

総	―	―	―	一の宮	一三、〇〇〇	加納久宜
総	―	―	―	菊間	五〇、〇〇〇	水貫忠敬
総	―	―	―	芝山	五〇、〇三七	太田資美
総	―	―	―	鶴舞	六〇、〇〇〇	井上正直
下総	佐倉	五〇、〇〇〇	松平直輝	佐倉	一一〇、〇〇〇	堀田正倫
下総	関宿	四〇、〇〇〇	松平康元	関宿	四八、〇〇〇	久世広業
下総	臼井	三〇、〇〇〇	酒井家次	古河	八〇、〇〇〇	土井利興
下総	矢作	一二、〇〇〇	堀直重	結城	一七、〇〇〇	水野勝寛
下総	―	一〇、〇〇〇	青山成重	多古	一二、〇〇〇	久松勝行
下総	小見川	一〇、〇〇〇	土井利勝	小見川	一〇、〇〇〇	内田正学
下総	岩田	一〇、〇〇〇	北条氏勝	高岡	一〇、〇〇〇	井上正順
下総	守谷	一〇、〇〇〇	菅沼定義	生実	一〇、〇〇〇	森川俊方
両総	―	一八、〇〇〇	青山忠成	―	―	―
常	水戸	一五〇、〇〇〇	武田信吉	水戸	三五〇、〇〇〇	徳川昭武
常	下妻	六〇、〇〇〇	多賀谷重綱	下妻	一〇、〇〇〇	井上正巳
常	手綱	四〇、〇〇〇	戸沢政盛	志筑	一〇、一一〇	本堂親久
常	宍戸	五〇、〇〇〇	秋田実季	宍戸	一〇、〇〇〇	松平頼位
常	笠間	三〇、〇〇〇	松平信一	笠間	八〇、〇〇〇	牧野貞寧

国	城	石高	城主	城	石高	城主
陸	土浦	三五、〇〇〇	松平康重	土浦	九五、〇〇〇	土屋挙直
	下館	二五、〇〇〇	水谷勝俊	下館	二〇、〇〇〇	石川総菅
	府中	一〇、〇〇〇	六郷政乗	麻生	一〇、〇〇〇	新荘直敬
	牛久	一〇、〇〇〇	山口重政	牛久	一〇、〇一七	山口弘達
	｜	｜	｜	石岡	二〇、〇〇〇	松平頼策
	｜	｜	｜	守山	二九、三二二	松平頼之
	｜	｜	｜	松岡	二五、〇〇〇	中山信徴
	｜	｜	｜	谷田部	一六、三〇〇	細川興実
信濃	上田	一一五、〇〇〇	真田信幸	上田	五三、〇〇〇	松平忠礼
	川中島	一二〇、〇〇〇	森九政	飯山	二〇、〇〇〇	本多助寵
	松本	八〇、〇〇〇	石川康長	松本	六〇、〇〇〇	戸田光則
	飯田	五〇、〇〇〇	小笠原秀政	飯田	一七、〇〇〇	堀親広
	小諸	五七、〇〇〇	仙石秀久	小諸	一五、〇〇〇	牧野康済
	高島	二七、〇〇〇	諏訪頼永	高島	三〇、〇〇〇	諏訪忠礼
	高遠	二五、〇〇〇	保科正克	高遠	三三、〇〇〇	内藤頼直
	｜	一五、〇〇〇	石川康勝	龍岡	一六、〇〇〇	大給乗謨
	｜	｜	｜	須坂	一〇、〇五三	堀直明
	｜	｜	｜	松代	一〇〇、〇〇〇	真田幸民
	｜	｜	｜	岩村田	一五、〇〇〇	内藤正誠

51　田舎の俠客の分布と徳川氏の譜代大名配置

上野	館林	一〇〇、〇〇〇	榊原康政	館林	六〇、〇〇〇	秋元礼朝
	厩橋	三五、〇〇〇	酒井重忠	前橋	一七〇、〇〇〇	松平直克
	臼井	二〇、〇〇〇	松平康長	高崎	八二、〇〇〇	大河内輝照
	大胡	二〇、〇〇〇	牧野康成	沼田	三五、〇〇〇	土岐頼知
	那波	一〇、〇〇〇	酒井忠世	安中	三〇、〇〇〇	板倉勝殷
	豊岡	一〇、〇〇〇	根津信政	小幡	二〇、〇〇〇	松平忠恕
	伊勢崎	一〇、〇〇〇	稲垣長茂	伊勢崎	二〇、〇〇〇	酒井忠彰
	八幡	一〇、〇〇〇	本多正信	七日市	一〇、〇一四	前田利豁
	—	—	—	吉井	一〇、〇〇〇	吉井信謹
下野	宇都宮	一〇〇、〇〇〇	奥平家昌	宇都宮	七〇、八五〇	戸田忠友
	佐野	三九、〇〇〇	佐野政綱	佐野	一六、〇〇〇	堀田正頌
	皆川	三〇、〇〇〇	皆川広照	足利	一一、〇〇〇	戸田忠行
	黒羽	二〇、〇〇〇	大関資増	黒羽	一八、〇〇〇	大関増勤
	真岡	二〇、〇〇〇	浅野長重	吹上	一〇、〇〇〇	有馬氏弘
	烏山	二〇、〇〇〇	成田泰親	烏山	三〇、〇〇〇	大久保忠順
	山川	二〇、〇〇〇	山川朝信	高徳	一一、一三九	戸田忠綱
	那須	一七、〇〇〇	那須資清	—	—	—
	壬生	一五、〇〇〇	日根野吉明	壬生	三〇、〇〇〇	鳥居忠実
	大田原	一二、四〇〇	太田原晴清	大田原	一一四、〇〇〇	大田原勝清

▼備考＝右表中（一）遠州堀江の大沢基寿は大名でないものを大名であるといって届出たので直に除籍された。（二）伊豆には関ヶ原戦役前、韮山に内藤清成、下田に戸田尊次の封ぜられたことがあったが、関ヶ原戦役後、明治維新に至る約二百七十年間は、将軍の直轄地として終始した。

上記譜代（関ヶ原戦役直後の分には、厳密に譜代ということの出来ぬものがだいぶ交っている。しかしそれは三代の末頃までに大部分整理されてしまった）の領土と譜代の領土との間に挟まって将軍の料地（代官支配）があり、旗本の知行所があった。旗本の知行所における苛斂誅求《かれんちゅうきゅう》（税金などをむごくきびしくとりたてること）が、譜代の領土内におけるそれに譲らなかったことはもちろんであるが、将軍の料地にも代官政治の弊害から百姓の皮を剝ぎ、骨を削るような厳しい搾取が行われていた。そこへ天明・天保の二大飢饉が襲来して、百姓も真面目に鍬の柄にばかり縋っていたのでは、何としてもその生計が立ち行かなくなり、娘を宿場女郎に売るか、一家離散して他国に出稼ぎするか、もしくは遊民となって親分（貸元）の落ちこぼれに生活するか、どの途《みち》百姓では絶体絶命ということになって来た。それらの事情は追々に詳しく述べるとして、ここにはまず田舎の俠客、すなわち「貸元」の発生学上見逃してならない前記十三州（伊豆を加えて十四州）中の将軍の料地およびその陣屋所在地を一覧表にまとめて御目にかけることとしよう。

江戸城要害地域における将軍料地一覧表

国名	石高	役所およびその所在地

51　田舎の侠客の分布と徳川氏の譜代大名配置

三河、遠江の内にて一口	七二、〇〇〇	三河国赤坂陣屋および遠江国中泉陣屋
信濃一口	九六、〇〇〇	信濃国中之条陣屋、同新田村陣屋、同野村陣屋
同上	六、〇〇〇	同　上　荒町役宅
同上	五四、〇〇〇	松平丹後守取扱
同上	二〇、〇〇〇	真田信濃守取扱
同上	七〇〇	堀石見守取扱
遠江、駿河の内にて一口	六〇、〇〇〇	遠江国浜松紺屋町陣屋および島田宿陣屋
甲斐一口	九二、〇〇〇	甲府陣屋
同上	六九、〇〇〇	甲斐国市川大門陣屋
同上	六九、〇〇〇	同上、石和陣屋および谷村陣屋
駿河、伊豆、相模、武蔵の内にて一口	一一四、〇〇〇	伊豆国韮山屋敷および三島陣屋
相模一口	三、〇〇〇	浦賀奉行
武蔵一口	一一、〇〇〇	神奈川奉行
同上	六六一、〇〇〇	江戸馬喰町郡代屋敷
武蔵、上野の内にて一口	九四、〇〇〇	岩鼻郡代
下野一口	八三、〇〇〇	下野国真岡陣屋および東郷陣屋
信濃、越後の内にて一口	八八、〇〇〇	越後国出雲崎陣屋および川浦陣屋
下野、陸奥、越後の内にて一口	七四、〇〇〇	下野国田島陣屋、岩代国舟津陣屋および越後国小千谷陣屋

常陸、陸奥の内にて一口	六一、〇〇〇	常陸国塙陣屋および陸奥国浅川陣屋

これで「貸元」発生地の政治地図が大体読者の頭脳の中にたたみ込めたわけである。これから一転して、なぜ譜代大名が外様大名よりも多く、その領内の百姓を流離させ、もしくは百姓の心を荒ませたかということの説明に入ることとする。

52　譜代大名の移封と農村の疲憊《ひはい》

徳川時代における一般武士階級の貧乏は、時代の上空を吹いている経済的気流の致す所で、大諸侯は大諸侯なりに貧乏をし、小諸侯は小諸侯なりに貧乏をし、また旗本は旗本なりに貧乏をしていた。もちろんその身分と官職との異なるにつれ、それぞれの貧乏振りに相違はあっても、いやしくも、封土を経済の基礎とし、禄米を生活の資源としている武士階級に属する限り、貧乏という悪運の輪廻から脱出することはむずかしかった。

このように徳川時代の武士階級は大は大なりに貧乏をし、小は小なりに貧乏をしていたとはいうものの、このような支配階級の一般的貧乏によってうける被支配者の運不運に至っては全く別であった。

例えば、同じ百姓でも、二、三万石級の譜代大名の支配を受けたものと、幾十万石という外様大名の支配を受けたものとの間には、その運命の上に非常な相違があった。もちろん、前に述べたように、貨幣経済の驚くべき急激な進展につれ彼等がその領有する土地および人民に対する一切の興味と愛着とを喪失したことは、一般の傾向であったには相違ないけれども、なお二、三万石級の譜代大名のその封土および領民に対する態度と、幾十万石の外様大名のその封土および領民に対する態度との間には非常なへだたりがあった。このへだたりは何によって生じたか。もちろん原因はひとつでなかっただろうが、その最も重要なものは徳川氏の諸侯統制策として、参勤交代の制度と並び行われた移封政策が実際の事情として、多く二、三万石級の譜代に適用されたことである。前項に挙げた江戸城を中心とする十三州の譜代大名配置表は、ただ、慶長五年（一五九九）と明治二年（一八六九）との両年度を対照しただけであるから、彼等に対する幕府の移封命令がいかに頻繁なものであったかを如実に物語ることは出来ないけれども、今、著者の手許にある、貞享年度（一六八四―八七）と文化年度（一八〇四―一八）との配置表を右両年度の間に挟んで考えるならば、何人も前記十三州における譜代大名の移封がいかに頻繁を極めたかに一驚を喫するであろうと思われる（紙数の制限があって、ここにその表を掲載することの出来ぬのはすこぶる遺憾である）。

徳川氏の封建制度は、諸大名の封土を本とする自給自足的経済組織の上に打ち建てられた地方分権的（原始的）封建制度でなく、全国に流通する法定貨幣を本とする商工国家組織と折衷して打ち建てられた中央集権的（半郡県的）封建制度である。そうしてその折衷主義の実際に現れたものが諸大名の参勤交代制度であり、参勤交代と並んで徳川氏の最も重んじているのは諸大名の移封政策であった。そもそも封建制度すなわち荘園経済の本来からいえば、一つの制度として地頭を移転させるということはなかったものである。非常な事変の後、新地頭が取り立てられるとか、旧地頭が改易されてその領土を功臣に頒与されるとかいうことのあったことはもろんであるが、制度として、地頭は永くこれを同じ土地に定着させるべきものでないというような主義、政策の成立つべき余地はなかった。

しかし家康は原則上諸大名の移封の必要であることをいっている。大事変によって移封の事実が生じた場合のことをいっているのでなく、主義、政策として、言い換えれば制度として移封を行うべきことをその子孫のために注意している。世に『家康百箇条』の正本と称されるものに、

一、外様譜代ニ限ラズ、数年ノ間領地ヲ引キ替ヘシムルハ、久シク其ノ地ニ馴ルルコトアレバ、則チ領主ノ志柔弱ニシテ、自ラ私慾ヲ恣ニシ、竟《ツイ》ニ其ノ民ヲ苦シムルニ至ル故ナリ。地ヲ易《カ》ヘシムル事ハ、其ノ行跡ニ依ルベキ事。

また、駿河国久能山の宝蔵に納められたと伝えられる『家康百箇条』の別本によると、次のようにある。いずれにしても、原則上諸大名の移封を必要としている。

一、旧来ノ国司ハ相関セズ。其レヨリ以下ハ所領ノ地、永代タラシム可カラズ。年々相量リ、所領ノ地移易ヲナスベシ。永代セシムルトキハ、必ズ己ヲ驕リ、民ヲ傷マシムルニ至ル事。

徳川氏が原則上諸大名の移封を必要とし、微細な欠点でもあれば、直ちにこれを口実として移封を行ったのは、地頭を地頭と見ず一種の地方官として取り扱ったことになる。地頭は封建制度のものである。地方官は郡県制度のものである。徳川氏の封建制度と鎌倉の封建制度との根本的相違がそこにあった。

つまり、この移封政策が幾十万石という大諸侯に対しても、遠慮会釈なく行われたのは、慶長の初めから寛永の末頃までで、そののちは浮浪人の発生その他の社会事情に抑制されて、大諸侯ことに外様大名に対しては、制度としてこれを行うことが出来なくなったものらしい。そうして、それがいつしか二、三万石級の譜代大名に対してのみ課せられた一種の勤役となった。

田舎の俠客、すなわち「貸元」の発生および発達は、譜代旗本および将軍の料地における農村荒廃の影であり、農村の荒廃は右に述べた制度としての移封政策と重大な関係がある。

53　餓死するまで搾取された譜代並びに天領の農民

かつてトルストイが「現代の奴隷制度」という小冊子の中でこういうことをいった。昔の奴隷はその主人の私有財産であったから、主人はある程度にこれを使役して、常にその健康を計らなければ損ということを知っていた。あまりに虐待酷使して殺してしまっては、せっかく大金を出して買った奴隷が何の役にも立たない。すなわちこの利害関係から、昔の奴隷私有者は、多少でも奴隷を労《いたわ》るということを知っていた。ところが今日の資本家というものは実に無慈悲なものである。労働者は賃金によって市場に売られる一種の経済的貨物である。もし使役が過ぎて彼等が労働に堪えなくなった暁には、直ちに彼等を解雇して、さらに新しい労働者を雇い入れるのである。今日の資本家は労働者が過度の労働、苛酷な待遇に堪えずして、遂に倒れるに至るまではこれを使役し、これを虐待し得るのであると。

これは何もトルストイに聴くまでもない。普通経済学の初歩において学ぶことである。ところがここで面白いのは、前に述べた大名と領内における百姓との関係が、上古における昔の奴隷とその主人との温情的関係にすこぶるよく似ていることである（拙著『日本経済革命史』参照）。大名もその財政の逼迫につれて、おおいにその領内の百姓を苦しめたけれども、幕府の直轄地における代官ほどに甚しいことはなかったのである。外様大名は譜代大名と違って無暗に移封を命ぜられることがなかったので、百姓は永代の宝である。善政を施しておけば、自分一代の中に利益がないまでも、その子孫は必ずその恩恵に与るのである。そこで外様大名が領内の百姓を苛めるということはどの方面から考えても損である。けれども、背に腹は代えられぬという場合になれば、悪いと知りつつも無理な徴税もやらなければならぬ。しかしながら、これを幕府直轄地の代官に比べて見ると大いにその手心が違う。ちょうど昔の奴隷の持ち主が、奴隷を労ることを知っていたように、彼等はその領内の百姓を労ることを知っていた。

そこへ行くと幕府直轄地の百姓と代官との関係はまた、今日の労働者と資本家との関係にすこぶるよく似たものであった。幕府の代官がその配下の百姓を憐れむことを知らなかったのは、あたかも今日の資本家が、賃金労働者を労ることを知らないのと同じ事情であった。

そもそも代官とは、幕府がその直轄地を預けて行政、徴税のことを司らしめたものであって、多くは軽微の旗本をこれに任じた。人も知るように徳川氏は家康以来、百姓は餓死もさせず、貯蓄もさせないほどに搾取することを民政の極意とした。彼等は地方官に人物を据えて、泰平の基礎を磐石の固きに置くということを知らなかった。地方官といえば一概に腰抜役のように思い、劣等なる人物に極めて僅少なる捨扶持を給してこれに当てたのである。

実例についてこれをいえば、十万石から十七、八万石の土地を預ける代官に、三百俵から五、六百俵の旗本を当てた。そこで彼等のなし得る所は、ただ機械的に年貢をとりたてることばかりであった。少しむずかしい訴訟でも起こると、彼等はそれをすぐ江戸に持ち出して、勘定奉行、町奉行の手に渡した。

それに彼等は代官という名の示すように一時的、腰掛的の役人であって、そこの百姓と自分自身との間には何等の利害関係もなかったのである。彼等はただ中央政府の御機嫌を窺って、自分の立身出世を計るほかに何の目的もなかったのである。彼等の眼にはその配下の百姓が路傍の雑草のように見えたに相違ない。あたかも今日の資本家が労働者を牛馬のように待遇すると同じく、彼等はである。

彼等の支配下にある百姓が破産するのを眼のあたりに見ながら、平気で無理な年貢を取りたてたのである。

彼等は進んで国利民福を計ることを知らなかった。彼等は百姓の風俗を矯正することを知らなかった。彼等は百姓の訴訟を裁断することを知らなかった。彼等は牧民官として全く無能力者であった。彼等はただ一個の租税圧搾器であった。しかしながらこの租税圧搾器にも一条の鋭敏なる神経が通っていた。鋭敏なる一条の神経はただ、中央政府の鼻息に向かってのみ働いた。すなわちこの租税圧搾器は、なお中央政府の意を迎えるために、百姓から出来得る限り多くの租税を徴収するということにかけては実に驚くべき力をもっていたのである。「官僚政治」の弊害はすでに徳川幕府の組織にも存在した。

当時の政府は実に、一粒でも多くの租税を取り立てた代官を働きのある代官として優待したのである。そこで代官も民政などということは眼中に置かない。盗賊が横行しようとも、訴訟沙汰があろうとも、そんなことは一向に構わないで一粒でも多く取り立てることばかり考えていた。取り立てて一日も早く栄転の恩命に接することをのみ心掛けていたのである。今日の政府にもこの種の弊害は甚だしいものがある。

彼等の徴税はただ、前代の代官の取り立てが標準であった。前代の代官が十万石の蔵入のところで三、四千石も余計に取り立てそのために立身出世したとすれば、その後任者はその上に一、二千石くらい余計に取り立てて見せなければ、その働きが現れないのである。このようにして、直轄地の租税は代官の交代ごとに増加し、果ては十万石の場所から十四、五万石も取り立てるという事になって行ったのである。代官の悪政はこればかりでない。

54　新田の開発と見取法の弊

代官の悪政はそれだけではなかった。新田開墾事業のようなものはその最も甚しきものであった。新田の開墾といえば大層その名は美しいが、実はこれほど百姓にとって迷惑なことはなかったのである。代官が功を焦り、立身出世を希うことを急ぐのにつけ込んで、郷士とか名主とか呼ばれた地方ブルジョアどもが巧く代官を籠絡して、新田の開発ということをやったものである。地方ブルジョアは代官に説いて、ただ今、何千両の補助金を下しおかれなば、それがしの古川、古沼を埋め立て、もしくはそれがしの荒地荒野を開墾して、毎年何万何千石の収穫ある新田を開発しましょう。そうすれば、永久、何千何百石の御蔵入となる、などと蝦で鯛を釣るような話を持ちかける。代官はもとより百姓のことには素人であるから、たちまちその詐欺に乗せられて何千円という補助金を出す。地方ブルジョアどもはしたり顔にその公金を使って申し訳ばかりの開発をする。それも二、三年のうちには砂が入ったり水がついたりして、元通りの荒地になってしまう。これも代官が功を焦る結果である。何がな奇功を立てて中央政府の恩命にあずかりたいと思う一念から、遂にウカウカとこのような馬鹿な目に遇うのである。

ところがこの新田というものは、砂が入ったり水がついたりするようなことがないとしても、五年や三年では五穀の育つようになるものではない。少なくとも十年は耕しこなした後でなければ収穫はない。そうしてようやく作物に有りついたところで、その収穫は知れたものである。そこで百姓は皆、新田をいやがって作るものがない。たいていの所は元の荒地に帰してしまうのである。

ところが、その新田が一旦公儀の帳簿に登記されたが最後、それが荒地となって一粒の収穫がなくなっても容易に帳簿の上から取り除かれるということはないのである。なぜかというと、役人というものは御蔵入りの石高の減少するのをひどく嫌がるものである。そこで荒地に帰った新田の年貢は、これを一村一郡に割りあてて取り立てた。たとえば、一万石の場所に千石の新田(荒廃に帰した)があったとすれば、そこの百姓は十石について一石ずつの増税を余儀なくせられたのである。卓上の政治、帳簿の政治、これ実に立派な「官僚政治」である。直轄地の百姓は、無情冷酷なる代官の手によって、産を破り、家を傾け、漂泊の民となるまでに苛《さいな》まれたのである。

それればかりか、徳川幕府の税法である見取りの法は、この窮迫の農民を恐るべき自暴自棄に陥らせる最も劣悪な制度であった。徳川氏は租税としてたいてい収穫の四分の一を徴収していたが、これを取るには見取り法と定免法との二つがあった。見取り法というのは代官が秋ごとにその地を巡検して上熟には多くを取り、下熟には少しを取った。しかしながら、この見取りの法というのが後に至って大弊害を醸したというのは、これによって代官が収斂を恣《ほしいまま》にすることが出来たというよりも、むしろこれによって勤勉な農民を怠惰な遊民に駆り立てたということである。

なぜ見取りの法が勤勉な農民を怠惰な遊民に駆り立てたかというと、それはやはり代官が税法の精神を誤ったからである。いくら働いても損である。百姓はこういうことを考えて遂に自暴自棄に陥るに至ったのである。働いて米がよく出来ればよく出来たでやはりたくさん取られる。米のよく出来ない時には代官の方で酌量してくれる。結局は取れても取れなくても同じことである。これは働くだけ損である。働けば働くだけ多くとられて骨折り損のくたびれ儲けとなる。これがその当時の百姓の考え方であった。彼等は勢い怠惰に赴かざるを得なかった。彼等はその窮迫と共にますます自暴自棄に陥ったのである。

百姓にこんな自暴自棄の考えを起こさせたのは無論代官の罪である。代官が見取りの法という徴税法の精神を曲解して苛斂誅求をこととした結果である。けれども要は、徳川幕府の地方政治が根本において誤っていた結果である。彼等は地方官の職務の重要さを知らなかった。彼等は軽微にして卑賤なる小身の旗本を使って、地方牧民のことを司らしめた。

農業というものはその効果の一時に現れるものではない。今年善政を施したからといって、明年の秋に至ってただちにその効果が現れるものではない。百姓というものは、天然自然を相手に仕事をして行くものである。一つの施設をしても十年もしくは十五年の後でなければその効果を見ることは出来ないのである。故に農民を治めるものは、農民と終始を共にするものでなければならない。

ところが徳川氏がこれに任ずるのに一時的、腰掛的感情を持つ軽微の代官を用いたのは甚しい失策といわなければならない。

ここにおいて、幕府直轄の地は盗賊、博徒の巣窟であるかのような観を呈するに至った。無頼の遊民は党を立て、派を結んで良民を脅かした。しかも代官はこれを制することが出来なかったのみならず、自身もまたしばしば彼等の襲撃に遇って、官吏の威厳を踏みにじられたのであった（民政弛廃の事実は主として柴野栗山の上書による）。

55　盗賊日本左衛門

地方の荒廃が農民の流離となり、農民の流離は群盗の横行となって現れた。

元文、延享の頃から、地方に頻々として強盗が出没したのは全くこのためであった。特に幕府の直轄地は彼等の巣窟のような観を呈するに至った。彼等が豪農豪族の財を掠《かす》めて貧民に恵んだということは、その発生の原因から推して考えても、あるべきことである。世間は彼等を呼んで「義賊」といった。

彼等は大勢徒党して一人、もしくは数名の首領を推戴した。巨大なものに至ってはその徒党が五百、もしくは七百の多きに上るものさえあった。

これらの首領の中には、平生すこぶる真面目な武家もしくは町人の態を装っていながら、実は子分を四方に派遣して各地の豪商、豪農の家に住み込ませ、それと連絡を取って盗賊を働いているものが少なくなかった。このこころを以て読めば俗書も決して馬鹿にはならない。真の民情は正史よりもかえって俗書に現れている場合が多い。

日本左衛門のようなものはまさにその代表的なものであった。

日本左衛門は京都某家の浪人であって本名を浜島庄兵衛といった。日本左衛門はその異名である。中村左膳等六人と多くの子分を従えて諸国を横行し、盛んに豪農豪商の財を掠めた。幕府はこれを逮捕しようと大いに物色したけれども、彼等は変化出没最も自在にして容易にその網にかからなかった。しかも幕府の捜索がいよいよ厳峻を極むるにおよんで、日本左衛門も遂にその身を隠す所なく、京都の町奉行永井丹波守の許に自首して出た。

日本左衛門のことは、松崎尭臣の『窓のすさみ』にあり、森山孝盛の『賤のをだまき』にあり、神津貞幹の『翁草』にあり、紫野栗山の上書にあり、その宣告文は『温故実録』にもあって、同じく義賊と呼ばれたものの中では、最も徴すべき文献の多い方である。

『窓のすさみ』には次のように記されている。

同じころ、遠州見付、袋井の辺に浜川庄蔵とい(う)者、仇名には日本左衛門とい(う)。三十あまり、長五尺七八寸、強力にて従う者五、六百人といえり。所々押入(っ)て強盗すとて、盗賊役徳山五郎兵衛より組の者を遣（わ）して、党類数十人を捕えけるに、庄蔵は遁げ出て逐転（せ）しかば、人相書を以て検められけるが、冬の末にいたって、京町奉行永井丹波守（尚方）殿へ出て自訟（し）けるは、御尋の庄蔵にて候。人相書にて御尋候得は、隠れ申すべき方もなく、あるいは自殺また溺死にて仕べく候えども、某を御尋に付て、歴々の御辛労の段承るゆえ、罷り出で候また士の体にて若党など連れ御門まで参り、候は、一人にて参りては見咎められて、捕れてはくち惜（く）候故、かくのごとき体に仕立て罷り出で候。このうえは重刑に処せられ候事、覚悟の上にて候と申しければ、縄を懸（け）んとしけるに、強く搦《から》（め）は御無用にて候。いかように御搦（め）にても、遁れんと存（ず）れば、心にまかせ候。又二十間退（き）候えば、人手には懸り申さずとい（い）けり。

延享四年（一七四七）丁卯の春、江戸へ下し囚獄し、その手下の者共の捕置（け）るを引き出し見せけるに、平伏して尊貴人に仕（え）るが如く、おそれ敬するとぞ。種々拷問の上、汝遁れざる身なりとて、京町奉行所へ出でたるはさも有（る）べし。見付宿にて捕（え）し時立ち退いて、程経て出（で）ぬるは心底に巧む所ありと見ゆ。又人々の物を盗みたるにてはなく、貧なるゆえ、富有の方に往（き）て金を借りて、困窮の者に貸し与えつるゆえ、諸人帰伏しぬるという。さあらば、某の村の民共へ、大金を借り置き、返すべきといえども、受（け）ざる事、徒党の志と見ゆ。この二ヵ条を申し披《ひら》（く）べしとありければ、この儀誤りて候。今更申し開きこれなく候と申せしと巷説にありりし。夏の頃、江戸中引回し斬罪、見付の宿に梟首《さらしくび》せられぬ。同類の中、六人同罪、奴僕一人遠島せしとかや。

巷説にこの浜川は尾州宗春公に仕え、間者の役なりしに、後には側近く召されしともいえり。岡崎へ盗みに入（り）し噺《はなし》、そのほか種々の物がたりありし。金千両並びに衣類、上池村駒右衛門。千百両並びに質物に置き候衣類、向坂村甚七郎。六十両余向坂村西村大徳寺。千両並びに衣類、山村平之助。四両程、山瀬村弥次兵衛。質物の衣類、三木賀村治兵衛。五十両並びに衣類、赤池村源崎左衛門。衣類半鑓《はんやり》、深見村金左衛門。一両二分並に衣類、北崎村平十郎。右庄蔵当春より、所々押し込（み）取り申し候。このほか村々にて取候もの、数々に候。手下のものども去月十九日より、二十二日まで段々召捕候。日本左衛門は、遁（げ）申し候。右之趣《おもむき》、徳山五郎兵衛殿より、申し上（げ）られ、候由、風説書に見えたり。

この時、掛川の城主、小笠原土丸殿（能登守長恭）幼年なり。家老共注進申さず、越度《おちど》なりしとて、逼塞の公命ありしとぞ。

この時、官から回された日本左衛門の人相書を『翁草』は左のように伝えている。

強盗日本左衛門の事

延享七年寅年、日本左衛門という強盗の儀に付、御令出。

一　せい尺八九寸程、重右衛門事　浜島庄兵衛小袖くじら尺にて三尺九寸

一　歳二十歳見かけ三十一二歳に見え候

一　色白く歯なみ常の通り
一　目の中細く
一　髪中びん中少そろ元結十巻ほど巻き
一　月額こく引疵《ひききず》一寸五分ほど有り
一　鼻筋通り
一　貌面長く
一　えり右のかたへ常にかたぶき有り
右の外逃げ去り候節着用の品々
一　こはくびんろうに綿入小袖但し紋所丸に橘下着単物もえぎ袖、白郡内じゅばん
一　脇指二尺五寸つば無地ふくりん金もようさめ真鍮筋金有り、小柄な子、生物色々切羽《きりはね》
鎺《はばき》金さや黒小尻銀張
一　鼻紙袋もえぎ羅紗裏金入
一　印籠鳥のまきえ

右のもの、悪党仲間にては、異名日本左衛門と申し候。その身は、左様に名乗り不申《もうさず》候。古のものこれあるにおいては、そこに留置、御領は御代官、私領は領主地頭へ申し出で、それより江戸大阪京向き寄り奉行所へ可申達《もうしたつべく》候、尤（も）見及（び）聞及（び）候はば、その段可申出候、若《もし》、隠（し）置き、後日脇より相知（れ）候はば、可為曲事《きょくじたるべく》候。

寅　七　月

右御書付、江府より到来候。山城の国中へ、可相触《あいふるべき》者なり。

日本左衛門事、海道筋并《ならび》（に）東国在々を横行致し、富裕の者の方へ間諜を入れて、財物の有無を能く測り知（り）て後、その徒数十人を率い、深夜に押入り、四維を囲み、剣戟を振って防ぐ者を残戮《ざんりく》し、偏《ひと》えに夜討の如くにして、過分の金銀を奪う。これに随う悪党夥しく、近世希有の強盗故、公儀御尋ものに成る。然るに庄兵衛事、道中見付の宿の辺り徘徊する由注進有之《これあり》、公儀より捕手を被遣《つかわされ》しに、その捕手を切り抜きて逐電す。これゆえに愈々《いよいよ》草を分（け）て捜り求められしに、京都梶井御門跡近習新参の士に、怪敷《あやしき》者有りて、召捕られ、詮議を被遂《とげられし》処、庄兵衛が腹心の徒、中村左膳と申す者成り故に、同年十二月、京町奉行三井下総守、永井丹波守より、与力河合理右衛門、神沢与兵衛に同心を被副《そえられ》、左膳を江府へ被遣《つかわされ》しに、翌卯年正月庄兵衛事、天に背くぐまり、身の置き所無りしにや、自ら名乗（っ）て京永井丹波守役所へ出でけるまま、吟味の上庄兵衛粉無《まぎれな》きにより、与力塩津太郎兵衛、棚橋八太夫に同心を添られ、これまた江戸へ相渡され、同年江府において、庄兵衛左膳その外重立候悪党数人梟首《さらしくび》、残党死刑等に被処《しょせられ》、右庄兵衛左膳江戸へ被遣節、所司代牧野備後守よりも家来を被添

日本左衛門のことに関する『翁草』の記述は絶対確実のものと見ることが出来る。それは著者神沢貞幹が京都町奉行の与力で、日本左衛門の徒党、中村左膳を江戸に護送した本人だからである。貞幹はその時のことを記して次のようにいっている。

懸命の話

人の一生には、一度か二度か是非懸命のことあるものなり。よが一生に運を天に任せたるは、海道の賊日本左衛門が宗徒の党、中村左膳を守護して東行の時なり。彼の賊徒海道を横行し、数十人徒党して家へ押し入り、強盗をなす事、夜撃の如し、この徒戦国に出（で）なば、諸侯に成る大盗の類ならん。

是故に関東より、諸国々へ人相書を以て捜し求めらる。すでに見付の宿において、駿河与力、大将日本左衛門を捉（え）んとするに、切り抜（け）て逐電せり。これよりますます厳令を以て天下を捜さるれ共行方不知《しれず》。

中にも左膳は日本左衛門腹心の者なるが京師梶井御門主の近習と成（っ）て隠れ居たるを庁へ召捕ら（れ）え、東武へ渡さるるにより、その検使を某《それがし》承りぬ。

頃は延享三丙寅十二月中旬、京師を勃興す。相使、河合理左衛門、并（に）同心四人、所司代家来、長谷川総三郎副之《これにそう》。定例道中十二日にては、二十八日の著になれば、歳暮御規式《おきしき》に相障《さわ》り、いかがなりとて、十一日道中に割（っ）て、夜を日に継（い）て急ぐと雖《いえども》、さらぬだに短日の折から、そのうえ常の旅人と違い、公儀囚人の事故、泊り宿は、もちろん昼休みにても厳しく有（る）故に、刻限推し移って、昼休を立頃は、是非未刻下りなり。日々行程十五六里を往くに、泊り駅へ着く頃は、何《い》つとても亥の刻前後なり。それより式法済て臥す時は、子の刻過ぎに至る。丑の刻には出立を催し、寅の刻に出る。かくのごとく毎日夜をこめて立ち、夜更て着き、彼の賊徒のもっぱら徘徊をせる街道を、させる備《そなえ》もなく、無人にて夜行する事なれば、便宜の切所に待ち受けて、奪取なん事必然なり。我輩奴隷を合わ（せ）てわずか四十人には過ず、宿役幷にあらし子は、いくら有（り）ても頼なし、もし賊徒原蒐《かか》り来らんには、ひとえに公命のために我死を以てせんと心に決断して、昼夜の境なく夢路をたどる如く、ようやく不思議に行路難なく、十一日目に江府へ着き、町奉行馬場讃岐守へ囚人を引き渡し、旗舎石《はたごこく》町へ帰りぬる時にこそ、初めて人心地には成にけれ。

同晦日、登城、於蘇鉄間《そてつのまにおいて》、大目付、石河土佐守、御目付、橋本阿波守侍座、土佐守上意の趣被中渡《もうしわたされ》。理右衛門、某、白銀十枚宛《ずつ》御附台を以て頂戴し、同心四人は、白銀二枚ずつ被下《くださる》間、某等より可申渡旨《もうしわたすべきむね》にて、御附扮被相渡《おいいつけあいわたさ》（る）に付、請け取り退出、直ちに御納戸へ罷越、御銀請け取り同心へ右の段申し渡し、所司代家来は中の口より直ちに御納戸へ罷り越し、御銀請け取（る）計りにて、別段被仰渡《おおせわた》しはなし。

明くれば卯正月五日、江府を立（ち）、帰路に赴く。名にあふ富士山も、その折りにこそ初めて詠《なが》むる心地なんしたりける。

さて、浜松辺を通る頃より、京都東番所へ、日本左衛門自ら名乗（っ）て出たりともっぱら風説す。例の浮説ならめと、聞き流して段々上方近づくままに、道中しきりにこの沙汰喧（す）しければ、何ぞ少は所以有（る）事にやと噂して、鳴海駅へ着き止宿する処に、宿役人、京師先き触れを持参して、正月九日浜島庄兵衛事、京東番所へ自ら訴え出で、これより東組与力塩津太郎兵衛、西組与力棚橋八太夫幷同心差添関東へ左遣《さしつかわ》さる。御先き触れ到来せりと注進す。さてはこのほど道中の風説真なりやと、始て驚く事なり。

同十五日大津駅に宿する処に、翌十六日はや日本左衛門京を出発して、同駅にて行逢いぬ。ゆえに附添いの両人に相断（っ）て網越しに渠《かれ》を見請けたり。これはかねて人相書に記せる通り、人品剛健たる大兵と見えたり。又左膳は小男にていた（っ）て柔和なる美男なり。宮方御近習などには、もっとも相応の人体なり、さらに賊の類とは見えず。されども大胆不敵なる事は、日本左衛門も渠《きょ》（かしら）には不及《およばず》と申せし由、附添の人跡にて語れり。さればにや道中にても大切の囚人なれば、昼夜安否を問い、心を慰め遣わしけるに、左膳平気にて応対常の如し。江戸着前夜泊りにて、某等左膳へ暇乞の情を述べければ、左膳首を傾（け）てこれまで段々の御厚情難忘《わすれがたく》、忝《かたじけな》き次第（に）奉存《ぞんじたてまつる》旨、篤く礼謝して、始めて落涙す。某等も、図らず渠を警衛せし事、宿世の因成なるべし。そのうえ渠が心ざま優に健なるに心悼《いた》（み）て、不覚の涙を落しぬ。この徒その後処々にて捉（え）られ、同年臘月ついに江戸表にておのおの梟首せられけるこそ是非なけれ。

彼は上方から江戸の町奉行能勢肥後守に回送せられて、延享四年（一七四七）三月十一日、徒党六人と共に刑に処せられた。時に二十九歳。左に徳川幕府の宣告文を蒐集した『温故実録』によって彼の罪状を窺う事とする。

異名日本左衛門
無宿十右衛門事
浜島庄兵衛
二十九歳

此者儀、同類大勢申合せ、美濃、尾張、三河、遠江、駿河、伊豆、近江、伊勢右八ヵ国にて所々に押込み、金銀多く強盗致し候段、重々不届至極に付き、町内引廻しの上、遠州見付において獄門す。

また、日本左衛門の事については、柴野栗山もこれをその上書の中に挙げている。

先達て御仕置仰せ付けられ候日本左衛門、楯之進など申す類の強盗、ただいま田舎には所々に御座候て、平生手下の者へ恩沢を施し、金銀を遣し置候故、徒党の者大勢これあり、たがいにそのうちにても義理を立て合い命を捨て合い申し候て、一頭には五百人、七百人も御座候由承りおよび申候。

なお、栗山はこの原因を政府に実力のないことに帰している。正義の背後には必ず実力がなくてはならない。実力のない正義は正義にならない。ちょうどこのころのことであった。上州のある旗本の知行所で百姓の家へ強盗が押し入って金の無心をいいかけた。ところが折より近所の浪人者が来合わせて、かくと見るより、打ってかかり難なく件の賊を縛り上げてしまった。ところがこの賊をその筋の手に引き渡すと、これについての物入りがたいへんである。ちょっと受け取れぬ話であるが、これは公儀に罪人を処分する金がなかったのである。そこで罪人を出したものは、その費用を徴収せられたので下世話にいう盗人に追銭、これくらい馬鹿げたことはなかったのだ。

そこで百姓も考えた。これは公儀の沙汰にして、過分の費用を取られるよりも、少々金子をくれて追っ払うに越したことはない。うっかり訴え出て強盗に取られたよりもひどい目に遇っては堪らないというので、今しも縛を解いて追い払おうとしているところへ、「ソレ強盗だ！」というのでドサドサと駆け込んで来た村の者、大勢に見られてしまったからもう縄を解く訳にも行かない。仕方なしに公儀へ訴え出たが、驚くべしその費用七十両、そのころの水呑百姓に七十両は大金、とうとう破産してしまったという。こういう政府であったから、武蔵、上野、甲斐、相模、駿河、遠江、上総、下総等の地は、博徒、盗賊の横行に委せて、ほとんど収拾できない乱脈の状態に陥ったのである。

とりわけ上州の博徒、国定忠治の盛時のような時代の官憲の力では彼には指もさせなかったものである。

以上の叙述で、博徒の大親分、義賊の巨魁を産んだ地方の問題はほぼ尽くされた。これから著者の筆は一転してこのような怪物の発生を促した時代の説明に入る。

56　悪政と平行した天災事変

徳川末期における農村荒廃の原因は、すべて幕府の地方制度の根本的破綻を示したものに過ぎない。仮に五風十雨、順を得て農民が天災というものを知らずに過ごしたとしても、彼等は前に述べたような悪制度の結果としてかなりの逆境に沈淪《ちんりん》することを免れなかった。すでにこのような根本的の病因があるところへ時弊というものが加わり、天災というものが加わったのであるから堪らない。都市の発達に反して、地方はますます荒廃するのみであった。以下少しく享保以来の時弊と天災とについて、観察の歩をすすめなければならない。

徳川家康はいわゆる緊縮の奨励者であって、厳に豪奢華美の風を誡めたけれども、財政の根本を誤っていた。彼は諸大名の財富を枯渇させることが彼等の実力を殺《そ》ぐということは知っていた。けれども諸大名の貧困は、やがて幕府それ自身の貧困であるという経済の原則を知らなかった。爪の先へ火を灯すようにして節約、節約と譫語《うわごと》のようにいっていた徳川幕府も家康の死後四十年にして早くも財途の窮乏に泣くに至ったのである。

見よ、四代家綱は用金逼迫の苦に堪えずして、寛文二年（一六六二）というのに京都方広寺の大仏を鎔かして銭を鋳《い》た。これと同時に諸侯の中にも福井の松平忠昌のごときは、はじめて紙幣を造って領内に流通させたという。紙幣の背後には正貨の存在すべきものであるということも何もわきまえずしてやったのであるから、その紙幣の一般に信用の薄かったことは察すべきである。五代綱吉は晩年に至って政治に倦み、柳澤吉保が政権をもっぱらにするにおよんで、幕府の財政はさらに窮乏を告げた。

中興の明主、八代吉宗（享保）は財政整理によって幕府は大にその逼迫を免れることを得たけれども、天下の貧困はこれをどうすることも出来なかった。吉宗の治をもっても、地方にはなお日本左衛門のような盗賊が横行したのである。

九代家重は就職以来、酒色に耽って佚遊《いつゆう》をこととしたけれども、吉宗が後見に立っていた間は、いまだ甚しき政弊を見るに至らなかった。それなのに寛延四年（一七五一）六月吉宗薨去《こうきょ》の後は、家重はだんだんと驕奢を極め、十年の間政柄をあけて近臣の手に委ね恐るべき悪弊の種を蒔いた。彼はまず大岡忠相の族忠光を寵用し、ついで田沼意次を旗本から取り立てて「御側御用御取次」とした。宝暦十年四月、家重職を子家治に譲り翌年六月年五十一にして薨じた。

越えて家治将軍の明和三年には田沼意次側用人に進み、同六年には一躍して老中となり、遠江の相良五万七千石の大名となった。これと同時にその子意知もまた大和守と称して若年寄に進み父子政権を執って私曲多く、露《あらわ》に賄賂を貪って大いに世の風紀を乱した。意次は、家治の嬖妾《へいしょう》津田氏に媚び、贈遣を厚くして君寵を固め、弟意識《もとのり》を一橋徳川家の家老としてその側衛となし、権威飛ぶ鳥も落とさんばかりの勢いであった。

家治襲職の初めには、吉宗以来の宿老である松平武元、堀田正亮等があって、意次一派もやや憚《はばか》る所がないではなかったが、堀田正亮は田沼に劣らぬ喰わせものの狸老爺で、宝暦十一年にまず死し、後には剛毅方直との聞えのあった松平武元が残ったが、これも田沼の威勢には克《か》てず、安永八年（一七七九）に世を去ってからは意次の一人舞台、大小のこと皆彼一個の独断専決に出でて将軍は全く木偶《でく》にひとしきものと化し去った。

享保の紀綱はしだいに弛廃して、奢侈淫逸の風は滔々《とうとう》として一代に広がった。旗本も御家人も、譜代も外様も、窮迫は日に甚しく、それに加えて天災地変が頻々として起こった。金融はますます梗塞して天下の凶荒は真に見るに忍びないものがあった。


これより先、安永二年には疫病が大流行し、死するもの十九万人と称された。

同四年には五穀実らず、飛驒国高山に一揆の蜂起あり、信濃国木島という所にも百姓一揆が起こった。翌五年には麻疹が流行して猖獗《しょうけつ》をきわめ、三十歳以下の人でこれに罹《かか》らぬものは稀れであると聞えた。

同七年には伊豆大島の三原山が噴火し、石を降らすこと一里半、積むこと二丈におよんだ。

同八年には薩摩の大隅の地が大いに震え、桜島が噴火して熱砂を飛ばすこと霰のように、海上に数十の小島が出現したとある。

同九年の夏には関東一帯に大洪水があり、利根川、荒川、戸田川を始めとして諸川皆あふれ、江戸では永代橋、新大橋が落ちたほどで米価は天井知らずに騰貴して細民の困窮は言語に絶した。

安永十年の春、改元のことがあって、世は天明元年となった。これより先、明和九年（一七七二）が安永元年と改元された時も、江戸の市民等は「年号は安く永しと変われども、諸式高値迷惑の年」と落首して依然、不吉不祥の連続すべきを予想したように「天明も天命を知る年」だといってひどく縁起をかついだ。

案の定、この年上州に由々しい一揆が起こって高崎の城下に乱入し、日頃から憎んでいた富豪の家々を襲撃して乱暴狼藉を極めた。ことの起こりはこの秋、幕府が上州の絹織物業者に命じて、蚕一匹に付銀二分五里の運上を定めたことにあった。領主、右京大夫輝高は在府中であったが、足軽大将原田宇右衛門が命を奉じて馳せ向かい、鉄砲を発して一揆を駆け散らした。

天明二年（一七八二）は春から海が荒れ続きで、津々浦々に難船の噂が絶えず、古老の言によると六十二年目の凶変であるとのことであった。十二月十七日一日だけで溺死者七百余人と聞こえた。長崎に入港を許されていた清船十三艘、蘭船二艘の中、清船五艘（中、三艘は去年の乗り後れ）が入港しただけで、他は一艘も入港しなかったとある。

同年の春から夏にかけては、雨多く、諸国とも水害甚しい中で、伊予・土佐の二国は殊に甚しかった。また、関東では七月に入って地震頻々として襲来し、人々安き心地もなかったが、七月十四日の夜半と翌十五日の宵と二回にわたって激震あり、殊に小田原の被害が夥しかった。古老の言によると（約？）八十年前、未年（元禄十六年？）以来の大地震であったとのことである。

57　浅間山の噴火と罹災民の一揆

天明三年も春から夏にかけて雨が多く、関東では諸川氾濫して溺死四万人と伝えられ、六月でさえ老人は冬の物を着て過ごすほどであったが、七月に入って四日五日と俄《にわか》に暑く、このぶんならば五穀のみのりも良いだろうと人々愁眉を開く間もなく、六日の夜半というに夥しい鳴動と共に信州浅間山が破裂し、八日まで間欠的に噴火振動連続し、関東の地では大半が降灰に埋もれた。その灰の深さは一坪一石三斗におよび、江戸でさえ所によっては雪かと見るほどに降り積んだ。『後見草』に次のような記述がある。

日を経て後、慥《たしか》に見聞（せ）し人に逢（い）、尋問（い）侍りしに、其人の申せしは、今年水無月二十八日、九日の頃、浅間嶽鳴動厳しく、昼夜止（む）時なく、七月六日、七日に至り、空暗く雷し、電《いなびか》り眼を射日中も暗夜の如く、砂石の降（る）音は、雪霰より甚しく、人々恐れ戸をさし固め、往来する人も絶え、邂逅去（り）難き所用に出で行（く）事の有（る）ときは松明提灯にて路を照し侍りき。同八月未の刻、鳴動殊に甚しく、何やらん降り来る音したり。如何なるものと見れば泥雨なり。その熱きこと湯よりも熱し。またそれに交じて焼石、はげしく落ちかかれり。これは浅間御嶽東の方其鳴動の時に当たり一度にさっと裂け開いて隣国上州吾妻郡吾妻渓へ熱湯を吹き出せしにて侍りし也。

そもそもこの吾妻渓と申（す）は、左右は蛾々たる山にてその真中を流れ行（く）谷川の名成（る）よし。此故にこの川を吾妻川とも名附（く）となり。さてこの大変にかかりしは、この渓川に従いし左右に続きし二十二ヵ村、すべてこの間に立並ぶ大家小家はいうにおよばず、草木人畜に至るまで、すこしも形あるものは、有情非情の差別無く、皆熱湯と飛出す、百間、五十間の焼石にはねられ、微塵に砕け押流さる。その勢いはたとえなば百千の石火矢を一度に放つに似たるよし。またその熱湯の深き事は何程か計（り）難く、この災にかかりし村のその中に坪井と名附し所あり。其村に住居する助右衛門といふは、前は則（ち）吾妻川の路に臨み、後は万山という大山に続き、道よりは高き事一丈許（り）、山に傍て地を開き其所に長さ二十間余の酒蔵二棟立並べ、またそれより石段を付（け）、一丈許（り）、上の方に居宅を構え、その庭に正面に年経たる松を植置（き）たり。此松の高き事平地より五六丈も有之由、扨（て）、このたび山抜（け）を聞（く）と等しく、助右衛門が家族ども皆一統に遁れ出（で）後の山に這上り、顧みて見渡せば、川より続く熱湯の、さばかり高き松の木の、一の枝まで侵せしよし、其深き事、およ（そ）これにてはかり知（る）べし。

又助右衛門が陰徳は天も感応ましましけるにや。かかる災難に逢いながら、一家合わせて九十余人、不残後の山に遁れ、一人も横死する者なかりしよし。そのうちにただ一人の半下女、麓の畠に何やら摘みていたりしが、件の変事と見るより一さんに遁れ出んとせし内に、はや熱湯押来り、何とも詮方なく、あきれ立たるそのうちに不思議に搗臼流れ来り、其前を通る故、天の与えと飛乗って、三十里許（り）川下へ流れ著きしとなん。偏《ひとえ》に助右衛門が余幸とぞ、時の人々申せし也。

また、変の急なるは山の裂（け）たる所より、一里許（り）下ったかた、松の関所とい（え）るあり、この関は同国高崎の領主、右京亮輝知朝臣の預り給う所なり。その家の子、何某とい（え）る男、関の守をして居たりしに、この折しもその関の前へ掛置（き）たる松橋という橋を修理し給える時成しに、その工ども声々に山が抜けて候へとてあわただしく呼ばりしにより、その男是を聞（き）、武具は捨置（く）べきものならねば、持退んと提（げ）は提（げ）たれども、それさえも叶わずして漸々に遁れ出（で）、後の山に上りし由。

またこのとき諸共に右り左りの峰へ遁れし者、皆吾妻川の岸にのぞみ立続きたる里人なり。手足達者のものどもは、辛うじて遁れしが、跡に残りし妻や子は、家の外にも出る間もなく、浮つ沈みつ押流され、あるいは窓より顔を出しまたは棟木に取り付けて、助け給えと泣叫ぶ。彼者どもこれを見て、あれよあれよと呼ばれど、何とも詮すべくなく、見殺しにころせしこと、いと哀れげに語るもあ（り）、昔より七難とて七つの中にも、これは如何なる難にて侍る。聞

（く）さえもなお、おそろし。

総てこのたびの変災がかかりし所、浅間嶽の麓より利根川の汀に至り、およ（そ）四十里許（り）の内皆泥海のごとくなり。人家草木一つもなく、砂に埋れ、泥に埋れ、死亡せし牛馬限り幾程という数知れず。老若男女僧俗合せ二万余人となり。さればこそ、元利根川、新利根川、その川下の流々、人馬の死骸充満せり。（中略）

およ（そ）このたび焼砂蒙りし所十余ヵ国に及ぶとはいえども、なかんずく西は信州追分軽井沢を限り、東は上州吾妻郡はいうに及ばず、高崎、厩橋に至るまでを第一とす。深き所は一坪一石三、四斗に及ぶよし。これによりて田畑俄に荒地と成（り）、土民忽（ち）食を失い、其後に至りては、ここに三百かしこに四百、あるいは千人二千人、地頭々々の城下に詰め寄り、このこと歎き訴えたる。

このような天災に際しても、幕府は手を供して罹災民救護の策を講ぜず、諸侯もまた貧困、無力で応急の措置をとることが出来なかったために、在々所々の窮民はたちまち一揆と化して領主に強訴し、付近の豪家を劫掠《こうりゃく》し、果ては無頼の遊民までがこれに加わって次から次へと諸侯の城下を押して回るようになった。

この浅間山一揆のために騒動におよんだ土地は、板倉伊勢守克暁、牧野遠江守康満の小諸、松平伊賀守忠済の上田等がその中心であった。天明以後関八州の人心が加速度で険悪に導いた原因は多々あろうが、幕府および諸侯がこの浅間山噴火に際して遺憾なくその無力無能を暴露したことも、確かにその主なる原因の一つであったに相違ない。

このような天災も将軍家は恬《てん》として知らないかのような一代の画工を城中に召しその技を見て纔《わずか》に閑を消すのみでった。近臣は田沼の意を憚って誰一人世事民情を言上するものがなかった。このときにあたって意次の態度はどうであったか。彼はその権勢に驕って少しも地方の民情を顧慮することをしなかった。彼は天下の凶荒をよそに、人民の怨嗟に耳を蔽《おお》って、奢侈に耽り、賄賂を貪ってひたすら私を営むことにのみ汲々としていた。

このようにして、ついに天明の大飢饉は来た。それと同時に意次没落の時も来た。

58　天明大飢饉の惨状

人心は恟《きょうきょう》々として、何事かの異変を期待するかのようであった。

天明三年（一七八三）三月、麾下《きか》（将軍直属の家来）の士、佐野政言、田沼父子の専横を憤り、殿中に意知を刺さんとして果たさず獄に投ぜられ次いで死を賜った。一葉落ちて天下秋を知る。田沼の権勢もこのときがその絶頂であった。怨嗟の声はだんだんと世にその甚しきを加えて来た。

このときに当たり、天災事変はなお頻々として止まなかった。同年十二月二十六日午後十時頃、八代洲河岸から出た火は西北の烈風に煽られて大名小路を焼き払い、新橋、数寄屋橋、弓町、紺屋町辺から八官町、尾張町、木挽町、仙台屋敷におよび、北は京橋辺から南は鉄砲洲、築地、西本願寺、小田原町一円の地を烏有に帰させて翌二十七日午後六時頃に至り、ようやく源助町辺において鎮火した。この火事のために大名小名の藩邸がおびただしく消亡したので、時節柄、人いずれも怪訝の眉を顰めざるはなかった。

天明六年には田沼父子大名小名の貧困を救わんとして、融通金の命令を発し、かえって一代の物議を惹き起こした。融通金というのは諸国の社寺および農工商に命じ、五年を限り春ごとに金銀を輸送させてこれを諸侯に貸し与えて五年の後に償却させる制度であった。百姓、町人の迷惑真に察すべきである。

このようにして田沼意次はついにその勢力を失墜せざるを得なかった。天明六年彼は天下の誹謗、怨嗟に送られて野に下った。しかもこれと前後して天災はますますその暴威をふるい、累年社会の貧困は積もり積もってここに天明の大飢饉を現出するに至ったのである。

天明六年正月二十二日の火事もまた希有の大火であった。火は同日正午頃、湯島天神裏門前、牡丹長屋より発し、西北の烈風に吹き捲くられて三組町、妻恋神社、神田明神、鳳閣寺、旅籠町、内外神田より通町筋に出で、本町通を日本橋まで、東は小田原町、堀江町、小網町、境町、葺屋町を焼き、大伝馬町、小伝馬町、馬喰町、湊町より深川へ飛火し、熊井町、相川町、八幡宮一の鳥居仲町辺まで延焼し翌二十三日に至って鎮火した。

同年七月、暴雨八日八夜にわたりて歇《や》まず。暴風しばしば吹き起こって五穀穣らず。

八年京都に大火あり。

連年凶作の結果はこのときに至って悲惨の極に達し、窮民は所在に蜂起して米商富豪の家を壊し、脅喝掠奪を恣《ほしいまま》にするに至った。これより先、天災の頻発につれて米価の騰貴ははなはだしく、天明三年において一斗の値二貫五百文、同四年において一石の値銀四十匁、さらに七年に至っては京都において米価一石銀二百五十匁、江戸において百俵の値百二十両より百五、六十両におよんだ。さらに五月の中旬に至っては百八十二両に暴騰し、小売百文に付、四合より三号五勺と称するに至った。細民の窮迫はいうにおよばず、茶色都門に満ち、餓死者が野に横たわって、天下はあたかも餓鬼道の惨状を呈するに至った。

さすが京都は土地柄だけに市民は建礼門院に集まって米価の低落を祈ったが、さらにその効なく、窮民は江戸、大坂と共に蜂起して、破壊掠奪を恣にするに至った。

これと同時に伏見、播磨、神奈川、小田原にも一揆の暴動が始まった。江戸においては同七年五月二十日貧民赤坂門外の米屋を手初として四方の米商を襲い、到るところに破壊掠奪を行って過ぎた。鐘柝《しょうたく》の声（夜警の鐘や拍子木の音）は全市を脅かして、町芸妓や、幇間や、喜三二、全交、春町、京伝の戯作や、白猿、幸四郎、宗十郎、門之助、半四郎の芸術を以て飾られた花のような大江戸の文化も、たちまちにして恐怖と戦慄の洗礼を施されたのであった。大坂においても窮民の蜂起は江戸と同じく、米商の破壊されたもの二百戸に上ったという。この大飢饉における地方農民の窮状は杉田玄白の『後見草』に遺憾なく説き尽くされている。

御府内は五穀の値少し賤しくなりしかども、他国はさして替わりなく、次第次第に食い潰し、果ては草木の根葉までも糧になすべき程のもの、食せずということなし、あるいは松の皮を剝ぎ、餅を作りて喰う由、公にも聞召し、餓を凌ぐためなれば藁餅というものを作り食べよと触れられたり。……出羽陸奥の両国は常に豊饒の国なりしが、この時はそれに引きかえ取り分け不熟にて、南部津軽に至りてはよそよりはなはだしく銭三百文に米一升、雑穀もそれに準じ、後には銀十二匁に犬一匹、銀五十匁に馬一匹と値を定め侍りしよし、然ありしにより元より貧しき者どもは、生産の手術《てだて》もなく、日々千人二千人流人ども餓死せしと聞えぬ。遥か程過ぎて後、陸奥国松前潟に罷りし人、帰り来りて語りしは、南部の五戸、六戸より東の方の村里は、飢饉疫病の両災にありながら、行通う人もなく、民屋は立ち並べど、さらに人語の響なく、窓や戸ほそを窺えば、天災に罹りし人、葬り弔う人もなく、筋骨爛れ臥すもあり、あるいは白骨となり果て、煩い寝し、そのままに夜のもの来て転ぶものあり、また路々の草間には餓死せし人の骸骨ども累々と重り合い、いくつとなく有りけるを見侍ると申したり。（中略）

また、ある人語りしは、白河より東の方、この一両年凶作にて、婦人の月経回り来らず、鶏玉子を生まざる由、これも一つの異事なるべし。

しかもこれらのことは、たまたま世に知られた一部分の事実に過ぎなかったのである。

59　捕えてみれば下郎の手にもおえる稲葉小僧新助

天明五年（一七八五）には、天井知らずに高騰した米価も少し下落して、人の心も幾分は穏やかになった。ところが天明五年の春から秋にかけて、江戸に一人の怪盗が現れ、御三卿をはじめ、薩摩侯、肥後侯、安芸侯、小倉侯等歴々の館を襲って、太守の寝殿、居間、長局にまでも忍び入り、大枚の金銀をはじめ、太刀、衣服、調度等容易ではない品々を掠《かす》めて風のごとく消え去るのであった。町奉行も、盗賊方もそのたびごとに出し抜かれて、その影をさえ捉えることが出来なかった。

その怪盗の名は、誰いうとなく、稲葉小僧新助と呼ばれた。噂は噂を産み、想像は想像を孕んだ。曰く、稲葉小僧は大名富豪の財を奪って、貧民を救恤《きゅうじゅつ》する覆面の義人である。または、この義人は武芸十八般、何にでも通じている上に、変幻自在の忍術を心得ているなどなど。

安永、天明と打ち続いた恐ろしい社会不安が、江戸の市民に「義賊」の幻影を描かせることになった。義賊の元祖は鼠小僧ではない。鼠小僧次郎吉が江戸の小塚原で刑殺される約五十年以前、すでに稲葉小僧が江戸の人気を沸騰させている。しかもその人気は、彼が売った人気ではなくて江戸の市民が勝手に手負わせた人気である。

今でも講釈師にいわせると、稲葉小僧新助は、忍術遣いの素晴らしい義賊となっている。しかし天明五年九月十六日一つ橋の館で、名もない下郎の手に取り押さえられた彼は、全くのコソ泥で、かつて諸侯の大部屋で「田舎小僧」と呼ばれた蓮葉ものであった。杉田玄白は『後見草』に稲葉小僧のことを次のように書いている。

然るに春より秋に至り、世に稲葉（因幡）小僧といえる曲者ありと沙汰したり。この曲者の振舞い、並々の盗賊にあらず、人家の軒に飛上り、飛下りる事、まことに天をかける鳥の如し。また、塀をつたい、屋根を走る事、平地を走る獣より猶はやしとなり。しかるにより、いかなる堅固の御屋形にても、この曲者忍び入りてとおもいし所へははいり得ずということなし。まず一番に御三卿の御本殿を初めとして、薩摩中将、肥後少将、安芸侍従、津軽侍従、小倉殿、郡山殿其他御老職、浜田侍従、相良侍従、この殿原の御屋形、あるいは御寝殿、御居間近くいつの間にやら忍び入り、太刀、刀を先として、御衣服、調度、あるいは千金、二千金の御宝数多く盗み取（り）、今日はそこの御館、昨日はこの御屋形と毎日毎夜その沙汰止む時なし。これを伝え聞きし人々人間にてはよもあらじ、必ず妖術を修行せし悪党にては侍るべきと申さぬ者はなかりしなり。公にも、その沙汰聞召（し）、厳敷《きびしく》尋ね求め給うといえども、いずこに隠れ忍びしや。半年余りも知れざりし。

かかる稀代の曲者も運命尽る時成（る）が、同年九月十六日の夜、一つ橋の御屋形へ再び忍び入（り）たりしに、名もなき下部に生け捕（ら）れ、公に渡されたり。すなわ（ち）裁断所へ引き出され、様々と拷問されしかど、同類も侍らず、音に聞えしとは事かはり、させる術なき盗賊にて、元来は武蔵国入間郡の生まれにて、今年三十四歳に成（る）新助という男なり。片田舎の生まれ故、田舎小僧と申（す）を聞誤り、呼ならわし、稲葉小僧と唱えし。

玄白はまず稲葉小僧の仮面を剝いで、その真相を暴露した後、このような名もなき匹夫《ひっぷ》野郎が国主の館を憚らず、堂々とその寝所近く忍び入ったことを「人妖」と評して、暗に人心の機微を諷している。

60　賭博が下手で金放れが好かった鼠小僧次郎吉

天明大飢饉の最中に将軍家治が世を去って、世子家斉が職を継いだ。年甫《はじ》めて十五。正に天明六年九月（一七八六）のことである。その翌年、三家の僉挙《せんきょ》によって、白川の城主松平定信が入って老中となり、将軍を補佐して前代弊政の改革に当たった。

松平定信は幕府中興の明主、吉宗の次子田安宗武の子であった。剛毅果断、識見高邁の聞え高く、つとに封内を治めて成績のすこぶるる顕著なものがあった。定信老中の職に在ること六年、最も心を財政の整理に用い、緊縮節約をその第一策となし、実践躬行天下に臨み、忠賢を登用し、姦者を卻《しりぞ》け、いわゆる寛政の治績を挙げて上下の信頼を一身にあつめた。

歴史を読む人は寛政の治といえば、一概に天下の凶荒が根本的に救済されたように思うかも知れないが、それははなはだしい誤解である。定信の政治といえばたいへん有名なものであるが、時弊のよって来る所は、なかなか女髪結を禁止したり、鮮魚に代えて乾鯛を用いさせたくらいで匡正《きょうせい》するべきものでなかった。貧困の原因は深く社会の根底にあって潜んでいた。寛政の改革もこれを大局から観れば、しょせん因循姑息なる一種の弥縫策《びほうさく》（失敗・欠点などをとりつくろう策）に過ぎなかったのである。

見よ、八代吉宗の政治をもってすら、なお荒廃して行く地方の紀綱はこれをどうともすることが出来なかったのである。日本左衛門のような大盗が群をなして地方を横行したのである。まして松平定信の時代は悪政の結果と、飢饉の影響とを一時に受けた時代である。寛政の治といっても、それは前代と比較した上のことで、都鄙《とひ》ともに失業者、浮浪人の窮迫は実にはなはだしいものであった。

寛政の初年、定信が火付盗賊改役長谷川平蔵なるものの言を容れて、人足寄場を石川島に設け、無宿無頼の徒を留置して手業を営ませた。手業なきものは人足として使役し、官より衣食を給し、三年を経て解放し、その所得を給して正業に復したのはこれらの失業者に職業を与えんとする高等社会政策であって、平蔵が自らその管理の任に当たり、官が米五百俵、金五百両を経費として下げ渡されていた。当時の政治家が、その単純な頭脳からこのような複雑な救済法を案出したというにつけても、われわれは当時の役人がいかに浮浪人、失業者の跋扈に苦しめられていたかということを想像することが出来る。

しかしながら、このような失業者、浮浪人の跋扈から単に田沼意次悪政の結果、天明大飢饉の影響とのみ考えるのははなはだしき皮相の見である。都市に浮浪人、失業者が多かったのは、このころに至ってようやく資本集中の大勢が定まった結果である。大坂における蔵元、掛屋、江戸における札差、銀座のようなものは、天下の凶荒を外に見てむしろその黄金の洪水に苦しめられていたのである。

かの鼠小僧などは資本集中の大勢につれて、貧富の懸隔がますますはなはだしくなろうとする時代の険悪な人気を最もよく代表したものである。

天保三年（一八三二）八月十九日、無宿浮浪の窃盗犯、鼠小僧次郎吉と称するものが北郊小塚原において獄門の刑に処せられた。これは徳川斉昭が率先して海防術を講じた年であり、『日本外史』の著者、頼山陽の訃の伝えられた年である。しかしながら、江戸市民の耳には黒船の噂よりも、文豪の訃よりも一人の鼠賊、次郎吉の処刑ということが、より強くはげしく響いたのであった。

鼠小僧の次郎吉は、当時江戸随一の人気者であった。彼はただ盗人なるが故に人気を得たか。江戸ッ子は盗賊を喝采する軽薄の民であったか。否、否、鼠小僧の人気を得た理由は別にあった。それは鼠小僧が大名、富豪の大邸宅をのみ襲って、かつて累を一般市民におよぼさなかったからである。彼は決して普通町人の家を侵さなかった。彼は軀幹矮小にして、軽捷鼠のごとく、巧みに捕吏の眼をくらまして出没自在を極めた。その心意気の痛快にして、行動の警抜なる、江戸の市民は一斉に好奇の眼をかがやかして鼠小僧の正体を捉えようとした。

鼠小僧はついに江戸の不思議の一つとなった。その噂がひろがるにつれてその影はますます捕捉し難きものとなった。伝説によると当時堺町に住居をかまえて、各藩邸の大部屋を回っていた博奕打ちの某なるものがあった。彼は各大部屋の折助、中間どもから、親分々々と立てられて素晴らしい人気ものであった。なぜ彼が素晴らしい人気者であったか。ほかでもない、彼は賭博常習者にして少しも博奕のことに習わなかった。打てば必ず負けた。負ければ必ず綺麗にそれだけの金を投げ出した。要するに彼は博奕が下手で金放れがよかった。

博徒の親分になるものは博奕が上手ではいけない、また金放れが悪くてはいけない。大親分といわれる者ほど、博奕が下手で金放れが好い。

この博奕の下手な金放れの好い堺町の親分こそ、当時江戸市中に鳴り渡った鼠小僧そのものの正体であった。鼠小僧次郎吉の宣告文は次のごときものである。

町奉行榊原主計頭掛り

異名鼠小僧事

無宿入墨
次　郎　吉
三十六歳

この者儀、十年以前未年以来、所々武家屋敷二十八ヵ所度数三十二度、塀を越え、または通用門より紛れ入り、長局奥向へ忍び入り、錠前を固辞開け、あるいは土蔵の戸を鋸にて挽切り金七百五十一両、一分銭七貫五百文程盗み取り、遣い捨て候後、武家屋敷へ這入候得共《はいりそうらえども》、不得《ぬすみえ》盗候処被召捕《ずそうろうところめしとられ》、数ヵ所にて盗致し候儀は押し包み、博奕数度致し候旨申し立て、右依科《みぎのとがによって》入墨の上、追放相成候処、入墨を消し紛らし、猶悪事不相止《あいやめず》、なおまた武家屋敷七十一ヵ所、度数九十度、右同様の手続きにて長局奥向へ忍び入り、金二千三百三十四両、二分銭三百七十二文、銀四匁三分盗み取り、右体御仕置に相成候以後の盗ヵ所、都合九十九ヵ所、度数百二十二度の中、屋舗名前失念又は不覚《おぼえず》、金銀盗み取らざるも有之《これあり》、およそ金高三千百二十両二分、銭九貫二百六十文、銀四匁三分残らず酒食遊興または博奕を渡世同様に致し、在方所々へも持参、不残《のこらず》遣い捨て候始末、不届至極に付き、引き廻しの上於浅草《あさくさにおいて》獄門申し付け候。

これによると、鼠小僧は武家荒しの大賊である。彼は好んで大名小名の屋敷を襲い、長局奥向へ忍び込んだのである。鼠小僧は博奕が下手で、金放れがよかったので、どこの屋敷の大部屋でも親分親分と大持てであった。彼はこの人気を利用して昼の間に大名屋敷の勝手を見極めおき、夜に入って、その通用門から紛れ込みもしくは塀を乗り越えて、奥向へ忍び込んだのである。しかも屋敷の中間どもは、その盗賊が、昼の間大部屋へ顔を出す堺町の親分であろうとは夢にも知らなかったのである。

彼の盗みは大名屋敷が専門であった。彼は正しく時代の寵児であった。彼は正しく時代の人気を代表するものであった。資本集中の大勢につれて、このころの都市にはすでに貧富の懸隔という新しい社会的現象が起こっていた。貧富の懸隔に次いで起こるものは権力と黄金とに対する呪詛の声である、怨嗟の声である。思うにこのころの都市には、すでにこの「人民の声」がみちみちていた。しかしながら彼等にはこの権力に対して、また、黄金の力に対して公然反抗の声をあげるべき実力がなかった、武器がなかった。いつの世においても、実力なき弱者の絶叫は、野良犬の声にもおよばないのである。

このときにあたり、ひとり、軽捷なる体軀を挺して、赤手空拳、よく大名と富豪とに対して小さき反抗の実を揚げ得たるものは、小柄な市井の無宿もの、鼠小僧の次郎吉その人であった。天保三年八月十九日、彼が小塚原の露と消えたという噂は、黒船の評判よりも、二朱金鋳造の噂よりも、頼山陽の訃よりも強くかつはげしく市民の耳朶《じだ》をうった。

天が下古きためしは白浪の
　身にぞねづみとあらはれにけり

と、これ彼が辞世の歌として伝えられた。実際彼の作かどうかは知らぬが、とにかくこれによって見ても、彼の人気がいかに盛んなものであったかということは分かる。

前にあげた宣告文によって見ても分かる通り、彼は前後二回に賊を働いている。そうしてその前に捉えられた時には、余罪を押しかくして、ただ賭博のことのみを申し立てたのである。「十年前の未年《ひつじどし》」というのはすなわち文政六年（一八二三）のことである。文政六年は松平定信が致任して十二年目である。寛政の紀綱がだんだんと廃頽し、奢侈の風旧田沼時代を凌がんとしつつある時代である。文政五年の洪水、同六年の暴風、同八年の上総一揆、民心は再び恟《きょう》々《きょう》として天明大飢饉の惨状を眼前に描きつつある時代である。

鼠小僧の次郎吉は小柄な市井の一狗盗に過ぎなかったけれども、彼を剣客として喝采した社会は来たるべき何等かの大動揺を期待する最も危険な社会であった。

はたして、再び天保の大飢饉は来た。鼠賊《そぞく》次郎吉がいわんとしていい得なかった無産者の不平を、大坂一揆の巨魁大塩平八郎が代わって喝破した。

貸元が譜代旗本領もしくは天領の特産物であることは、大前田英五郎にしても、清水次郎長にしても旅人として、江戸中心の十四ヵ国を離れると伊勢、近江、両丹、越後と回っているのを見ても、著者の見解の誤っていないことが知られる。これらの国々はいずれも譜代、旗本領もしくは天領の所在地で、大きい貸元がいた。幕末には江州見受山鎌太郎、尾州新防の左衛門、越後長岡の網助、丹波福知山の銀兵衛、丹波麻屋の大吉などが有名であった。

61 天保の凶荒、大塩平八郎

松平定信退職の後は、定府勤番の士が反動的に遊観徘徊をことととして、奢侈の風は旧田沼時代よりもさらに一層はなはだしきを加えるに至った。ちょうどこのころである。大坂において各藩の蔵屋敷役人と称するものが、蔵元、掛屋の主人と揚屋に上がって、酒池肉林の間に金談を纏めたように、江戸における幕府および各藩の役人は御用商人、請負商人に誘われて、その御馳走酒に埒を外したのである。

御用商人、請負商人が各藩の役人を饗応する時、焼物台引、吸物、大平などいうものは盛らず、台引に木綿、吸物に煙草入れ、大平に魚籠《うおかご》などを出したものである。そうすれば料理はわずかに一汁三菜位でもその土産として出すものが大そうなものであった。もしまた膳に盛った品物の多い時には残らず包ませて帰した。宴会のひけに料理を折詰にして帰る当節の風はこのころから始まったものと見える。例の『我衣』に次のようなことが書いてある。

官邸にて饗応する時は、多費のかかること故、あるいは茶屋、あるいは吉原、芝居にて留守居（諸侯の外交官）の会ありしより、何時となく官邸の饗応は廃し、留守居のもの費用を受け取り、右の所にて催すなり。市内に魚乏しき時は焼物と称し小鴨、あるいは鰹節、または青銅二百文を引き、膳部は重箱にて持たせ、その宅々へ土産となしけり。

と、驕奢華美の俗、賄賂授受の風、もって一般の弊害を推察するべきである。

風俗の廃頽と共に天災は再び頻々として起こった。天保二年（一八三二）、三年と、天変地異は相ついで人は皆、天明大飢饉の昔を想起せざるを得なかった。恐怖と危惧とは全国民を覆った。ついに、大雨は来た。果たして、洪水は来た。天保七年の日本は滔々たる濁水の中に漂った。五穀不熟、米価騰貴、民に菜食あり、野に餓莩《がひょう》（餓死した人）あり。悪政に対する怨嗟の声は都鄙を圧して高まって来た。

特に関東、奥羽の地はその残害のはなはだしきものがあった。草の根といわず木の芽といわず、野にあるものはおよそたいらげられた。牛馬はもとより、村里には鶏犬の声も絶えた。ついには百姓が麦の嫩芽《わかめ》を抜いて食とするに至った。彼等は来るべき収穫の日を憂うるの暇なきまでに餓えたのであった。天保八年に至って米価はさらに騰貴した。白米一俵の値が金四両となり、四升の値が一分となり、翌年さらに江戸市中の蔵米十俵の値が金四十五両に騰貴した。

幕府は倉皇として救貧所を設け、貧民を収容し、一人につき米三合銭四百文を給し、おのおのその職業とする所を営んで日に五十文を貯えしめ、百日にして退出せしむるの制度を立てた。窮民は蟻の甘きにつくように集まってその数二万の多きに達したが、しかもこれを天下の饑民《きみん》に比べては到底九牛の一毛にだもおよばなかったのである。

天保の飢饉も天明の飢饉も、近因は天変地異にあったけれども、そのよって来る根本の原因は徳川幕府の民政にあった。都市における資本集中の大勢にあった。吉宗の政治や、定信の改革はその破綻の一端を弥縫《びほう》したものに過ぎなかったので、これによって日本全国の民生が救済されたように思うのははなはだしい買いかぶりというものである。地方は依然として凶荒の中に放擲《ほうてき》されていたのである。その結果として地方には日本左衛門のような強賊が横行し、都市には鼠小僧次郎吉のような痛快な盗賊が現れた。彼等は正しく時代の私生児であった。彼等はもと盗賊である。しかも時代が彼等を剣客として喝采したのは、そこに彼等の背後にいわんとしていいあらわせない感情があったからである。表そうとして表せない意志があったからである。その感情、その意志を黙して実行したものが日本左衛門である、鼠小僧である。

日本左衛門が刑されて九十年目、鼠小僧が刑せられて六年目、彼等がいわんとしていいあらわせなかった感情と、表そうとして表せなかった意志とを、その才学文章によって堂々と天下に発表したものがある。大坂天満四軒屋敷の与力、陽明学者として有名な大塩平八郎その人である。

彼は天保の凶荒を見るに忍びず、自らその蔵書を売って救恤《きゅうじゅつ》（貧乏人・罹災者などを救い恵むこと）の資に当てると同時に、町奉行跡部良弼に上書して官穀の施与を請うたが、その納《い》れられざるを憤り、摂、河、泉、播州の村々に檄して同志を糾合した。

数百の窮民は響の声に応ずるようにして集まった。

大坂の市民は元和落城の後、二百余年にして始めて砲声の天に轟き、剣戟の地に閃く光景を見た。

城代土井大炊頭、町奉行跡部良弼《あとべよしすけ》は共に兵を発してこれを拒《ふせ》いだが、彼等は久しき世の太平に慣れて、徒《いたずら》に他の援助を待つのみ、逡巡して進むことを知らなかった。中にも東西の町奉行が砲声に驚いて落馬したなどは見苦しいとも何とも言語道断の沙汰であった。

良弼の部下に堀部某なるものがあってわずかに衆を励まし進んで一揆を駆け散らすことを得た。平八郎は乱後その子格之助と大坂油掛町美吉屋五郎兵衛方に潜伏中、捕吏の包囲にあって自殺し、畿内諸国の大名を驚かして出兵の用意までさせた天保の騒動もここにその終局を告げたのである。

騒動の起こったのが天保八年二月十九日、平八郎父子の自殺したのが三月二十七日、天下はこれより何となく物騒であった。

62　大前田英五郎、清水次郎長および国定忠治

幕末、江戸を中心とする十数ヵ国に、ほとんど諸侯のような威を振っていた「貸元」発生とその社会的意義とに関しては、すでにその大要を尽くした。余す所は天保前後の著名な「貸元」に関する伝記である。伝記としては少なくとも大前田英五郎、国定忠治、館林虎五郎、清水次郎長、津向の文蔵、高萩万次郎は挙げたい。しかしそれは紙数が許さぬ。

以上の侠客の中、大前田英五郎はその生涯の大部分を「旅人」として送った剣客として特色がある。大前田地方の人が「大前田と天狗の姿は見られない」といったほどである。彼の「旅人」生活の中、将軍の料地であった越後出雲崎（本書第五十一項参照）の陣屋の目明しをしていた勇左衛門という大親分との交遊はよほど面白いものである。ことに彼の佐渡金山における水揚人足としての経歴談も、われわれにとっては好個の研究題材である。彼は寛政五年（一七九三）上州勢多郡大前田村に生まれ、明治七年（一八七四）二月二十六日、八十一歳で、高崎在の大胡という所で死んだ。

清水次郎長もずいぶん「旅人」としての苦楚を嘗めた方であるが、その海道人として持つ特色はむしろその後半生、すなわち戊辰戦役当時における彼の活動およびその後の如才ない生活にあるように思われる。駿州と甲州とは古来交通上特殊の関係があり、次郎長の胆力と腕前とは甲州から富士川の岸を沿って下って来る長脇差との血なまぐさい出入で鍛えられた形がある。次郎長が遠州森の「貸元」五郎親分のために、その股肱《ここう》と恃《たの》む子分の森の石松や、大政と盛んに活躍して海道一の侠名を謳われたのは剣客伝としてのクライマックスには相違ないが、次郎長の持つ海道人としての特徴はそういう血なまぐさい経歴の外にあるように思われる。

次郎長は清水港の船頭三右衛門という者の倅《せがれ》で文政三年（一八二〇）正月元日に生まれ、明治二十九年（一八九六）、七十七歳で死んだ。維新の時はまだ四十九歳という働き盛りであった。

侠客としていわゆる「長脇差」を代表するものは国定忠治であろう。ここには「長脇差」の代表者として忠治の略伝を叙するに止めたい。

上野佐位郡国定村の博徒、国定忠治は文化三年（一八〇六）に生まれて、弘化三年（一八四六）に刑死した。文政、天保は彼が最もその活躍を恣《ほしいまま》にした年で、彼の伝記は、幕府の晩年における地方荒廃の状態を遺憾なく説明したものである。

忠治の父は吾兵衛といって、先代までは田地も相応に持ち、村でもかなりの百姓であったが、打ち続く凶作と、幕府の悪政とに苛まれて遂にその財産を傾け、忠治が六、七歳の頃には一介の水呑百姓になり下がって、租税さえも納め兼ねる窮境に陥っていたのである。忠治の生い立ちの世に伝わるものによると、彼は幼ながらも父母の窮迫を見るに忍びず、遊民の群に投じたとある。彼が博徒に投じた最初の動機は、一挙に奇利を博して、父の滞納を弁償するためだという。これによって見ても、徳川氏の劣悪なる地方政治がいかに田園を荒蕪させたのか、また、いかに良民を駆って無頼の兇徒となしたのかを知るに足る（本書第五十三項参照）。

上州はむしろ肥沃豊饒の原野である。しかしながらそれが多くの譜代大名によって分解されたりした点において、貧乏な旗本の領地である点において、徳川氏の直轄地である点において、上州はまさに幕府弊政の淵叢ともいうべき所であった（本書第五十一―五十四項参照）。殊に佐位郡国定村は人も知る僻地の寒村で、産物も乏しく凶作と悪政に苛まれては、敦厚《とんこう》純朴なる農民もついに自ら暴して遊民の群に投ぜざるを得なかったのである。

殊に、実力なき領主、代官が群盗の横行を取り締まることが出来なかった当時において、忠治は自らその徒を率いて村民のために他郷の劫掠者《こうりゃくしゃ》を制裁した。彼が村民のためにその安寧秩序の保持者であったことは、市民に対する町火消の場合において見たように、明確なる義務の観念によってなされたものでは無かったであろうが、そのいわゆる縄張りの百姓を愛撫したことはなかなか一通りなものでなかった。

現に天保の飢饉には、忠治は私財を傾けておおいに一村の貧民を救恤《きゅうじゅつ》し、彼等の渇仰の中心となっていた。忠治の勢力は実際ここにあった。彼の背後には村民の同情というものがあった。彼が官憲の権威に屈せず、ついに幕府に諸藩へ出兵の命令を発動させるに至ったのは、背後に人民という大いなる味方があったからである。

忠治は二十七歳の時、初めて人を殺し、その讐《あだ》を避けて下野の博徒河越栄五郎の家に投じた。栄五郎は当時世に聞えたる博徒の親分であって、その剛勇は夙《つと》に近隣の遊民を風靡していた。栄五郎は忠治の人となりを奇とし、進んで義兄弟の盃を交した。忠治の名はこれからとみに高まった。いること一年余りにして忠治は郷里国定に帰り、一戸を構えて客を集めた。

忠治は財を投ずること土塊のごとく、子分のためといえば身を剝いでも彼等の窮を助けたので、その評判は急に素晴らしいものとなった。彼は一躍して上州の顔役となった。天保五年に子分の文蔵というものが、島村伊三郎という博徒と格闘してひどく殴打された。忠治は奮然として起《た》った。

「文蔵、手前もよほど意気地なしだ。あんなケチな野郎に殴られて、よくもおれの前へオメオメと面出《つら》しが出来たものだ。サァ敵討ちをしてやるからおれと一緒に来い」

と、子分の文蔵を連れて飛び出したが、決闘の末、伊三郎を原山に斬殺して信濃に走った。

信州へ高飛びした忠治は、松本の博徒、勝太の家に客となって身を潜めていた。そうこうするうちに中野の一味とことを争い、突如として二十余人の偽捕丁《ほてい》に包囲せられた。忠治は長脇差を揮って猛然捕丁の中に躍り込んだ。偽捕丁は忠治の勇に恐れて蜘蛛《くも》の子を散らすがごとく遁げ失せた。

忠治は再び上州に帰って、赤城山にその居を構えた。赤城山は、上州の東にあって、高崎、前橋の平野を俯瞰する景勝の地である。彼はここに拠っては捕吏の襲撃に備え、あわせて上州一円をその縄張りとして監視しようとしたのである。

忠治の名は遠近に轟いた。四方の博徒は争い来たってその子分となった。日光の円蔵、八寸才市、山王の民五郎、武井の浅二、三木の文蔵などは忠治の羽翼としてその名の最も現れたものである。

このときにあたり、官憲の力は全く地に委して両毛の地はほとんど博奕の野と化した。賭場は到るところに開かれ、争闘は日に行われた。忠治は赤城の高所にあってこれを監督し、その子分を四方に派していわゆる「テラ銭」を徴収した。彼はその管理する賭場の華客である地方の旦那筋に対して最も丁寧懇切を極めたと同時に、その中間に対して、厳峻苛察を極めた。遊民にしてもし少しでもその義務を怠り、その命令に反くものがあった時には彼は直ちにこれに相当の制裁を加えた。

忠治は彼等に対して生殺与奪の権を握っていた。彼等は皆股慄屏息《こりつへいそく》して忠治の命を聴いた。

忠治、酒を嗜みて多く飲まず、酔後にひとり出でて、その往く所を告げず。夕乾児あり、密かに其後を尾す。明日屍を五歩の外に得、皆股慄して止む。

63 忠治抜刀して関を破る

天保六年（一八三五）の秋、忠治の股肱、山王の民五郎というものが、玉村の博徒、京蔵、主馬の二人に殴打され、創痍満身、いうに堪えざる凌辱《りょうじょく》を忍んで立ち帰った。京蔵、主馬は当時二百余人の子分を従えて、上州の一角に覇を称えたる兄弟の博徒であった。

忠治はこれを見て悲憤心頭に発した。これに究竟の子分二人を付し、一夜不意に襲って玉村にある京蔵の家に乱入させた。たまたま京蔵家に在らず、混戦しばらくにして八州の手入れに遭い、三人は囲を衝いて赤城に帰り、事の顚末を親分の忠治に告げたけれども、忠治は悦ばなかった。

「人を殺して止めを刺さんということがあるか。主馬の野郎がヒョッと生き返ったら又仕返しに来るなァ知れたことだ。粗忽《そそっか》しいにも程があらァ」

と。はたして、主馬は蘇生して民五郎を利根川のほとりに誘殺したものであるが、それは後のこと。さてその年はそのままに暮れて世は天保の七年となった。

忠治の子分に平介というものがあって信濃の博徒源七というものの手に殺された。忠治はこれを聞くと奮然結束して起《た》った。

「子分が他国の奴に殺られたと聞いちゃ黙って見てはいられねえ」

と単身にして赤城を発足しようとしたが、大勢の子分がなかなか手放さない。

「親分、私も――私も」

というのでとうとう三十余人の子分が、手に手に凶器を携えて従うこととなった。あるものは槍、あるものは鉄砲を手にして国境にさしかかった。

彼等はやがて大度《おおわたり》の関にさしかかった。ところが関吏も忠治の威を憚って止めることが出来ない。屏息《へいそく》して道を開いた。彼等は抜刀のまま大手を振って関を越えた。すでに源七が官の手に捕えられたと聞き、一行は手を空しく上州に立ち帰った。

そもそも諸国の関は、徳川氏が江戸城の防備として、武蔵、相模、遠江、下総、信濃、越後その他の要所に設けたものであって、これを越ゆるには必ず手形を要し、忍んで通行した者は重追放に処せられ、間道を越えたものはその所において磔刑に処せられたものである。しかも当時の政府はこの重要な制度を、浮浪漂泊の遊民によって蹂躙せられるほどに無能無力であった。実力なき政府は砂上の楼閣に等しく、実力なき政府に駆使される実力なき官吏は案山子《かかし》のそれよりも儚《はかな》きものである。軍事上、行政上、徳川幕府の最も重要な制度の一つであった天下の関門も、文政、天保の頃に至っては、三十余名の博徒を抜刀のまま通過させなければならないほどに無能力、無権威であった（本書第五十五項参照）。

徳川幕府の無能力は、長州侯が起《た》ってこれを試みるまでもない。蛤御門の合戦を去る三十年以前において上州の博徒、田舎の剣客、国定忠治がすでにこれを試している。

この年は前に述べた関東の大飢饉で、上州も満目荒涼光景惨として見るに堪えざるものがあった。しかも無能なる政府は餓莩《がひょう》（餓死した人）の道に横わるを見つつも、これに対して拱手傍観するのみ、ほとんど策を出すことを知らなかったのである。このときに当たり国定忠治は、私財を傾けて数百金を散じ、おおいに郷里国定の窮民を救恤した。

天保八年は大塩平八郎が大坂に乱を起こした年である。国定忠治は、飢饉救済の目的をもって田部井に大賭博を開催しその税金をもって磯沼浚渫の資にあてた。磯沼は国定村の上にある唯一の水源であって、農民はこれがために旱災を免れることを得たという。忠治の侠名は雷のように轟いて、農民も皆、彼の徳を称して止まざるに至った。

忠治の名はついに中央政府の耳に達し、追捕は急に厳重になった。彼の子分、神崎友五郎というものは自ら忠治と名乗って縛についた。忠治はその虚に乗じ、旅商人に変装して上州を遁れ、陸奥に走ってその難を避けた。その羽翼三木の文蔵、八寸才市も同時に捕えられて死刑に処せられた。上州の権威たりし国定の一家もここに一時離散の止むを得ざるに至った。

ところが先に民五郎のために切られた玉村の主馬はその後、蘇生して創痍旧に復し、ひそかに復讐の機を窺っていたが、国定一家の離散を好き機会として、その徒三人をかたらい、民五郎を利根川のほとりに誘き出して、ついにこれを惨殺した。

天保九年、忠治はまたまた上州にかえって赤城山に拠った。追捕のやや緩んだのを聞いたからである。彼はまずその子分山王民五郎の死を聞いて切歯扼腕《やくわん》した。彼は立ちどころに復讐の意を決して、民五郎の子分二人を招き、密かに復讐の決心を告げた後、究竟の子分十八人を選抜して、猛然主馬の家へ押しかけた。彼等は手に手に洋製のピストルを携えていた。捕吏がその逮捕に苦しんだのももっとものことである。

主馬はあらかじめ風を聞いて遁走したけれども、ついに忠治の手に捕えられて利根川のほとりに引き立てられた。忠治は主馬がかつて民五郎を惨殺した場所においてその首を斬り、厚く民五郎の霊を慰めた。子分はいずれも涙を呑んで忠治の義の固きに感じた。主馬の首は利根川の流れに投げ込まれた。

64　大袈裟なる出兵沙汰

天保九年（一八三八）の秋、忠治はさらに賭場を田部井に開いた。捕吏はこの機に乗じ、忠治の一味を一網打尽すべしとあって、急に大衆を発して賭場を包囲した。忠治はその股肱、日光の円蔵と共に長刀を揮い、喚き叫んで群る捕手の中に斬り込んだ。さながら阿修羅王の荒れたごとくである。捕吏もその勢いに辟易して囲を解き、衆を収めて逃げ去った。

さてこれはだれの密告かというに、同国小斎の博徒にして勘助というものの所為であった。ところが忠治の子分に浅二というものがあって、勘助の甥に当たっている。それがどうしたものかその日に限って田部井の賭場に出て来なかった。これはテッキリ浅二と勘助とがグルになってした仕事に違いない。他の子分への見せしめに、おれが成敗してやろうというので、忠治が太刀を提げて起とうとするのを、傍にあった日光の円蔵が袖をひかえてとめた。

「親分お待ちなせえ。たとい勘助は人非人でも、浅二は義理固え律義もの、世話になった親分に裏切りをしようなんて、そんな非道な男じゃ御座いません。早まって取り返しのつかねえことをしたが最後、親分の名折れ、ここは一番浅二に勘助に処置を任せて、一つ親分の顔を立て、二つには浅二のあかりを立てさせたが好いじゃありませんか」

と、この諫《いさ》めには忠治も理に落ちた。浅二は円蔵を伏し拝んで喜んだ。彼は即日八人の子分と結束して立った。走ること六十里にして小斎に着いたのが夜の二更、密かに戸の隙から内を窺うと、勘助はその愛児と共に燈下に酔い伏して、前後も知らずに熟睡している。

浅二は忍び入って、不意に槍をその背中に突き立てた。勘助は驚いて起き上がりさま枕もとにあった煙草盆を投げつける。たちまちにして部屋一面の灰煙。とたんに燈火は消えて、四辺は真の闇となった。ただ、聞く暗中に恐ろしい苦悶の声。

一度屋外に跳り出した浅二は、再び屋内に闖入して、苦悶の声をたよりに勘助の首をあげた。同時に彼は傍にあった勘助の児をもあわせ殺して飛ぶように、赤城の山居に引き返した。翌日彼は赤城の紫藤堂において親分忠治に勘助の首を実検に供した。この時忠治は刀を執って左右に居流れた三十余人の子分に護衛せられ、熊の皮の上に座して浅二を引見する。浅二は首を挙げ膝行して進んだとある。この瞬間における忠治はまさに陣中の大将軍である。

忠治は勘助の首を実検し終わって、会心の笑みをもらし、直ちに金子若干をとって深く浅二の功を賞し、さらに八人の子分にもそれぞれ賞を行ってその心を励ました。初め上州の中に忠治の命を聴かないものが二人あった。すなわち玉村の主馬と小斎の勘助とである。忠治まず主馬を殺し、いままた勘助を討って上野全州尽くその命を聴くに至った。忠治の冨と忠治の兵力とは今や貧困なる譜代大名を凌ぐに至った。忠治の名は関東の野を圧して江戸市中に喧伝し、おおいに中央政府の胆を寒くさせた。

幕府はここにおいて初めて地方警察の無能を知った。すなわち自らおおいにその捕丁を発して忠治の捕縛に向かわせると同時に、上州の諸藩に出兵の命を下して賊の退路を絶とうとするに至った。国定忠治といえども、もとは一個の水呑百姓である。浮浪漂泊の農民である。しかも無能、無力な幕府の地方官は、これらの遊民を取り締まることすら能わずして中央政府の援兵を乞うに至ったのみか、中央政府は大袈裟にも譜代大名に出兵の命を下して遊民の掃滅を企てたのである。

これより先、忠治の子分に秀吉《ひできち》というものがあって官の手に捕えられた。秀吉はある日吏に請い、賊塞《ぞくさい》に入り忠治を殺し、その首を得てもって罪を贖うことを申し出た。吏もまたその志を殊勝とし、秀吉を赦してことを図らせた。

秀吉は走って赤城に赴き、忠治に告げるにことの急をもってした。

忠治はこれを聞いて少しも騒がず、おもむろに子分を集めて全財産を分配し終わった後、ことの急を告げて解散の宣告をした。多くの子分は皆泣いて別れを惜んだ。忠治は単身間道より遁れてまた陸奥に走った。円蔵、浅二、秀吉等は皆途に捕えられて刑戮された。

65　一城を築くほどの勢力

弘化三年（一八四六）には忠治またまた上野《こうずけ》にかえって子分を集めたけれども、この時はもう昔日の盛を致すことが出来なかった。忠治に三人の妾《しょう》があっていずれも評判の美人であった。忠治はこれがために各々別宅を構え、交々往訪して宴飲をこととしていたが、嘉永三年（一八五〇）七月二十一日の夜、一人の妾の家に酔い臥したまま半身麻痺して口いうに能わず、目眩《めまい》してまたいかんともすること能わざるに陥った。これ正しく脳溢血症、いう所の中風である。

下野《しもつけ》の栄五郎はこのとき年六十余、なお矍鑠《かくしゃく》として衰えなかったが、忠治中風症の由を伝え聞きて密かに書を送り、不治の症なれば胃薬もその効がない。逡巡して捕吏の手にかかるよりは、自ら引決して名を完うせよと勧めたが、忠治はそれに従うことが出来なかった。

すでに捕吏は忠治が中風症にて半身不随の由を探知した。官においてはこの機逸すべからずとあって数十人の大勢を駆り催し、妾宅を厳重に包囲して忠治を病床に捕縛した。同時に三人の妾、七人の子分も縛についた。一人の博徒を捕縛せんがために全力を傾注して果たさず、その中風症に悩むを機としてようやく多年の目的を達することを得た。官憲の弛廃思うべきである。

十二月二十一日、忠治は四十一歳を一期として大度《わたり》の関に磔殺《たくさつ》せられた。かつて露刃にして関を破った罪がもっとも重きに当たるをもって、それによって処刑せられたのである。檻車《かんしゃ》大度に至るも、動止自若《どうしじじゃく》（泰然）として少しも平生に異ならず、従容《しょうよう》として死についた。死刑を執行される前日、獄吏に請いて大度加部氏の醸す酒は近隣に名あり。この期におよび一杯を飲むことを得んかというた。獄吏その意を諒として一杯を給すれば、忠治感謝して舌鼓を打ち、飲みおわりて寝についたが、鼾声《かくせい》雷のごとく、少しもその死を念頭に置かないかのようなものであったという。

翌日刑場に臨み、獄吏またかの加部氏の酒一杯を勧めた。忠治謝してこの酒を飲み、この土《ど》に死するもまた一快事なりというた。そこでさらに一杯をすすむれば忠治笑って受けず。

「忠治は酔って処刑《おしおき》の苦しみを忘れたといわれちゃ、末代までの名折れです」

と。泰然自若として十字架に上り、両脇に十四本の槍を受けて絶命した。

忠治は人となりに沈毅《ちんき》（沈着で剛毅なこと）にして温和、平素は蟻も殺さなかった。色白く、長大肥満にしてしかも軽捷、一度刃を揮って起《た》つや、さながら阿修羅王の荒れたるごとく、人を殺すにかつて瞬《まばたき》一つしたことがなかったという。

忠治は時にその子分を派して、奸悪な豪農豪商の家を劫掠せしめたけれども、かつて下級農民の家は襲わなかった。また、奸悪な豪農豪商の家を劫掠する場合といえども、放火と姦淫とはこれを厳禁した。また彼はその子分をいましめて固く詐欺騙瞞《さぎへんまん》の行為を禁じた。かつて一人の子分が熊の皮を得て偽肝《にせぎも》を売った。忠治はこれを聞いて大いに怒り、ただちにその子分と義絶して、いちいち金をその買主に返したという。彼等の社会には、彼等の社会で、別に儼乎《げんこ》たる道徳が存在したのである。

忠治が赤城に立て籠もっていた頃、ある人が忠治にすすめて、親分の勢力をもってすれば確かに一城を築くことが出来る。赤城は要害の地である。ここに一城を築いて、官兵の来襲に備えてはどうかといった。ところが忠治は笑って、城塞を築くのはいと易いことである。しかしながらそれは徒《いたずら》に官兵を招致するのみである。一去一来、変幻出没、官兵をしてその所在を知らしめないのが我党の特色であると答えたという。

忠治の子分の四方に散在するもの、無慮《むりょ》（およそ）七、八百。彼かつて人に語りて一度檄を伝えれば日に四百。十ヵ月に四千の兵を集め得べしといったとある。財の存する所は、すなわち力の存する所である。忠治が赤城に依って上州一円の博徒を睥睨《へいげい》し、経済的鍵鑰《けんやく》（錠前にさしこむ鍵と錠）を把持してとにもかくにも官憲の圧迫に対抗し、場合によっては一城一塁を築いて自ら衛る程の実力を具備していたということはわれわれのおおいに注意すべきことである。

幕末時局が切迫し幕府がその譜代および旗本を中堅とする封建的正規兵をもって、とうてい薩長の洋式激連を経た軍隊に敵することの出来ぬことを自覚すると、彼らの中の慧眼者は、自然江戸を中心とする十数ヵ国に蕃衍《ばんえん》した博徒に着眼し、これを糾合して薩長の精鋭に当たらせようとしたものらしく、新門辰五郎は慶喜の侍衛として選抜せられ、上州館林の江戸屋虎五郎は、藩主秋元礼朝の徴募に応じて、武田耕雲斎の征伐に出陣するばかりとなった。清水次郎長が、暗に幕軍のために力を致し、山岡鉄舟に愛せられたのもその一端として見ることが出来よう。

もし、大前田英五郎や、国定忠治が血気盛りで明治維新に際会したと仮定したならば、幕府は必ず英五郎や忠治の前科を赦《ゆる》して、長州の騎兵隊に対抗すべき博徒の軍隊を組織する交渉をしていたに相違ない。

惜むべし忠治は大度で刑死していなかったとしても、明治元年にはもう五十九歳であり、大前田の英五郎は達者で大胡という所に隠居していたが、七十五歳でその使命を果たすには余りにも年寄り過ぎていた。そこへ行くと清水次郎長はしあわせものであった。

それはいずれにしても、徳川氏の晩年は博徒の一親分を跋扈させて、一城を築くまでの勢力を扶《ふ》植《しょく》させたほど無能であったし、これを糾合して一種の「奇兵隊」を組織しなければならないほどに無力であったのだ。

山岡鉄舟がかつて次郎長を評して、お前に学問があったら、士として必ずひとかどの仕事をしたろうといったそうであるが、次郎長は明治に入ると静岡県令大迫貞清の許しを得て富士の裾野の開墾に従事したりした。駿遠参には昔から二宮尊徳、金原明善流の農村指導者が多く、世にその名を知られずして二宮、金原に劣らぬ仕事をしている人が少なくない。次郎長なども学問があったらそうした方面で仕事をしたものであろう。維新の際、官軍からあれだけ睨まれながら巧みに世と移り変わった所に海道人としての特色があり、聡明がある。次郎長の忠治と違う所はそこだ。

巻末特集1

白柳秀湖の魅力

割田　剛雄

一　姫街道の気賀宿に生まれる

白柳秀湖《しらやなぎしゅうこ》は明治一七年（一八八四）一月七日、静岡県引佐《いなさ》郡気賀町（現・浜松市北区細江町）で菓子の製造小売りをしていた父・健次と母・てるのあいだに生まれました。本名は武司です。号は秀湖のほかに羊生などを用いました。

気賀宿は浜名湖の北岸に位置する姫街道の宿場町で、古くから風光明媚な地として知られ、畳表に用いる藺草《いぐさ》の特産地でもあります。生家は気賀宿のシンボルの気賀関所の近く、創建五〇〇年余の歴史を刻む細江神社の向かいにありました。

徳川家康は江戸幕府が開かれる二年前の慶長六年（一六〇一）に、東海道の裏街道にあたる姫街道の要衝地、気賀宿に関所を設け、江戸への武器流入と、江戸在住の諸大名の妻子が秘かに領国に帰るのを厳しく見張りました。その後、元和五年（一六一九）に箱根関所が設けられ、今切（新居）関所とともに、東海道の三大関所として重要視され、明治二年（一八六九）まで存続しました。

関所を預かり、関守の任に当たったのは気賀近藤家です。江戸開府から一〇〇年後の宝永四年（一七〇七）一〇月四日、マグニチュード八・四（推定）の宝永大地震が発生。東海道や紀伊半島を中心に倒壊六万戸、流失二万戸、死者約二万の未曾有の被害に見舞われ、気賀地方も海水が田畑に流入し、稲作が出来なくなりました。この惨状を打開するため、気賀近藤家の六代目当主・用随《もちゆき》は九州豊後国（大分県）から藺草《いぐさ》の苗を取り寄せ、陣屋の庭の池で試植を行い、被害に遭った田に移植し、この地方を藺草の一大特産地としました。

　気賀関所はふるさとの歴史を顕彰し、後世に語り継ぐために、平成元年度ふるさと創生事業により再建され、当時の面影を今に伝えています。

二　白柳秀湖の文学碑

　秀湖が生まれ育った気賀の地（現、堀江町）は山あり、川あり、湖ありの豊かな自然に恵まれ、『万葉集』や『千載集』に「引佐細江《いなさほそえ》のみおつくし」と詠われた景勝地です。明治以降も詩歌の舞台となりました。

　再建された気賀関所の隣りに整備された文学広場があり、この地の風光を詠んだ文学碑が建てられています。そのなかに与謝野晶子や佐藤春夫とともに、秀湖の文学碑があり、著者五〇歳の時の作品『自然・人間及び労作』（三笠書房、昭和九年刊）の一節が刻まれています。

名を聞きて　王朝の貴女ときめきし
引佐細江《いなさほそえ》も　気賀の町裏
与謝野晶子

和歌の浦といえば　自然と連想されるのは
遠州のいなさ細江である
佐藤春夫『日本の風景』

浜名湖畔の琉球藺草《いぐさ》
青だたみといへば、きいただけでも
涼しい気持がする
白柳秀湖『自然と労作』より

なお、堀江町内には文学広場のほかに、浜名湖に流れ込む都田川の河岸や、堀江公園の文学の丘などに、当地にちなんだ文学碑が多数建立されています。

三　プロレタリア作家として注目される

秀湖は明治三二年（一八九九）、一五歳で上京して岩永省一（日本郵船会社専務）の家の書生となり、郁文館中学に学びました。このころ島崎藤村の『若菜集』を愛読して文学に傾倒しました。

一方で、足尾鉱毒事件に対する世論の高まりとともに、社会運動に目覚めていきます。明治三四年（一九〇一）に早稲田大学文学科哲学部に入学。同じ年の一二月一〇日、田中正造が命を賭して、足尾鉱毒事件の惨状を明治天皇に直訴する大事件が発生。正造は警備の警官に取り押さえられて、直訴は失敗しましたが、号外が配られ、直訴状の内容が広く知れ渡り、世を挙げて大騒ぎになりました。

このころの秀湖の活躍する姿を、荒畑寒村（社会学者、一八八七〜一九八一）は、

「（明治）三六年の末に創刊された週刊『平民新聞』の発行所であり、同志のクラブでもあった平民社には、松岡荒村、永井柳太郎君らが中心の早稲田社会学会の関係から、早稲田の学生が多く集まった。その中で白柳君は才気煥発、文章談論に長じ、青年同

▲白柳秀湖

志中の花形であった。白柳君は演壇に立ったことはないが、社会時評、文芸評論、小説、創作、何でもござれの才筆で、週刊『平民』から日刊『平民』に至る四年間の社会主義機関誌に、ほとんど秀湖の名を見ないことはなかった。（略）

　白柳君は実に臆面がなかった。幸徳、堺らの先輩に対してもほとんど互角の対応をしているのが、私などにはむしろ驚異であった。木下尚江氏が社会主義を捨てた時も白柳君は単身、木下氏と膝づめ談判をして翻意の説得につとめ遂に成功しなかったが、あとで私に『木下は芝居気が多すぎる』などと語っていた。」（『明治文学全集』第八三号附録「月報」6）

と記しています。

　そして、明治三七年（一九〇四）には、加藤時次郎主宰の「直行団」に加入し、消費組合「共同会」運動の機関誌『月刊直言』に協力。明治三八年（一九〇五）にプロレタリア文学運動のさきがけと評される火鞭会《かべんかい》（幸徳秋水、堺利彦らの平民社を中心として生まれた社会主義的青年文学研究会）を、中里介山・山口孤剣らと創立し、機関誌「火鞭」を創刊して主筆として活躍しました。

　在学六年にして明治四〇年（一九〇七）に早稲田大学を卒業。隆文館の編集記者となり、同年一二月に小説『駅夫日記』を発表。麻布三連隊に志願入隊します。小田切進は『駅夫日記』が火鞭会の運動のなかから生まれたと指摘し、さらに、

「鉄道労働者の一青年の階級的な悲劇を、島崎藤村の『破戒』につよく刺激されて書いたというこの作品は、感傷的に流されてしまう弱点をもちながらも、主人公が自覚してゆく姿を当時の社会主義運動の状況にからませて追求し、社会主義文学の新たな段階を示す重要な作品となった。」（『明治社会主義文学集』（一）解題、四八八頁）

と解説しています。

主人公は山手線に勤務する青年です。労働問題を扱っているので社会主義文学に分類されますが、青春文学とも言えるもので、当時の山手線の様子を伝える点も興味深く、今読んでも面白いものです。

四　「町の歴史家」として活躍

明治四三年（一九一〇）の大逆事件のあと、秀湖は社会主義思想と縁を切り、講談や歴史物、史書の世界に移ります。そして、明治四五年（一九一二）に、全三部の構想のもとに東亜堂書房から、

『親分子分　英雄編』　明治四五年（一九一二）刊

『親分子分　侠客編』　大正　一年（一九一二）刊

▲改定版表紙

『親分子分　浪人編』大正　三年（一九一四）刊を出版すると、いずれも好評を博し、歴史物作家としての評価を高めます。さらに、昭和四年一二月から昭和五年四月にかけて、矢継ぎ早に三部作の「改訂版」を千倉書房から発行し、続いて、『親分子分　政党編』を昭和七年（一九三二）に同じく千倉書房から刊行して、歴史小説家白柳秀湖の代表作『親分子分』全四部がここに完結しました。

秀湖は自ら「町の歴史家」と称しました。社会学者加田哲二は、

「（白柳秀湖は）は昭和一三年（一九三八）六月に日本橋の赤木屋の二階に事務所を置いて、民族文化研究所を創立し、『町の歴史家民族文化研究所』と大書した自筆の看板をかかげたぐらい『町の歴史家』をもって任じていた」（白柳秀湖著・加田哲二編『支配者　親分子分日本史』解説、一九四～一九五頁）

と述べています。

秀湖のいう「町の歴史家」は大学講壇の歴史家に対するものです。大学講壇の歴史家が、ややもすると古文書などの史料研究に専念しがちで、現存する歴史史料の少ないテーマを研究したり、その成果を読みやすい筆致で啓蒙開発するのを、俗筆として斥《しりぞ》ける傾向への批判でした。

『親分子分』四部作、わけても『侠客編』で取り上げる侠客・町火消し・旦那（札差）・博徒・義賊などは堅気《かたぎ》の稼業ではなく、もとより正確な記録があまり残されておりません。関連事項を丹念に掘り起こし論述した内容は、秀湖の「町の歴史家」の本領が存分に発揮された記念碑的労作です。

秀湖は侠客について、なみなみならぬ関心をもち、

『親分子分』四部作の発行ののちも考察をつづけ、村松梢風編集・発行の個人雑誌『騒人』の「侠客奇談号」（大正一五年一一月号）に、「侠客の分類法」を寄稿し、『親分子分』以降の研究成果による、含蓄ある一家言を述べています（村松梢風編著『侠客の世界』義と仁叢書5、国書刊行会、平成二七年刊、参照）。

また、歴史研究や文学の世界で、「明治維新以後のことは、まだ歴史の範囲に入らない」と見られていた時代に、いち早く「坂本龍馬」を取り上げた卓見を見逃すことはできません。一言付言します。

秀湖は雑誌『雄弁』に、大正一四年（一九二五）一月から『坂本龍馬』の連載を開始し、昭和二年（一九二七）に完結します。末國善己は再刊された『坂本龍馬』（二〇〇九年、作品社刊）の解説で、

「坂本龍馬は、多くの日本人が知る華々しい活躍とは裏腹に、信頼できる史料は驚くほど少ない、その意味で、龍馬というヒーローは、史料ではなく、フィクションが作り上げたといっても過言ではないだろう。」（同書、三七四頁）

と述べ、秀湖の執筆の経緯や時代背景を克明に論究しています。秀湖は、土陽新聞（高知県）に連載された坂崎紫瀾《しらん》の政治小説『汗血千里駒《かんけつせんりのこま》』を参考にしながら、透徹した歴史観のもとに、独自の龍馬像を鮮やかに描き出しています。まさしく秀湖の『坂本龍馬』こそ、司馬遼太郎の『竜馬がゆく』に代表される、薩長同盟の締結に奔走する姿や、海援隊の活躍、船中八策の起草など、明治維新の立役者としての坂本龍馬像を決定づけた幻の長編小説です。

五　秀湖と五・一五事件

平成二〇年（二〇〇八）一〇月八日、本書の再刊の件で、秀湖の三男白柳夏男氏を品川区大井のご自宅に訪ねました。夏男氏は往時を回想しながら、

「秀湖のペンネームは、浜名湖に由来しています」

「秀湖には五男一女があり、私は三男。私のみ健在です。二男の止才雄が慶応大学に入学し、加田哲二教授のゼミに参加した縁で、加田教授と秀湖は親交がありました。昭和二五年一一月に秀湖が死去したあと、『親分子分英雄編』と『親分子分侠客編』の二冊を、加田先生が編集し直して、三割ほど内容を割愛し、昭和三一年に新書版で実業之日本社から出版しました」

「このたび、昭和五年の改訂版をもとに、『親分子分侠客編』が再刊されるのは嬉しいです」

と話されました。その後、三回ほど訪問し、佐紀子夫人をまじえて、組み見本を御覧いただいた折に、

「七〇年も前の本ですから、現代表記への変更や、差別用語の件はお任せします」

「私の唯一の希望は、五・一五事件の山本孝治検察官から父に宛てた手紙の公開です。父から預かり、白柳家に秘匿してきました。その顛末をまとめたのがこれです」

と、夏男氏は小冊子を示されました。それが巻末付録2の「『親分子分・政党編』と五・一五事件」です。

その後、夏男氏は平成二五年（二〇一三）一〇月四日に世寿九五歳で大往生されました。心からのご冥福をお祈りするとともに、佐紀子夫人はじめ白柳家の皆様のご協力に感謝申しあげます。

巻末特集2 『親分子分・政党編』と五・一五事件

白柳 夏男

★白柳秀湖の三男白柳夏男氏から託された小冊子を収録しました。

秀湖は『歴史と人間』（昭和一一年三月発行）の序文で、「はすっぱな、薄っぺらな、大道易者の九星判断にもしかぬやうな」ヂャーナリズムを散々に批判し、真の報道は歴史に立脚し、歴史の流れを正しく導くようなものでなければならぬと論じた。その具体的な事例として、自らの『親分子分・政党編』（昭和七年九月発行）を挙げ、それと五・一五事件の関係について次の如く言っている。

著者は五・一五事件の突発した時、『読売』紙上に『親分子分・政党編』を連載して居た。著者はあの読もので、ニュース以上のニュースを読者に提供しているつもりであった。軍部内で一部青年将校の思想が著しく激化して居るということは、予て聴いて居た。同時に、又一方では平沼騏一郎男等の国本社をめぐるファシズム政権樹立の噂も囂《かまびす》しかった。著者は当時の情勢を、明治六年一〇月征韓論が破裂して、西郷・板垣・副島・後藤・江藤・の五参議が辞職すると、『御親兵』の後身である名目だけの『近衛兵』が陛下の御親衛であるべき本分を忘れて動揺した当時の情勢に擬《なぞら》えて、大いに軍部の反省自重を促した。

筆はそれから更に進んで、明治一五年一月、西南戦争の苦い経験に鑑みて出された軍人勅諭の歴史的意義を明らかにすると同時に、西南戦役破裂直前の国内情勢を、五・一五事件突発直前（昭和七年四月頃）の国内情勢に擬えて大に国民の戒慎を促すところがあった。しかも、記述がちょうどそのくだりまで進んだ時であった。

軍首脳部の中にも、深く思いをその辺に致し、著者と憂いを共にするものがあったと見え、四月二四日を期し、盛大な軍人勅諭五〇年記念祝賀の催しが行われた。もとより偶然の事であったには相違あるまいが著者には何となく記事の反響のように思われてひどくうれしかった。そこで特に四月二四日の一回分を「軍人勅諭五〇年記念祝賀に際して」と題して、更に大に識者の注意を促すこととした（紙面の都合でその分の掲載は二六日となったが）。

該論が読ものとして成功であったか、否かは知らぬ。現代のヂャーナリズムからいえば恐らく落第点以上に踏まれた代《しろ》ものではなかったであろうが、著者はかの記事を今日でも常にニュースとして、よいものであったと信じて居る。ほんとのニュースとは必ずかくあるべきものと信じて居る。

秀湖の切なる願いにも拘わらず、「軍人勅諭五〇年記念祝賀に際して」の記事が、『読売』紙上に出てからひと月も経たぬうちに五・一五事件は突発した。そうしてその被告をどう裁くかが国を挙げての大問題になったのだが、彼はあたかもそれを予期していたかの如く、元禄の昔、赤穂義士の処分問題で世間が沸き返った時、安直な英雄視、軽薄な同情論を排して、厳正な処分を主張した荻生徂徠の説を、「祝賀に際して」の次の回に、すでに先回りして紹介していたのである。

さて、現実はどのように進行したであろうか。再び『歴史と人間』の序から引用する。

海軍軍法会議が一九回の事実審理と証拠調べとを終って、いよいよ検察官・故・山本孝治氏の論告・求刑に入ったのは昭和八年九月一一日午前九時過ぎからであった。山本検察官は、法の威信の前に峻烈一歩も譲らざる厳粛の態度で刑の論告と求刑とを行った。当時その論告と求刑とが、一般国民にどんなに深い感銘を与えたかは、全国の新聞紙に現われた、翌日の論調を見れば直ちに分かることだ。著者はもとより一介の文学者で法律のことに暗い。山本検察官の論告と求刑とが当を得たものであったか、否かに関しては片言隻句と雖、批評を加うべき資格はない。ただ著者は、山本検察官の論告の中に、明治一五年一月、軍人勅諭の渙発を見るに至った歴史的意義の説明に、少なからざる努力の払われていることを見遁すことが出来なかった。しかもその歴史的意義の説明は、どこかに見覚えのある筆觸であった。著者はそれを不思議に思って居た。

山本検察官の論告は、序論、事件の動機、発生の原因、軍人と政治、法律論の五項から成っており、秀湖が「どこかに見覚えのある筆觸」と言ったのは、むろん「軍人と政治」に関する項だった。その初めの部分を引用すると次の通りである。

軍人勅諭は明治十五年一月四日渙発せられたものでありまして、当時の世相や与論に微し、畏くも軍人と政治との問題を解決し、これに関する軍人の心得方を示されたものであります。我国が明治維新以来、大体において大権の下に三権分立の制をさだめられ、国家諸般の機関、各その分を守り、権威を分ち、互に相干犯することなく協力一致、国運の発展を期せられたものであります。

けだし封建時代の武士は兵権と政権とを兼有した支配階級でありました。しかしてその武士の一部は、明治維新大業の一部を翼賛し奉った者でありまして、これらの人々中には時に廟議その政見に相違するものある場合に際会するとき、直にこれを兵力に訴えて、最後の解決をなさんとするの弊害があったのであります。明治七年佐賀の事変も、同九年萩の事変も、又同十年の西南戦役も、その他幾多の動乱も、多くは政治の問題を兵力によって解決せんとしたのであります。これらの弊害に鑑みまして、当時、政治と軍事との関係は、もっとも慎重なる研究を要する問題であったのであります。山県有朋

のなせる『軍人訓戒』にも、特に軍人と政治との関係に意を用いて居られます。(中略)

ついで暴力行為は絶対に排斥すべきことを論じ、法を司る者は断固として国法守護の天職を尽くさねばならぬことに移る。

法の適用については、権威に屈することなきはもちろん、世論に迎合すべからざることは当然であります。

今歴史的事実としてここに一言付加致して置きたきことは、彼の忠臣義士をもって有名なる大石内蔵助等四十七士に対する処分論でありますす(中略)。情に従いこれを赦すべきか、理に照らし厳罰すべきか、論議の結果老中の議いまだ容易に決するに至らなかったのでありますが、当時松平吉保の臣・荻生徂徠の説を容れて、遂に漸く議決することとなったということであります(徂徠からの引用文略)。

四七士の行動は被告人等の行動とはもちろん同一性質のものではなく、又当時と今日とは、法制の組織完備等の点も異っておりますから、これを比較論究することは当たりませぬと思いますが、大体において天下の政道、即ち国法はこれを正さなければならぬ事、この如き犯罪を赦免または減刑する如きことあらば、今後の禍乱測るべからざるものあること等の議論は、古今を一環したる明論でありまして、今においても傾聴の値あるものと存じますが故に、一言ここに付加したる次第であります。

これを『親分子分・政党編』冒頭の大久保利通編に記された秀湖の説と比べれば、論理の構成、軍人勅諭の由来、赤穂浪士の処分問題に関する歴史の引例に至るまで、ほとんどそっくりといっても差し支えない。「どこかで見覚えのある筆觸」とは、まさにそのことであろう。

山本検察官の求刑は、海軍側被告一〇名中三名に死刑、三名に無期禁錮、三名に禁固六年、一名に禁錮三年だった。

『歴史と人間』の序は続けて言う。

その年の暮だ。昭和八年十二月二十九日の消印で、山本検察官から一封の書が著者の手許に届いた。肩書には『海軍省構内　東京軍法会議』とある。この手紙の内容はまだ当分公開することは出来ぬ。これが公開されるのは恐らく、著者の子供の代になるであろう。ただその手紙の一節に、山本検察官が五・一五事件の突発する以前、『読売』新聞紙上で著者の『親分子分・政党編』から、軍人勅諭の骨子ともいうべき前掲の条理と、その渙発を見るに至った前後の国内情勢とを、多大の感銘を以て読んだという一節のあったことだけはここに公表してさしつかえなかろう。山本検察官の手紙は、著者の家には家宝として伝えらるべき性質のものだ。もちろん、それは山本検察官を英雄視する意味からではない。又、その論告・求刑を最も妥当のものとする意味からでもない。貧しい、しかも拙い著者の著作生活が、超非常時と呼ばれる日本

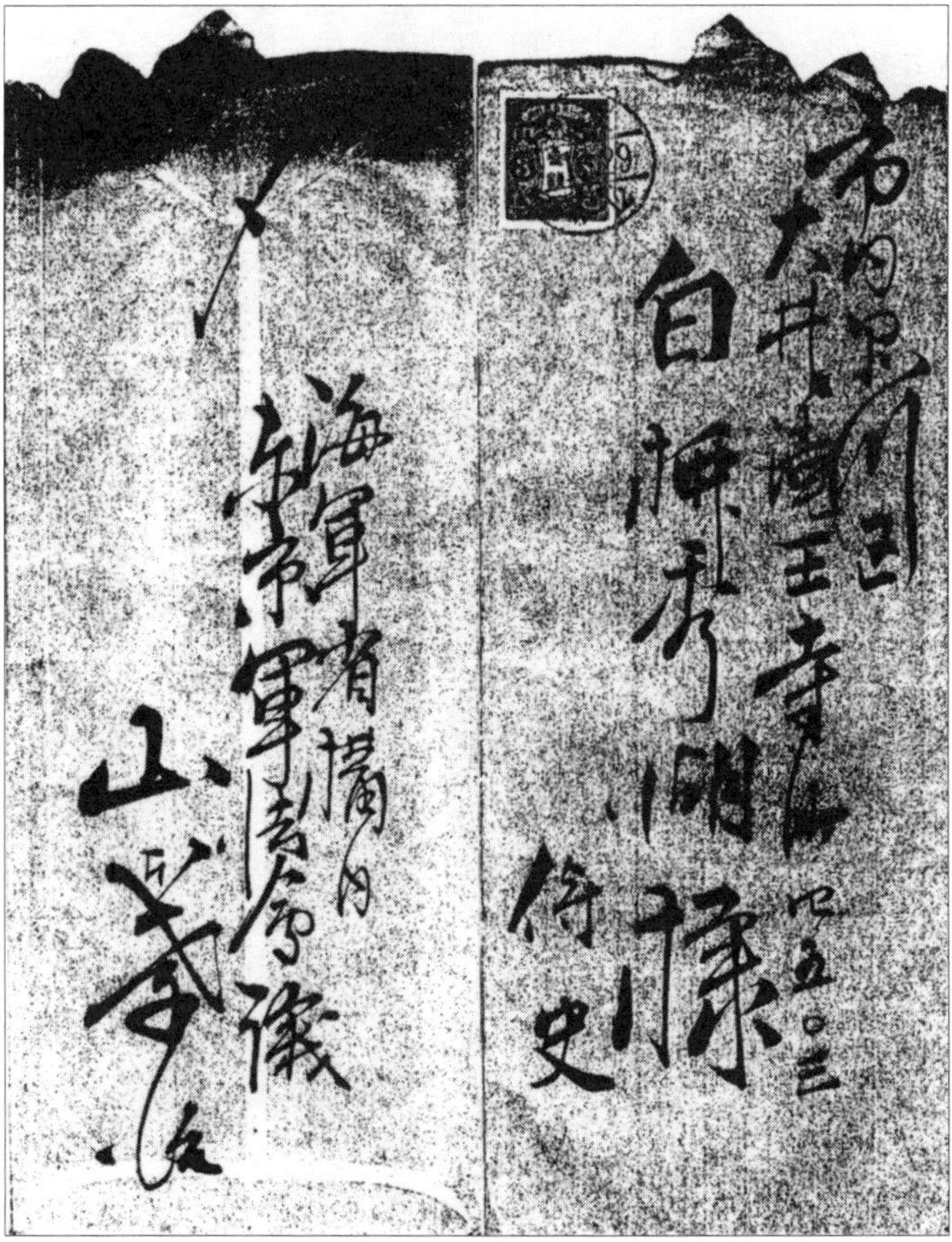

▲白柳秀湖宛の封筒（表裏）

の歴史的大事件の上に、かような重大な役割を演じ得たことの自己満足を、永く子孫に語り伝えるの資としたい意味からである。

そこでいよいよ六五年ぶりに、その家宝（巻紙に毛筆）を公開することにしよう（改行は収録の便宜による。句読点を補い、仮名を現代ふうに変えた）

現代文訳

謹啓　寒冷のみぎり、ますます御清祥の段
慶賀の至りに存じ奉ります。
まだお目に掛かったことはありませんが、
お名前は前から承知しておりましたところ、
先般五・一五事件の公判に際し、
親切なお手紙と御著書をお送り下さり、
御芳情まことにあり難く、遅れて失礼ながら
ここに慎んでお礼を申し上げます。
御高説はかつて読売紙上で
拝読したこともあり、心から敬服
致しておりました。その辺のところよろしく
御ふくみ置き願います。短い手紙で失礼なが
ら御礼申し上げたく、また、こんな下手な字
で恐れ入りますが、年末も押し迫った折りか
ら、切に御自愛、ますます御静養なさり、多
幸な新年を御迎えなさるよう、伏して御願い
致します。　敬具

八年十二月　海軍法務官　山本孝治

白柳秀湖様　侍史

これで見ると、検察官は単に新聞や書物を通じて秀湖の説を知っただけではない。秀湖の側から手紙や書物等を送って、積極的に働き掛けていたのが分かる。そういえばあの時検察官に手紙を書くのだと言って、茶の間から書斎へ向かった彼の、何時になく気負った後ろ姿が思い出される。

しかし危惧されたとおり、軍内外で猛烈な助命・減刑運動が起こり、一一月九日、裁判長・高須四郎海軍大佐が下した判決は、全被告とも求刑より大幅に軽く、重くて禁錮一五年、軽い者は一、二年でしかも執行猶予付きであった。一般人ならともかく、軍人が時の首相・犬養毅を射殺した反乱罪を、そんなに甘く扱えば後がどうなるか思いやられたのだが、それを名判決などと持てはやす向きもあった。果然、四年足らずでこれに味をしめた陸軍青年将校等の遙に大規模な二・二六事件が起こった。その時ちょうど『歴史と人間』の校正に掛かったところだったので、秀湖はその序文に前著『親分子分・政党編』と五・一五事件の関わりを詳しく書き込み、それを新たな事件に対する警世の言葉に代えた。だが、歯止めを失った軍部の暴走を阻止するによしなく、やがて亡命の時を迎えるに至ったのは現実の示す通りである。

山本検察官の手紙は、日本歴史の岐路に立って、人知れず時流に抗した二人の男の、小さな、しかし憂国の思いを深く刻んだ記念碑と言えるであろう。

白柳《しらやなぎ》 秀湖《しゅうこ》（一八八四—一九五〇）
本名は武司。明治一七年静岡生まれ。早稲田大学哲学科卒業。堺利彦、幸徳秋水らの影響を受けて平民社に参加し、社会主義文学の先駆的作品『駅夫日記』を発表。後に評論家、歴史家として活躍した。著書に「世界経済闘争史」「日本民族論」「民族日本歴史」「国難日本歴史」などがある。

義と仁叢書8
親分子分《おやぶんこぶん》〔俠客《きょうかく》〕の盛衰史《せいすいし》
町奴・火消・札差＝旦那・博徒＝義賊
平成二十八年七月二十五日　初版第一刷発行
著　者　白柳秀湖
発行者　佐藤今朝夫
発行所　株式会社　国書刊行会
〒一七四—〇〇五六
東京都板橋区志村一—一三—一五
TEL〇三（五九七〇）七四二一
FAX〇三（五九七〇）七四二七
http://www.kokusho.co.jp
e-mail:info@kokusho.co.jp
印刷製本　三松堂株式会社
落丁本・乱丁本はお取替え致します。
ISBN978-4-336-05978-9